불길하면서도 매혹적인

메타버스와 ChatGPT

불길하면서도 매혹적인

메타버스와 ChatGPT

이용욱 · 윤형섭 · 황요한 · 백진우

"메타버스와 ChatGPT가 인류의 삶을 극적으로 변화시킬 수 있을까?" 아직 예측만 분분하고 가능성을 얘기할 뿐, 그 누구도 이 질문에 쉽게 대답하기 어렵다. 우리는 이제 막 변화가 시작되는 지점에 서 있기 때문이다.

코로나19 팬데믹은 우리가 당연하다고 생각했던 많은 상식과 관례를 바꾸었다. 대학 교육 현장도 예외는 아니어서 많은 변화가 일어났다. 오프라인이 주 무대였던 강의 현장이 온라인으로 옮겨가게 되었다. 캠퍼스에서 직접 얼굴을 마주하는 대신 모니터 너머로 얼굴을 마주하게 되었다. 이처럼 새로운 상황은 학생보다 교수자를 더 바쁘고 곤혹스럽게 만들었다. 학생은 주어지는 방식으로 수강하면 그만이지만, 교수자는 어떻게든 변화한 환경에 맞는 강의를 새롭게 설계하고 효율적으로 전달하기 위해 노력해야만 했기 때문이다.

특히 코로나19 시국에서 가히 열풍이라 불릴 만큼 떠오른 화두인 '메타버스'는 교육 분야에서 활용 가치를 제법 인정받기 시작했다. 이미 메타버스는 현실 공간을 대체할 만한 기술적 수준을 어느 정도 확보했기 때문이다. 또한 교육의 주체인 10대~20대의 젊은 세대는 메타버스 공간을 놀이터처럼 편안하게 여기며 적극적으로 활용하고 있었다. 그래서 여러 대학에서는 입학식이나 축제 같은 이벤트성 행사뿐만 아니라 일반 강의도 메타버스 공간에서 구현하고자 노력했다. 이 과정에서 교수자가 직면한 문제가 있었다. 기술은 어느 정도 수준에 올라 있는데, 이 공간을 기획하고 구성하고 활용할 방법에 대해서는 아직 잘 알지 못하고 있다는 점이다.

이러한 고민을 안고 같은 대학에 근무하는 네 명의 연구자가 2021년 초겨울부터 작은 모임을 시작했다. 각각 콘텐츠제작기술(게임학), 응용언어학(영어교육), 한국현대문학(디지털스토리텔링), 한국고전문학(한문학)을 전공하는 연구자가 '메타버스와 교육'을 주제로 각자의 고민을 안고 한자리에 모였다. 처음에는 대학 교육에 굳이 메타버스 플랫폼을 도입해야 하는가라는 의문을 가지기도 했다. 그러나 이후로도 코로나19 시국은 지속되었고, 메타버스는 여전히 대학 교육 현장에서 유효한 키워드였다. 각각 자신의 전공과 관심사에 맞게 '인문학', '교육', '게임', '고전문학'을 메타버스와 어떻게 연결시킬지 고민했다.

가벼운 마음으로 시작한 공부 모임이었기 때문에 어떤 특별한 압박이나 강제가 없었다. 모임 대화방에서 가벼운 아티클을 공유하기도 하고, 학계에 제출된 심도 있는 논문을 공유하기도 했다. 새로운 애플리케이션이 나왔다고 하면 정보를 나누기도 했고, 오큘러스퀘스트와 같은 VR 장비를 구입해 사용해 보기도 했다. 메타버스와 관련한 것이라면 어떤 형태이든 개의치 않고 정보를 나누고 의견을 나누었다. 그리고 그 결과를 각자 전공 학회에 논문 형식으로 제출하기도 했고, 단행본으로 내놓기도 했다. 그러한 방식으로 자유롭게 공부 모임은 지속되었고, 자연스럽게 네 명의 생각을 그러모아 책으로 만들어 보자는 데 의견이 모아졌다.

그렇게 시작한 집필이 어느 정도 마무리되는 시점에서 새로운 변수를 맞이하게 되었다. 바로 ChatGPT라는 괴물의 등장이었다. 2022년 11월 30일에 출시된 이 대화형 인공지능 서비스는 메타버스보다 더한 광풍을 몰고 왔다. 출시 5일 만에 100만 이상의 사용자가 이 서비스에 가입했고, 40일 만에 하루 평균 사용자가 1,000만 명을 돌파할 정도였다. ChatGPT가 미국의 의사 시험과 변호사 시험을 통과했다느니, 대학 총장의 입학 환영사를 대신 써줬다느니, 영어 작문 과제를 완벽하게 대신 수행해 줬다느니 하는 놀라운 뉴스가 시시각각 전해졌다.

생성 AI라 불리는 ChatGPT는 광범위한 자료 수집을 손쉽게 해주고, 프로그램 코딩도 대신 해주고, 작문도 해주고, 엑셀 수식도 만들어 줄 수 있다. 사용자가 원할 경우 고민도 상담해 주고, 여행 계획도 대신 세워줄 수 있다. 이런 사용 범위를 감안할 때 ChatGPT는 현실 세계에 무척 가깝게 맞닿아 있다. 메타버스가 현실 세계를 가상 공간으로 옮겨놓은 것과 구분되는 가장 큰 차이점이라고 할 수 있다. 하지만 여태껏 인류가 경험하지 못한 새로운 세계라는 점에서는 분명 공통점이 있다.

그래서 내친김에 ChatGPT까지 다루기로 했다. 지금 이 시간에도 유튜브에 접속하면 메타버스와 ChatGPT에 대해 쉽게 알려주는 짤막한 영상 콘텐츠를 어렵지 않게 만날 수 있다. 자신의 사용 목적에 따라 골라서 볼 수 있을 정도로 무수히 많은 자료들이 온라인 상에 올라와 있다. 물론 그런 자료들도 의미가 있고 쓸모가 있다. 하지만 어디까지나 긴 줄기에 붙어 있는 잎일 뿐이어서 본질을 파악하기에는 꽤 먼 거리가 있다. 그래서 본질을 이야기해 보고자 하였다. 어떤 배경에서 우리가 살아가는 세상에 메타버스와 ChatGPT가 중요한 화두가 되었는지, 교육 현장에서 이를 어떻게 활용할 수 있을지, 앞으로 어떻게 사용해야 할지에 대한 견해를 함께 정리하여 책을 내게 되었다.

메타버스와 ChatGPT의 세계는 불길하다. 이로 인해 예전에 없었던 새로운 형태의 범죄가 생겨나기도 하고, 사람들의 무책임함과 비윤리성이 새롭게 부각되기도 한다. AI를 주제로 한 여러 편의 영화와 게임에서 익숙하게 본 결말처럼, 어쩌면 인류가 AI로 인해 정복당할 것만 같은 불안감이 들기도 한다. 새로운 기술이 가져다주는 편리함이 아주 잠시 동안만 즐길 수 있는 달콤한 과실이 아닐까 하는 염려가 들기도 한다. 그래서 불길하다.

한편, 메타버스와 ChatGPT의 세계는 매혹적이기도 하다. 인류는 호기심을 해소하며 발전해 왔고, 그런 과정을 통해 만들어진 새로운 기술에 늘 적응해 왔다. 인터넷이 상용화한 지 채 반 세기가 되지 않았지만, 이 기간 동안 인류가 맞이한 변화는 실로 엄청나다. 지금은 스마트폰이라는 도구와 네트워크-공간이 우리 일상의 많은 부분을 바꾸어 놓고 있다. 여태껏 인류가 발명한 기술에 비교한다면 메타버스와 ChatGPT는 이제 막 등장한 신생아와 같다. 하지만 십수 년, 어쩌면 몇 년 안에 누구나 메타버스에서 일상을 영위하고, 생성형 AI가 교육의 중요한 학습도구로 사용될지도 모른다. 그래서 매혹적이다.

이 책은 이처럼 불길하면서도 매혹적인 새로운 세계에 대한 우리의 고민과 기대가 함께 담겨 있다. 새로운 기술 전개가 실제 교육 현장에 가져올 혁신과 변화에 대한 나름의 이해이고, 그 방향성에 대한 모색이다. 논의가 거칠고 부족함은 우리의 책임이지만, 논의를 매듭짓고 책을 출판하는 것 또한 우리의 책임이기에 함께하였다.

2023년 4월 저자들이 함께 쓰다

Contents

제1부

불길하면서도 매혹적인 인공자연

제2부

메타버스와 교육

ChatGPT와 교육

ChatGPT로 글쓰기

불길하면서도
매혹적인
인공자연

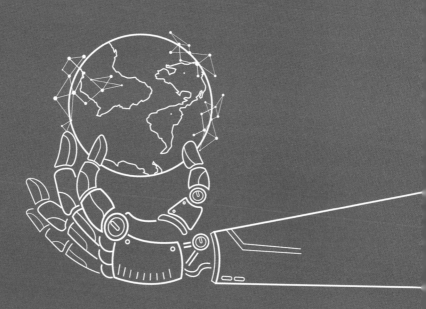

1장
인공자연의 등장

    인공자연(Artificial Nature)은 그동안 '사이버스페이스', '인터넷', '메타버스' 등 다양하게 호명되어 오던 비물질적 공간을 총칭하는 용어이다. 자연의 한계(공간의 물질성)를 넘어선 새로운 자연을 기호화한 것으로 가상적 기술을 통해 존재성을 드러내며 '비인간-주체'와 '네트워크-공간', '디지털-도구'라는 기술 토대 위에서 인간-주체와의 공진화 과정으로 탄생하였다. 이제 생명의 근본을 결정하는 본질적 요소는 생명을 구성하는 물질적 기반이 아니라 생명의 진화 과정을 가능하게 하는 생성 원리이며, 그 과정을 기술이 학습하기 시작하면서, <인공자연>은 우리(WE)가 창조한 새로운 자연이 되었다.

    인공자연을 자연이라 명명하기 위해서는 '물', '불', '공기', '흙' 같은 물질적 구성요소와 필적할만한 <토대>가 마련돼야 하고, 그 안에서 활동하는 <행위자>가 있어야 하며, 생태계로 규정될 수 있도록 <진화> 과정도 설명되어야 한다.

주지하다시피 인공자연의 역사는 인터넷의 탄생에서부터 비롯된다. 인터넷은 혁신적인 거대기술네트워크로서 관련 행위자들의 이해관계와 전략, 경쟁, 갈등, 대안, 그리고 분열 등이 개입하는 사회적 생성과정의 결과이다. 테드 넬슨의 <하이퍼텍스트>나 소수의 천재 과학기술엘리트들이 생성한 <알파넷>, 팀 버너스 리의 <월드와이드웹>을 인터넷의 기원으로 보는 영웅주의 관점과 하위네트워크인 <유즈넷>과 <뉴스그룹>에 초점을 맞춰 참여한 모든 행위자의 입장에서 인터넷을 파악하는 집단주의 관점이 양립하지만 분명한 것은 인터넷은 "사용자와 생산자의 사회적 기술 수용의 결과"라는 것이다.[1]

혁신적인 기술은 사회 구성원들에게 수용되기까지 시간이 걸리지만 기술의 진화는 사용자인 인간의 진화를 예정하기 때문에, 새롭고 낯선 기술은 어느 순간 익숙해질 수밖에 없다. 익숙함은 기술이 봉착한 새로운 문제이며, 그것을 극복하기 위해서는 또다시 기술혁신을 촉진하여 진화를 시작해야 한다.

인공자연의 진화과정을 도식으로 나타내면 다음과 같다.

구분	도구	혁신 기술	특징	태도	관계	리얼리티
1세대 인공자연	인터넷	하이퍼텍스트	교환	인지적	분리	VR(가상현실)
2세대 인공자연	스마트폰	터치스크린	교류	정서적	결합	MR(혼합현실)
3세대 인공자연	메타버스	가상의 신체화	교감	행위적	투명	CR(연결현실)

혁신적인 기술은 도구로 구체화 되면서 자연스럽게 수용된다. 인터넷

은 텍스트나 그림, 소리, 영상 등과 같은 멀티미디어 정보를 하이퍼텍스트 방식으로 연결하여 겹겹으로 활성화하는 <월드 와이드 웹 World Wide Web>으로 인해 익숙해졌고, 스마트폰은 <아이폰>의 파괴적 혁신이 있었기에 휴대폰을 대체했다. 메타버스는 현실과 가상을 연결하고 가상 경제활동의 결과가 실질적인 이익(평판과 보상)으로 전환되는 <로블록스>나 <제페토>의 성공으로 대중화됐다.

1세대 인공자연의 특징은 '교환 swap'의 기술이라는 것이다. 교환은 사용자의 재화(의지나 비용, 시간 등)를 지불하고 대신 즐거움과 성취감을 얻는 방식이다. 지불한 재화들이 더 이상 유효하지 않거나 만료되면 교환은 마무리된다. 모든 플레이는 정해진 루틴(routine)에서 벗어날 수 없으며 플레이어는 현실과 가상이, 주체와 도구의 관계가 '분리'되었음을 '인지'한다. PC 기반의 1세대 인공자연은 TV처럼 특정한 공간에 배치되어 있고, 플레이어가 그곳으로 가야만 경험할 수 있기에, 체험하는 리얼리티 역시 현실과 분리된 '가상현실'에서만 유효하다.

2세대 인공자연은 현실과 가상이 '교류 alternating'하고, 주체와 도구가 '결합'한다. 인공자연은 자연과 혼종되고 그것을 '혼합현실'로 경험하는 플레이어는 두 자연의 넘나듦을 '정서'적으로 이해한다. 주체와 분리된 도구인 PC가 디지털 노마드의 "스마트한 욕망"을 만족시키지 못하게 되자 기술은 새로운 방식으로 진화한다. 스마트한 욕망은 미디어 생태계가 미리 주어진 것이 아니라 플레이어가 자신의 취향에 따라 임의로 편집하고 재구성할 수 있는 자율에 기초한 것으로, 도구에 대한 완벽한 소유를 목적한다. 스마트폰의 등장으로 <1인 미디어>라는 새로운 개념이 등장했고, 우리는 인류 역사상 최초로 개인이 미디어를 소유할 수 있는 스마

트한 시대에 살게 되었다.[2]

3세대 인공자연은 '교감 sympathy'이다. 교감은 인간-주체와 비인간-주체, 실재와 가상의 경계가 무너지면서 인공자연 안에서 인간과 도구의 상관계수가 0에 수렴하는 완전몰입의 단계이다. 주체와 도구의 거리가 '투명'해져 "주체가 도구이고 도구가 주체"인 물아일체의 단계인 교감을 경험하기 위해서는 인간과 도구 모두 '행위'해야 한다. 캐서린 헤일즈는 『우리는 어떻게 포스트휴먼이 되었는가』에서 인간과 기술 양자 간의 적응(adaptation)을 '기술생성 technogenesis'의 과정으로 지칭하고, 포스트휴먼의 미래를 인간의 몸과 기계, 사이버네틱스와 물질세계의 경계를 지우고 인간과 기계지능이 매끈하게 연동하고 결합(seamlessly articulated with intelligent machines)할 가능성에서 찾았다.[3] 인간과 기계의 혼종화가 가능한 사이보그가 3세대 인공자연의 신인류(meta bourgeoisie)가 된다면 자연과 인공자연의 구분이 무의미해지면서 뫼비우스의 띠처럼 안과 밖의 구분이 없는 '연결현실'이 리얼리티의 새로운 조건이 될 것이다.

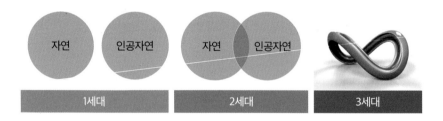

인공자연의 변화는 결국 인간과 기술이 함께 진화한다는 <공진화 coevolution>의 과정을 보여주는 것이다. 이제 자연의 대표적인 진화론인 라마르크의 <용불용설 theory of use and disuse>과 다윈의 <자연선택설 theory of natural selection>, 그리고 드 브리스의 <돌연변이설 theory of mutation>을 인공자연의 진화 현상에 대입해 보고 가장 적합한 방식으로 그 과정을 설명해 보고자 한다.

생물학적 진화론으로 인공자연의 진화를 설명하려면 먼저 무생물인 기술을 어떻게 생물인 인간과 같은 층위에 놓을 수 있는가 하는 문제부터 논의할 필요가 있다. 과학기술의 급속한 발전으로 전통적인 휴머니즘적 인간 이해는 이제 한계에 다다랐다. 휴머니즘이 인간을 가치 있다고 여기고 그것을 '윤리'라고 부르는 한, 휴머니즘은 인간 아닌 존재에 대한 '비윤리적'인 무차별적인 대상화를 허락하고 만다.[4] 그러나 인간만을 포섭하는 휴머니즘의 근대적 이분법과 인간중심주의를 벗어나서 '인간', '기계', '생명'에 대한 새로운 이해를 포함하는 <포스트휴머니즘>으로 확장하면 인간과 기술을 모두 주체로 볼 때 발생하는 윤리적인 문제는 해결된다.

하이데거의 지적처럼 "우리가 기술을 도구로 생각하는 한에서는 우리는 기술을 지배하려는 욕구에 메이게 된다. 기술의 본질을 벗어나게 되는 것이다."[5] 기술이 인간의 도구이듯 인간도 기술의 도구이다. 기술이 인간과 존재의 관계를 단절시킬 수 있는데 이 같은 기술의 부작용을 극복하는 것은 어떤 새로운 기술을 통해서 이루어지는 것이 아니라 인간과 사물 그리고 존재가 교류하는 방식에 대한 숙고를 통해서 가능하다.[6] 인공자연의 발전을 생물학적 진화 관점에서 살펴보는 것은 인간과 기술을 상호작용의 교류 관점에서 파악해 보는 것이다.

컴퓨터의 발전을 세대로 구분하는데 그 기준은 부품을 구성하는 주요 소자들이 변화이다. 1세대가 진공관(Vacuum Tube)이었다면, 2세대는 트렌지

스터(Transistor), 3세대는 집적 회로(IC : Integrated Circuits), 4세대는 초고밀도 직접회로(VLSI), 그리고 지금은 양자컴퓨터까지 진화하였다. 양자컴퓨터는 기존의 컴퓨터와 완전히 다른 방식으로 진화하였다. 0과 1의 두 가지가 아닌 00, 01, 10, 11 조합의 네 가지 상태인 '큐비트'를 이용하여 연산하기 때문이다. 인터넷의 진화는 TCP/IP 기반의 네트워크가 등장하자 패킷 교환 방식의 알파넷(ARPANET)이 1983년 1월 1일 NCP 패킷 송출을 중단하면서 전환점을 맞이한다. 1989년에는 기존 문자 중심의 <유즈넷>이나 <뉴스그룹>을 뛰어넘는 멀티미디어 환경의 <월드와이드웹>이 등장하면서 네트워크 기술에 한 단계 진일보한 기술이 부가되었다. 최근의 메타버스는 확장현실(XR), 인공지능(AI), 빅데이터, 5G 네트워크, 블록체인 등 범용기술로 불리는 기술들의 복합체로 구성됐는데, WWW가 2차원이라면 메타버스는 3차원의 인공자연이다.

따라서 생물에는 환경에 대한 적응력이 있어, 자주 사용하는 기관은 발달하고 그렇지 않은 기관은 퇴화한다는 용불용설(用不用說)은 인공자연의 진화를 설명하는데 적합하지 않다. 키보드와 마우스의 '맥컴퓨터'와 터치스크린의 '아이폰'은 동일한 기술생태계 내에 위치해 있지만 완전히 다른 계통도를 갖고 있어 용불용설로는 설명할 수 없기 때문이다. <용불용설>의 한계를 지적하며 등장한 다윈의 <자연선택설>은 특수한 환경하에서 생존에 적합한 형질을 지닌 개체군이, 그 환경하에서 생존에 부적합한 형질을 지닌 개체군에 비해 '생존'과 '번식'에서 이익을 본다는 이론이다. 자연선택설은 진화의 주기가 길어야 입증 가능한데 인공자연의 진화 주기는 점차 짧아지고 있어, 생존에 적합한 형질과 생존에 부적합한 형질을 구분하기가 어렵다. 자칫 <자본선택설>로 오염될 여지도 있다.

최근 생물학계의 홍미로운 움직임은 오랫동안 정설로 인정되어오던 다윈의 이론이 흔들리고 있다는 것이다. 일본의 세균학자 니카하라는 세균에서 돌연변이가 특정 시기에 집단적으로 일어남을 밝혔다. 다윈의 자연선택설에 따르면 돌연변이는 개체 차원에서 우연히 일어나고 자연이 이를 선택하게 된다. 그러나 실제 실험에서는 수은이 있는 환경에서 수은 내성균이 갑자기 많이 나타나고 유당이 많은 환경에서 유당을 분해하는 대장균이 대량으로 생긴다. 이는 생물 스스로가 환경의 변화를 인지하고 환경에 맞는 형태로 스스로를 변화시킴을 의미한다. 고생물학자인 굴드는 "다윈 이론에 따르면 진화는 연속적으로 일어나야 하는데 화석을 보면 종과 종 사이의 중간형태가 전혀 없다"고 지적했다. 그는 개체 차원에서 끊임없는 변이와 생존경쟁의 결과로 진화가 계속된다기보다는 일정 시간 동안 종의 안정상태가 유지되다가 어느 시점에서 집중적으로 변이가 일어나 신종이 탄생한다고 주장했다.[7]

돌연변이설은 네덜란드 식물학자 드 브리스가 주장한 이론이다. 다윈은 생물의 온몸에 퍼져 있는 'Gemmule'이라는 유전 입자가 생식을 통해 다음 세대로 전해지고, 이것이 다시 자손의 몸 전체로 퍼지며 형질이 유전된다고 주장했다. 그는 또한 자연선택으로 조금씩 축적된 gemmule의 변화가 생명의 진화를 일으키는 핵심 요소라고 생각했는데 이 생각은 비슷한 시기에 등장한 멘델의 유전법칙을 전혀 설명하지 못한다는 심각한 문제점을 가지고 있었다. 이 문제를 해결한 것은 드 브리스이다. 그는 다윈의 주장대로 유전 입자가 연속적이고 점층적으로 변할 리 없다고 생각했고, 유전 입자는 거의 항상 같게 유지되며, gemmule이 아닌 쉽게 변하지 않는 pangen이 진정한 유전 단위라고 주장했다. 'Pangen'에 발생하는

흔치 않은 변화, 즉 돌연변이가 생물의 변화를 일으킨다는 것이다.[8]

인공자연의 생태계가 인터넷에서 스마트폰으로 진화하는 결정적인 장면이 2007년 <아이폰>의 등장이다. 2000년 이후 PC 생태계에 돌연변이가 집중적으로 발생하고, 아이폰도 그중에 하나였다. 기존 생태계에서 아이폰은 분명 돌연변이였지만 PC중심의 IT 플랫폼을 순식간에 모바일 중심으로 변화시켰다. 아이폰의 성공은 '폰'이면서도 우리에게 익숙한 전화기의 UI와 UX를 거부하는 '파괴적 혁신'이 있었기에 가능했다. 스티브 잡스라는 위대한 플레이어에 의해 "폰이지만 폰이 아닌" 전혀 새로운 도구가 우리에게 던져졌을 때, 그것이 낯선 돌연변이임에도 우리가 열광한 이유는 과연 무엇일까? 스티브 잡스는 역사적인 iPhone 최초 공개 프레젠테이션 연설에서 다음과 같이 선언했다.

> 자 정리해보죠, 3가지입니다. 터치로 조작할 수 있는 와이드스크린 iPod, 혁신적인 휴대폰, 그리고 획기적인 인터넷 통신기기입니다. iPod, 휴대폰, 인터넷 통신기기, iPod, 휴대폰. 뭔지 감이 오세요? 이것들은 각각 3개의 제품이 아닙니다. 단 하나의 제품입니다. 우리는 이 새로운 제품을 <iPhone>이라고 부릅니다. 오늘, 오늘 Apple은 휴대폰을 재발명할 것입니다.

아이팟과 휴대폰과 인터넷 통신기기는 이미 우리가 친숙하게 사용해온 도구였다. 아이폰은 단지 그 세 가지 도구를 하나로 연결한 것뿐이다. 전화기에서 휴대폰으로의 진화가 '고정성'에서 '이동성'으로의 변화였다면, 휴대폰에서 스마트폰으로의 진화는 '이동성'에 '확장성'을 더한 것이다. 프레젠테이션 현장에서 애플맵으로 가까운 스타벅스를 찾고, 그곳으로 식접 진화를 건 잡스의 퍼포먼스는 익숙한 기술의 조합(지도와 전화)이지만 혁신적인 UI(터치스크린과 이동의 시각화)로 인해 한번도 경험하지 못한 UX(사용자경험)를 제공해 주었다. 메타버스도 마찬가지이다. 메타버스에 사용되는 기술은 이미 존재하는 것이지만 그것을 연결하는 방식이 달라졌다. 메타버스는 기술 개념이 아니라 인공자연에 대한 관점이나 해석의 층위에 위치한다. 결국 인공자연 진화의 핵심은 인간과 기술 어느 한쪽의 독자적인 발전이 아니라 기술과 인간의 접점 즉 UI와 UX의 변화에 있는 것이다. 자연 선택돼 안정화된 상태에 놓여있는 기술과 그 기술이 제공하는 UI와 UX가 익숙해지면 인간과 기술은 "어느 시점에서" 다시 새로운 혁신을 시도하게 되고 그것이 기존 생태계에는 돌연변이로 인식된다. '어느 시점'은 매우 추상적으로 읽히지만 사실은 매우 구체적이다. 잡스같은 천재적인 플레이어의 등장일 수도, 코로나 팬데믹 같은 불가항력적 상황일 수도, 자본과 욕망의 특이점일 수도 있다. 가상자산, 블록체인이나 NFT 같은 인공자연의 구성물은 자본과 욕망이 특이점에 도달한 시점에 등장한 돌연변이이다.

새로운 돌연변이는 그 자체로는 큰 힘을 발휘하지 못한다. 갑자기 등장한 새로운 형질이 환경에 맞게 적응해 온 기존의 성질보다 환경에 더 적합할 가능성은 매우 낮기 때문이다. 따라서 돌연변이가 발생했을 때, 일반적으로 그 개체의 생존율은 확실히 떨어지게 된다. 그러나 돌연변이가 자연선택과 맞물리면 도태가 아니라 집단의 우세종으로 자리 잡게 된다. 세계 최초의 태블릿 PC는 한국의 LG전자가 개발했지만, 애플의 <아이패드>가 자연선택과 상호작용하면서 결국 IT 생태계의 승자가 됐다.

오리건 주립 대학의 한 연구팀은 예쁜꼬마선충을 이용해 돌연변이의 축적과 자연선택과의 상호작용을 연구했다.[9] 이들은 자연선택의 영향 없이 돌연변이만이 집단에 영향을 끼칠 수 있는 환경을 만들고 선충들을 200세대 동안 길렀다. 이동안 선충들의 생존율은 대조군과 비교해 매우 감소했다. 연구진은 이후 자연선택이 발생할 수 있도록 환경을 바꿔주었고, 이들의 생존율은 놀라운 속도로 증가하기 시작해 불과 80세대 만에 대조군을 따라잡았다. 이 연구는 돌연변이가 자연선택과의 상호작용을 통해 집단의 긍정적인 변화를 유도할 수 있다는 사실을 확인시켜준다. 돌연변이와 자연선택이 함께 존재할 때 예쁜꼬마선충의 생존율이 급격히 높아지는 결과는 생존에 불리한 것들이 대부분인 돌연변이 중 집단에 실질적인 영향을 끼치는 것은 오히려 긍정적인 소수의 돌연변이며, 이는 자연선택 덕분이라는 사실을 암시한다.[10]

인공자연의 진화 역시 돌연변이와 자연선택의 상호작용에 의해 진행된다. 돌연변이는 환경에 대한 생명의 적응적 변화를 일으키는 시발점 역할을 하는, 자연선택의 필수적인 요소이기 때문이다. 인간과 기술의 상호작용이 만들어내는 인공자연의 진화방식이 자연의 두 가지 진화방식인 '돌연변이'와 '자연선택'의 상호작용을 모방함은 지극히 자연스러운 일이다.

불길하면서도 매혹적인 메타버스와 ChatGPT

2장
인공자연의 4원소와 아르투라

　　고대 그리스 철학자들은 물, 불, 공기, 흙을 만물의 근원으로 생각했다. 탈레스의 물, 아낙시메네스의 공기, 헤라클레이토스의 불에 이어, 흙까지 더한 엠페도클레스의 '4원소론'이 탄생했다. 이 4원소설은 아리스토텔레스에 의해 계승되어, 그는 모든 물질은 물, 불, 공기, 흙의 네 가지 원소에다 특유한 성질인 건조함, 습함, 따뜻함, 차가움의 조합으로 형성된다고 주장하였다. 또한 아리스토텔레스는 4원소 사이에는 그 무게에 따라 무거운 원소는 아래로 향하고 가벼운 원소는 위로 향하게 된다고 생각하여 가장 가벼운 원소인 불은 가장 높은 곳을 차지할 것이고, 그 아래를 공기, 물, 흙이 차례로 자리 잡고 있다고 설명한다. 자연을 구성하는 땅과 바다, 대기와 해의 위치가 그의 4원소론에 의해 자리잡았다. 현대 과학은 모든 물질을 이루는 기본 요소로 원자를 발견하고 이를 통해 자연과 우주를 들여다보고 있지만, 고대에 정립된 4원소론은 여전히 자연의 구성원리를 설명하는 출발선이다.

인공자연을 생태계로 이해하려면 당연히 상호 간의 관계성을 지닌 구성 요소가 필요하다.[11] 자연의 4원소가 물질적 토대를 마련해 주었듯이 인공자연도 비물질적 토대를 형성하는 원소가 존재해야 한다. 필자는 자연의 4원소와 대응하는 인공자연의 4원소를 다음과 같이 규정하고자 한다.

자연의 4원소	인공 자연의 4 원소	역할
불	사용자 경험(User experience)	자연과 충돌하며 발생하는 강렬한 영감
공기	사용자 환경(User interface)	자연을 감싸고 있는 환경
물	알고리즘(Algorithm)	자연의 탄생과 발전을 추동하는 흐름
흙	데이터베이스(Database)	자연을 이루는 단단한 토대

'데이터베이스'는 인공자연을 형성하는 단단한 토대이다. 자연의 4원소 중 흙에 해당한다. 자연의 법칙이 흙에서 태어나 흙으로 돌아가는 것처럼, 인공자연도 데이터베이스에서 시작해 데이터베이스로 돌아간다. 흙은 자연에서 가장 흔하게 볼 수 있다. 그러나 물과 만나면 어떤 형상도 빚어낼 수 있다. 대지가 만물의 저장소이듯 인터넷의 기본 아이디어도 데이터베이스를 분산해 보관하는 저장소 개념에서 출발하였다. 데이터베이스는 그 자체로는 일개 레고 블록과 같다. 하지만 레고 블록은 사용자가 어떻게 조립하느냐에 따라 배도 되고, 성도 되고, 우주선도 된다.

데이터베이스를 우리에게 필요한 정보로 조립해 주는 것이 바로 자연의 4원소 중 물에 해당하는 '알고리즘'이다. 알고리즘은 문제를 해결하기 위한 절차나 방법이며, 물처럼 흘러간다. 인공자연은 알고리즘을 기반으

불길하면서도 매혹적인 메타버스와 ChatGPT

로 발전하며, 기술이 만들지만, 그 과정은 인간의 행위를 모방하는 것에서 시작된다. 흙에서 생명이 자라나기 위해서는 물이 필요하듯 데이터베이스가 쓸모있는 지식으로 발전하기 위해서 꼭 필요한 것이 알고리즘이다. 알고리즘이 정교하면 정교할수록 데이터베이스는 유의미해지며 인공자연을 추동하는 힘도 알고리즘이다. 공기는 자연을 감싸고 있지만 너무도 익숙해 평상시에는 존재하는 것조차 잊고 산다. 인공자연에도 공기처럼 우리를 감싸고 있는 것이 바로 '사용자 환경'이다. 기술이 인간-주체를 감싸는 사용자 환경은 특정 사용자의 상황과 목표에 총체적으로 공감하여 설계하고 그것을 제품의 모든 인터페이스에서 일관되게 구현한 것이다. 공기는 눈에 보이지 않지만, 어디에나 존재하듯 인공자연의 사용자환경 역시 모든 곳에 있다.

사용자환경은 시각화되어 있지만 우리가 인식하기 위해서는 사용자환경이 요구하는 특정한 행위를 해야 한다. '타이핑', '클릭', '터치', 혹은 '음성명령'까지 다양한 방식이 요구되는데 그 행위의 결과가 바로 '사용자경험'이다. 사용자 경험은 영감을 주는 도구적 체험이며, 인공자연 안에서 행위와 참여를 통해 경험하는 강렬한 충동이다. 사용자 경험의 핵심은 "느낌, 태도, 행동"이다. 자연의 4원소 중 불이 갖는 뜨거움에 해당한다.

사용자 환경이나 사용자 경험이 인공자연의 현존감을 통해 플레이어에게 몰입감을 주기 위해서는 '느낌'이 있어야 한다. 느낌이 있어야 한다는 말은, 개성(personality 혹은 character 혹은 concept)을 의미한다. 특유의 느낌이 일관되게 있는 인공자연의 사용자 환경은 인간-주체의 태도와 행동을 바꾸는 경험을 제공하며, 이렇게 자연스럽게 인공자연에는 특유의 개성이 생기게 된다.[12] 이 인공자연의 특유한 개성, 인공자연이 조성되는 새로운 분위기가 바로 인공자연의 아우라, '아르투라 Artura'이다. 아르투라는 벤야민의 '아우라'가 재매개된 것으로, 인공이라는 의미의 'Artificiality'와 'Aura'를 합성한 것이다. 아르투라는 흥미와 관심을 통해 재미, 유희, 놀이의 감각적 체험을 즐기면서 자신만의 미적 경험을 토대로 대상(인공자연)에 대해 파악하고 해석하면서 정서의 고양과 미적 환기를 느끼는 것이다. 아르투라는 영감을 주는 도구적 체험이며, 기술이 인간-주체를 감싸는 사용자 환경으로 인해 발생한 사용자 경험이 제공하는 설렘이며 분위기이다.

우리가 자연에서 느끼는 아우라와 인공자연의 아르투라의 차이를 예술작품의 감상이라는 동일한 조건에서 비교해 보면 그 차이를 '응시'와 '행위', '사유'와 '공유'로 특정할 수 있다.

루브르박물관의 「모나리자」는 그곳에 가야만 감상할 수 있는 예술작품이다. 사람들은 예술품을 응시하고 관조할 수 있을 뿐이다. 어떠한 행위도 할 수 없도록 모나리자와 관람객 사이에는 유리벽과 일정 거리가 존재한다. 결국 할 수 있는 행위라고는 스마트폰을 꺼내 인공자연 안으로 담아오려고 애쓰는 것뿐이다. 반면에 포토샵이라는 도구와 사용자가 상호작용하는 인공자연에서, 모나리자는 가야만 볼 수 있는 응시의 대상이 아니라 '불러내고' '편집하는' 행위의 대상이다.

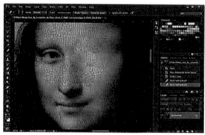

불길하면서도 매혹적인 메타버스와 ChatGPT

루브르박물관에서 자연의 4원소를 인식하는 것은 예술 경험에 불필요한 응시가 되겠지만, 인공자연에서는 4원소를 인식하는 것이 예술 경험에 필요한 행위이다. 인공자연의 4원소인 '데이타베이스', '알고리즘', '사용자환경', '사용자경험'이 인간-도구와 상호작용할 때 자연의 아우라보다 훨씬 더 주체적이고 창의적인 개성있는 아르투라가 발생하기 때문이다. 루브르박물관의 관람객들은 '응시'를 통해 모두가 비슷비슷한 아우라를 경험하지만, 포토샵의 사용자들은 '행위'를 통해 자신만의 독특한 아르투라를 경험하게 된다. 더구나 '저장' 기능을 통해 그 경험을 데이터베이스로 공유할 수 있다. <메타테크네>의 차이가 있겠지만 사용자가 <탁월한 인텔리>라면 인공자연의 모나리자는 루브르의 모나리자보다 훨씬 더 예술적이다. 예술작품에 대한 감탄의 상황도 아우라와 아르투라는 다르다.

아우라: 와! 이걸 내가 직접 보다니(경험의 사유화)

아르투라: 와! 이걸 이렇게 많은 사람들이 보다니(경험의 공유화)

미래의 예술이 어떻게 변화하고 진화할지를 알려면 먼저 인공자연의 4원소가 우리의 상상력과 예술적 경험에 미칠 영향을 분석해야 한다. <기술편집예술>도 인공자연처럼 우리 앞에 현전하는 대상이기 때문이다.

인공자연이 우리에게 현존감을 준다면 그것은 감각적으로 인지되는 현실이기 때문이다. 인간이 현실에 현존하고 있다고 느끼는 이유는 단순히 지각정보의 양이나, 심리적인 상태만이 아니라, 오히려 그 안에서 살아있기 때문이다. 메를로 퐁티의 지적대로 인간의 몸은 때에 따라서 주관이기도 하고 객관이기도 하다. 이 분리되지 않은 애매함이 메를로 퐁티가 말하는 인간 존재의 방식이며, 근대 형이상학의 이분법을 거부하는 강력한 이유이다.[13] 우리는 이 분리되지 않은 몸을 토대로 현존감에 대한 두 개의 단초를 얻을 수 있는데 바로 '행위'와 '참여'이다. 인공자연은 (비)인간-주체의 행위가 디지털-도구를 통해 네트워크-공간으로의 참여로 이루어지는 새로운 현실이다.

하이데거에 따르면, 우리 인간 존재는 우리가 알아차리지 못하는 사이에 이미 행위를 하고 있으며, 이러한 행위에서 모든 대상은 인간 존재의 한 부분인 도구로서 마치 우리 손에 달린 것처럼 친숙한 상태로 이미 붙어 있다는 것을 밝힌다. 즉 존재자(사물)와 인간은 원초적으로 주관과 대상이라는 거리를 가지고 있지 않다는 것이다. 어떤 것이 우리 앞에 우리와 분리되어 있는 대상으로 나타나는 것은 순조롭게 연달아 이어지는 우리 행위에 장애가 일어났을 경우이다. 도구를 사용하면서 순조롭게 진행되는 행위 과정에 장애가 발생했을 경우 비로소 우리는 그 도구에 시선을 보내고, 도구를 우리 앞에 놓고 관찰하며 인식의 대상으로 삼는 것이다. 그리고 이때 비로소 우리는 인식하는 주관이 되고, 도구는 주관 앞에 분리되어 서 있는 대상으로 우리 앞에 놓이게 된다. 따라서 주관 - 객관 분립은 우리 존재의 근원적 상황이 아니라, 파생적 상황이다. 인간의 인식은 순전히 주관적이지도 객관적이지도 않으며, 몸과 마음은 분리되어 있지 않다. 오히려, 이런 구분 이전에, 이미 인간은 행위하고 있으며, 그 행위가 방해를 받을 때야 비로소 몸과 마음을, 주관과 객관을 분리해서 인식한다. 즉, 우리의 현실은 상황에 처해 있음 속에서 행위를 통해서 말 그대로 현실로서 드러난다. 그러므로 그것이 가상현실이건, 혼합현실이

건, 아니면 실제현실이건 간에, 우리가 그 속에서 행위를 하고 있으면, 우리는 그 안에서 몰입하게 되고, 결국 현존감을 느끼게 된다.[14]

인공자연의 4원소는 현존감과 몰입감을 느끼게 해주는 구성 요소에 다름 아니다. 데이터베이스는 여러 사람이 공유하여 사용할 목적으로 체계화해 통합, 관리하는 데이터의 집합이다. 데이터베이스는 알고리즘에 의해 정보로 검색되고 사용자 환경에 의해 표시되며, 상호작용을 통해 사용자 경험으로 구체화된다. 인공자연의 4원소는 오로지 인간-주체의 '행위'와 '참여'를 통해서만 비로소 가치와 의미가 부여되며 그 과정에서 우리는 '아르투라'를 경험할 수 있다.

3장
인공자연의 공진화
- '추인'과 '공조'의 상호강화경험

    인공자연의 4원소는 인공자연의 현존감을 느끼게 해주는 구성요소이며, '행위'와 '참여'를 통해 발현되는 상호경험의 토대이다. 인간과 기술이 함께 만들어내는 인공자연의 진화과정이 공진화라면 진화의 두 주체인 인간과 기술은 어떻게 관계 맺으며, 어떤 과정을 통해 진화에 참여하는지는 매우 중요한 문제이다.

    문명의 출현 이래 인간은 언제나 기술적 존재였으며, 기술은 인간의 결여된 부분을 보충하는 단순한 도구나 보철이 아니라, 인간의 정체성을 구성하는 핵심적인 부분이었다. 기술은 우리에게 특정한 유형의 사고, 행동, 가치를 유도할 뿐 아니라, 특정한 종류의 행동이나 상상의 가능성을 봉쇄하는 제약 조건이기도 하다. 인간 삶의 조건을 구성하는 제 요소들이나 다양한 사회적 실천도 언제나 당시의 기술 혹은 기술적 조건과 밀접하게 연결되어 있다.[15] 따라서 새로운 기술의 탄생은 새로운 인간의 탄생과 맞물린다. 1세대 인공자연이 '네티즌 Netizen'을 2세대 인공자연이 '포노사피엔스 Phono Sapiens'을 호명했다면 3세대 인공자연의 새로운 인간은 '플레이어 Player'라 명명할 수 있다. '플레이어'라는 용어는 '인간-주체'와 '비인간-주체'를 모두 포괄하고 있음을 설명하기 위해 고안되었다. 영어 player는 게임이나 운동경기의 '참가자'와 녹음이나 녹화 '재생장치'를 모두 표시한다.

플레이어는 '탁월한 인텔리'로 평균성이 만연한 근대적 삶을 극복하고자 지적 능력을 고도화하여 삶의 가치를 창조하고, 자율적 공생의 네트워크 민주주의가 배타와 폐쇄로 오염되지 않도록 균형 잡힌 시각을 견지하며, 공동체의 이익을 우선시하고, 도전을 두려워하지 않으며, 함께 살고 함께 즐거운 미래공동체를 위해 노력하는 인간-주체이다.

미국 스탠퍼드대 바이런 리브스 교수 등 연구진이 진행 중인 <인간 스크린놈 프로젝트(Human Screenome Project)>는 사람들이 디지털 미디어를 어떻게 사용하는지를 파악하기 위해 5초마다 한 번씩 사용자의 스마트 기기 모든 화면을 캡처하는 형태로 진행되었다. 스마트폰이 이미 사람들의 사고방식, 감정과 반응, 행동에 깊은 영향을 끼치고 있지만 그에 대한 객관적이고 포괄적인 연구가 이루어져 있지 못하다는 인식 하에 피실험자의 일상을 초단위로 기록해 스마트폰을 신체의 일부, 뇌와 감각기관의 연장처럼 사용하는 디지털화한 인간을 기록하고 분석하고자 한 것이다. 이미 구글, 페이스북 등 거대 인터넷 기업들은 이용자들이 24시간 스마트폰과 서비스를 어떻게 이용하고 있는지 방대한 데이터를 보유하고 이를 기반으로 서비스를 설계하고 있을 것으로 추정되지만, 이런 데이터는 기업 외부에 개방되지 않고 있다. 이제껏 학계의 연구는 방대한 이용자들의 데이터를 활용할 수 없어 주로 이용자들이 답변하는 방식으로 이뤄져 왔다. 데이터가 부정확하고 제한적일 수밖에 없었다.[16] 학문적인 목적으로 데이터를 수집하는 것이긴 하나 개인의 프라이버시 침해와 축적된 데이터를 예측의 용도로 사용했을 때 발생할 수 있는 윤리적인 문제(인간-주체와 비인간-주체 모두에 해당하는)는 해결해야 할 난관이지만, 공진화 과정에서 인간과 기술이 어떤 관계를 맺는지를 추론해 볼 수 있는 의미 있는 프로젝트이다.

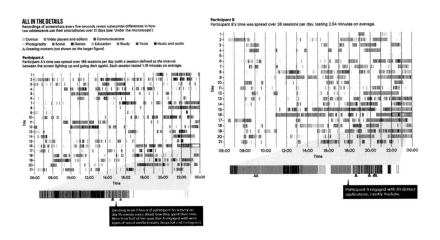

위 자료는 <인간 스크린놈 프로젝트>에서 캘리포니아에 거주하는 두 명의 14세 청소년의 스마트폰 사용 기록을 분석한 것이다. 참가자 A의 경우 3주 동안 스마트폰 사용 시간은 하루 3.67시간이었고 참여자 B는 4.68시간으로 1시간(27.5%) 더 많았다. 하루 동안 전화를 사용하는 시간의 분포는 훨씬 더 달랐다. 평균적으로 참가자 A의 시간은 매일 186개 세션(화면이 켜지고 다시 어두워지는 간격으로 정의)에 걸쳐 분산되었다. A의 경우 세션

　불길하면서도 매혹적인 메타버스와 ChatGPT

은 평균 1.19분 동안 지속되었지만 대조적으로 참가자 B의 시간은 평균 2.54분 동안 지속되는 26개의 일일 세션에 분산되었다. 그래서 청소년 중 한 명이 다른 청소년보다 7배 더 많이 전화기를 껐다 켰다. 이러한 패턴은 중요한 심리적 차이를 나타낼 수 있다. 참여자 A의 하루는 더 세분화되어 주의력 조절에 문제가 있거나 정보를 더 빨리 처리하는 능력을 반영할 수 있다.[17]

왜 이 프로젝트에 '게놈'을 연상케 하는 '스크린놈'이라는 단어를 사용했고, 이미지 구성도 게놈지도를 연상케 했는지 연구진의 의도는 분명하다. 게놈(Genome)은 유전자(Gene)와 염색체(Chromosome)를 합성한 용어로, 생물의 유전자 정보 총체를 일컫는 말인데 생명현상을 결정짓기 때문에 흔히 '생물의 설계도' 또는 '생명의 책'이라 불린다. 스탠퍼드의 야심 찬 연구자들은 사용자와 스마트폰의 인공자연 내에서의 상호 작용을 분석해 그가 어떤 행위를 하는 플레이어인지를 지도로 표시하고자 하였다. 10대부터 20대, 30대, 40대 이렇게 지속적으로 라이프 스타일을 분석하고 지도로 구성하면 플레이어의 진화를 해석할 수 있는 스크린놈 지도가 완성될 것이다. 마치 구글이나 아마존, 메타같은 IT 기업들의 빅데이터를 활용한 예측 마케팅처럼, 스크린놈에 신뢰할만한 데이터(경험)가 쌓이게 되면 그걸 토대로 10대에 특정한 패턴을 보이면 20대에는 어떤 삶을 살아갈지 예측할 수 있는 것이다.

자연에서의 경험은 기억으로 저장되고 인간 주체만 가능하지만, 인공자연의 경험은 데이터로 축적되고 인간 주체, 비인간 주체 모두 가능하다. 자연의 자동차는 사용하면 사용할수록 낡고 퇴화하지만, 인공자연의 생성형 AI는 사용하면 사용할수록 새로워지고 진화한다. 인간과 기술이 인공자연에서 상호작용하는 과정에서 가장 중요한 것이 '강화경험'이다. 우리(WE)는 모두 경험을 필요로 하는데 경험이 서로의 성장에 도움이 되기 때문이다. <강화경험>은 인간의 기술경험과 기술의 인간경험이 각각의 주체 발전에 합목적성을 이루고, 이것이 인공자연에서 변증법적으로 통합됨으로써 공진화로 연결되는, 인간과 기술이 관계맺는 방식이다. 타자와의 상호 경험을 통해 주체를 강화시키는 것이 강화경험인데, 인공자연의 4원소가 진화 염기서열이라면, 강화경험은 인공자연의 진화 기제이다.

틱톡은 유튜브 중심의 동영상 플랫폼에 새롭게 등장한 돌연변이이다. 글자에서 사진, 영상으로 이어지는 미디어 소비 트렌드가 틱톡의 성장 배경으로, 2016년 50개 국가 및 지역에서 75개의 언어로 서비스를 시작한 이래, 빠른 속도로 성장하여 이제는 동영상 플랫폼의 새로운 표준이 되었다. '짧은 동영상'을 추구하는 Z세대의 잠재 수요를 읽어내고 15초에서 1분 길이의 숏폼 콘텐츠를 쉽게 생산하고 공유할 수 있도록 기술 진입장벽을 낮추었고, 특히 광고가 시청의 흐름을 방해하는 유튜브와 달리 간단한 터치만으로 광고를 무시할 수 있어 콘텐츠 몰입도가 높다. 유튜브가 여전히 PC 기반 UI라면(그래서 스마트폰에서도 엄지와 검지를 사용해야 하지만) 틱톡은 엄지 하나로 모든 것이 다 가능한, 스마트폰에 최적화된 UI와 UX를 제공해준다.

불길하면서도 매혹적인 메타버스와 ChatGPT

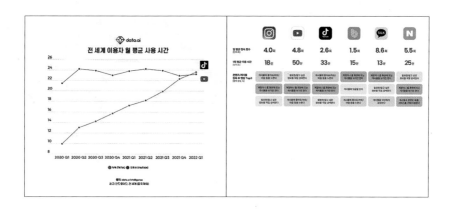

유튜브와 틱톡커는 전혀 다른 플레이어다. 플레이 방식도 다르고 콘텐츠의 선호도에서도 차이가 난다.[18] 사용자가 늘어나면 틱톡은 기능을 업그레이드 한다. 그 과정에서 틱톡의 알고리즘은 사용자의 소비 패턴(데이터베이스)을 분석하고 니즈를 파악해 다음 업그레이드(UI와 UX)에 반영한다. 틱톡 사용자는 확장된 기능을 이용해 더 많은 콘텐츠를 제작하거나 소비하면서 틱톡 생태계의 진화에 영향을 준다. 틱톡은 틱톡커를 만들고 틱톡커는 틱톡을 만드는 기제가 바로 '상호강화경험'이다.

'상호강화경험'은 '추인'과 '공조'라는 과정을 통해 완성된다. 인간과 기술은 인공자연에서 항상성을[19] 지속하고 긴장 관계를 유지하기 위해 밀고(推) 당기는(引) 추인(推引)의 역학관계를 형성한다. 인공자연의 진화는 부분을 이루는 요소가 상호 보완적 관계를 가지고 서로 의존하고 제약하는 힘의 균형을 통해 달성되는데 '추인'이 필요조건이라면 인간과 기술의 공조(共助)는 충분조건이 된다. 공조란 "서로 도와주는 것"이다. 인간이 기계를 필요로 하듯 기계도 인간을 필요로 하는 인공자연 생태계에서 공조가 가능하기 위해서는 '개체초월적 집단성'이 형성되어야 한다. 개체초월성은 'trans'라는 접두어에서 나타나듯이 개체 각각을 '넘어서서' 개체들 사이를 '관통하는' 어떤 작용에 의해 집단의 구성과정 및 특징을 설명하는 데 소용된다. 정신과 집단의 동시생성은, 개체들이 개체초월성으로 나아가며 개체초월성이 개체와 집단을 구성하는 상호순환적 과정으로 이루어진다. 개체초월성에 의해 개체는 주체로 거듭나고 집단은 생물학적 성격을 넘어서게 된다. 개체와 집단은 상호연관된 동시적이고 지속적인 생성이기 때문에 어느 쪽도 완벽한 안정성에 도달하는 일은 없다. 개체초월적 활동은 이미 완수된 개체화를 벗어나 더 광대한 차원으로 스스로를 증폭시키는 끝없는 역동성이다.[20] 밀고 당기면서 서로가 서로를 도와주는 인간과 기술의 상호강화경험은 공진화를 추동하며 인공자연 생태계의 개체초월적 집단성을 형성하고 있는 것이다.

4장
제3 기술과 인공자연

1. 도구와 주체의 투명화

벤야민은 기술을 인류가 만들어낸 제2의 자연이라고 규정하면서, 기술이 도구적 기술이라는 일방적 비판을 극복하기 위한 방법으로서, 이를 다시 제1 기술과 제2 기술로 나누어 고찰한다. 그에 따르면 제1 기술은 대표적으로 억압적이고 도구적으로 사용되는 기술을 의미한다. 자연을 정복하는 도구로서의 기술은 인류 역사의 초기 때부터 있어왔다. 주술과 마술로써 사용되던 기술이 바로 그 예이다. 마술과 주술이 통용되던 시기에 주술을 행했던 사람은 기술에 대한 지식이 있었던 사람들이다. 몇몇 선택된 사람들만이 기술에 대한 정보를 가지고 있었으며, 이들만이 기술을 자연과 또 다른 사람들을 지배하기 위해 '도구'로 사용했었다.

지배 도구로 사용되던 제1 기술과는 달리 제2 기술은 인류사에서 다른 역할을 수행한다. 벤야민은 이 제2 기술을 매우 긍정적인 기술로 파악하고 있으며, 제2 기술이 인류사에 미친 영향에 주목했다. 그에 따르면 제2 기술은 자연과 또 다른 인간을 정복하기 위해 사용되는 기술이 아니며, 자연과의 조화와 다른 인간과의 조화를 위해 사용된다. 제2 기술은 도구적 측면이 강조된 제1 기술과는 달리 '놀이적 기술 diespielerische Technik'이다. 놀이적 기능을 수행하는 제2 기술은 "자연과 인류 사이의 상호작용"을 가능하게 한다. 따라서 제2 기술이야말로 해방적 기술이며, 진정한 의미에서의 제2의 자연이다. 벤야민에 따르면 자연과 인류 사이의 상호작용을 가능하게 하는 제2 기술이 자신의 모습을 가장 잘 드러내는 영역은 바로 예술이다. 바로 예술 영역에서 예술의 기술적 재생산을 가능하게 하는 기술이 진정한 의미에서의 제2 기술이다.[21]

인류가 기술을 만들어 냈다면, 기술은 다시 인류를 재창조했다. 포스트휴먼(Posthuman)이라 불리는 제3의 존재이다. 인간 존재와 인간 본성은 고정되었거나 절대적인 불변의 것이 아니라 환경과 기술, 도구를 비롯한 외부의 비인간 존재들과의 상호작용과 얽힘을 통하여 역사적으로 끊임없이 변화를 거쳐 왔다. '포스트휴먼'은 과학기술과의 접합으로 인하여 더 이상은 현재의 인간과 같은 인간이라고 볼 수 없을 만큼 변화한 새로운 미래의 인간을 가리키는 용어이지만, 캐서린 헤일즈(Katherine Hayles)는 인간은 본질적으로 도구와의 접합을 통해 타고난 능력을 보강하고 확장하며 스스로를 변화시키는 보철적(prosthetic) 존재였다는 점에서 이미 우리는 포스트휴먼이라고 주장했다. 인간이 도구를 만들지만, 인간 또한 자신이 만든 도구에 의하여 변화되는 일종의 피드백 루프가 인간과 도구 사이에 생성되는 것이다. 이러한 인간과 도구가 공진화해 온 역사를 고려한다면, 현재 ICT가 가져온 혁명적인 변화는 인간 존재와 본성, 삶의 방식과 인간이 다른 비인간 존재들과 관계 맺는 방식에까지 필연적으로 근본적인 변화를 가져오게 된다.[22]

근대 이후 이성적 존재로서의 제1 존재가 탄생하였다. 데카르트는 인간의 본성을 정념의 문제로 다룬다. 그에게서 '생명의 원리'로서의 영혼의 본질은 '생각하는 것'으로 바뀌며, 생명의 원리는 몸의 '심장'에 부여된다. 이때 '생각하다'는 단지 '반성작용'만이 아니라 감성까지 포함하는 넓은 의미로서 결국, '의식'을 말한다. 의식의 철학이 시작된 것이다. 인간은 세계 그리고 '자아'에 대해 의식하는 존재로 세워진다. 이것이 제1 존재, 즉 존재자이다. 제2 존재는 실존자이다. 니체에 의해 시작된 고전 철학에 대한 반론은 생철학을 거쳐 실존주의로 이어지는데, 실존주의자들은 인간이 '실존'한 '후'에 각자 자신의 '본질'을 만들어가는 존재라고 간주한다. 인간이 존재한다는 것은 이 우주의 삼라만상에다 독특한 가치와 의미와 (존재) 목적을 부여하는 유일한 생명체로 존재한다는 뜻이다. 이런 인간을 다른 존재하는 것(being)과 달리 표현하기 위해 실존하는 것 (existence)이라고 키에르 케고르는 주장했다.[23] 사르트르는 실존은 본질에 앞선다고 말하면서 "매 순간 자유로운 선택을 통해 생생한 나의 실존과 마주하라"고 충고한다. 사물은 존재하지만 인간은 실존한다는 철학 명제의 등장으로 20세기에 인간은 존재자에서 실존자로 변신한다. 그리고 21세기 우리는 인간이면서 사물이고, 사물이면서 인간인, 존재와 실존 모두에 걸쳐있는 새로운 인류의 탄생을 눈앞에 두고 있다.

인간 존재에 대한 질문들은 항상 데카르트의 코기토 "나는 생각한다. 고로 존재한다."에서 시작된다. 그러나 20세기 이후 기술에 의해 침범당한 인간은 이제 정신과 신체의 이분법적 이해로는 쉽게 정의 내려지지 않는다. 신체변형과 증강현실, 인공지능 등의 기술로 인해 비인간-주체가 인간의 행위를 모방하는 단계를 넘어 인공자연에서 인간-주체와 함께 생각하고 존재하는 시대가 열린 것이다. 기계가 인간 외부에서 객체인 도구로 머무는 것이 아니라 인간의 몸과 마음의 일부로서 '주체'가 된다면 이제 우리는 포스트휴먼을 어떻게 이해하고 받아들여야 할지 진지하게 고민해 보아야 한다. 포스트휴먼 기술이 창조해낸 제3 존재는 '존재자', '실존자'와 변별하여 '교류자'라 할 수 있다. 포스트휴먼은 인간과 기술의 교류, 연상과 연산의 교류, 영감과 학습의 교류, 자연과 인공자연의 교류를 통해 주체로서의 정체성을 획득하기 때문이다.[24]

제3의 존재를 가능케 한 디지털 기술이 제3 기술이다. 벤야민의 기술이론을 재매개한 것이다. 제3 기술은 인간과 자연에 대해 제1, 제2 기술과는 사뭇 다른 태도를 취한다. 제1의 기술이 가능하면 인간을 중점적으로 투입하고, 제2의 기술이 가능하면 인간을 적게 투입한다면 제3의 기술은 인간과 자연 관계의 관계에 비인간-주체라는 '인공'을 투입하는 것이다. 비인간-주체는 다시 인간이 만들어 낸 인공인 (데이터베이스를 포함하는) 소프트웨어와, 인간이 만들어 냈지만 인간이 아니라 데이터베이스를 모방하는 인공지능(AI)으로 구분된다. 비인간-주체는 더이상 복제에만 머물지 않는다. '이번 한 번만으로(원본)'가 제1 기술에, '한 번은 아무것도 아니다(복제)'가 제2 기술에 해당한다면, 제3 기술은 '매번 달라지는 한 번만(편집)'을 예술 창작의 매우 중요한 과정으로 위치시킨다. 인간-도구-자연의 관계가 '인간(주체)-도구(반영)-자연(대상)'의 재현의 관계가 아니라 '비인간주체↔도구↔인간'의 모방의 과정으로 연속되면서 예술텍스트의 완성은 끊임없이 차연(差延, différance)된다. '차이'와 '연기'는 인공자연시대 예술의 특징이며, 제3 기술이 예술의 견고한 관념에 균열을 내고 있는 이상현상이다.[25] 제3 기술의 상호작용은 교섭(交涉)이다. 제2 기술의 놀이가 "간접적이며 실제적인 목적을 추구하지 않으며, 움직임의 유일한 동기가 놀이 자체의 기쁨에 있는 정신적 또는 육체적 활동"이라면, 교섭은 어떤 일을 이루기 위하여 인간-주체와 비인간-주체가 서로 협업하고 의논하는 것이다.

인간은 기술을 통해 자연에 대한 인간의 관계를 재조직한다. 벤야민은 교육이 아이들을 지배하는 것이 아니라, 세대들 사이의 "관계의 질서를 지배"하는 것이듯, 기술은 자연의 지배가 아니라 "자연과 인류의 관계의 지배"라고 말한다. 기술이 '자연과 인류의 관계'를 지배한다는 말은, 새로운 기술이 자연과 인간의 관계를 새롭게 만든다는 뜻이다. 기술은 인간과 자연의 관계에서 생겨나고 인간과 자연을 함께 변화시키는 가운데 그 관계를 지배한다. 이전과 성격이 다른 기술은 자연에 대한 인간의 관계를 이전과 다르게 만들 것이다. 기술은 인간 자신을 함께 변화시키기 때문이다. 기술은, 변화하지 않는 고정된 주체가 단지 자연을 지배하기 위해 사용하는 도구가 아니라, 자연과 관계를 맺고 있는 인간이 자기 자신을 포함한 자연을 새롭게 조직하는 가운데 생겨나는 결과물이다.[26] 제3 기술은 우리에게 비인간-주체와 네트워크-공간이라는 비물질적 토대, 즉 인공자연을 마련해 주었다. 이제 생명의 근본을 결정하는 본질적 요소는 생명을 구성하는 물질적 기반이 아니라 생명의 진화 과정을 가능하게 하는 원리이며, 디지털 기술이 이제 그 진화 과정을 인공자연을 통해 학습하기 시작했다.[27] 이 새로운 자연을 자연 그 자체인 제1 자연, 인간이 만들어낸 기술을 포섭하는 제2 자연과 변별하기 위해 제3 자연이라 명명할 수 있다.

지금까지의 논의를 토대로 기술과 존재, 자연의 구분을 표로 정리하면 다음과 같다.

기술	존재	자연
제1 기술-자연을 정복하는 도구(지배)	제1 존재-존재자	제1 자연-인간
제2 기술-자연과 인류 사이의 상호작용(놀이)	제2 존재-실존자	제2 자연-기술
제3 기술-인공자연과 포스트휴먼의 상호작용(교호)	제3 존재-교섭자	제3 자연-인공자연

인공자연의 새로운 주체인 포스트휴먼은 도구와 상호작용하는데 그 과정에서 인간-주체와 비인간-주체는 투명해지면서 구분과 경계가 모호해진다.

투명성에 대해 처음 언급한 학자는 볼터(Jay David Bolter)와 그루신(Richard Grusin)이다. 새로운 미디어나 오래된 미디어 모두 자신이나 서로의 모습을 다시 만들어내기 위해 '비매개'와 '하이퍼매개'라는 두 가지 논리에 호소하고 있다. 기존의 전자 미디어와 인쇄 미디어들은 뉴미디어에 의해 재정의되고 있으며, 뉴미디어는 기존의 미디어를 모방하며 그 기능을 확장시켰다. 즉 뉴미디어는 미디어를 증가시키기 위해 노력하지만, 또한 복잡한 미디어의 모든 흔적을 지워버리고자 한다는 것이다. 원근법, 회화, 사진, 가상현실 등은 미디어의 존재를 무시하거나 부정함으로써 투명성의 비매개성을 획득하고자 한다.[28] 볼터와 그루신이 말하는 '투명성'은 미디어의 작동방식을 의식하지 못하는 몰입의 상태를 말하는데, 이는 도구를 사용하는 행위 자체가 너무 익숙해져 주체와 도구 사이의 거리가 없어진 상태를 말한다.

반면 제3 기술의 미적 가치인 '투명화'은 주체와 도구가 결합하여 인간의 육체에 직접 기술이 이식되는 포스트휴먼시대의, 주체의 '투명화'이다. 육체는 현실 세계에 있지만 의식은 가상세계에 있는, 인간과 사이보그를 넘나드는 반인반기(半人半機)의 삶이 일상이 되고 있는 요즘, 우리가 두 세계 사이, 두 정체성 사이에서 혼란을 겪지 않고 살아갈 수 있는 것은 물질성과 비물질성의 구분이 사라지고 차이가 투명해져 시공간이 중첩되고 있기 때문이다.[29] 제3 기술은 자연과 인간의 다름을 '비물질성'을 통해 해결하려 한다. 자연과 인간 모두를 비물질성의 차원에 놓음으로써 다름 자체를 투명화시킨 것이다. 하이데거(Martin Heidegger)는 기술성(Technicity)의 본질이 결국 우리 눈앞에서 기술이 비가시적으로 사라지는 것, 즉 우리 눈에 보이지 않은 채 인간과 기술, 인간과 기계 사이의 혼종성이 극대화되는 상황을 우려했는데[30] 제3 기술은 주체의 투명화를 통해 인간과 기계의 결합으로 인한 정체성의 혼란을 오히려 감소시켰다. 기계는 손 앞에 있음을 넘어 손안에 있게 되었다. 그리고 머지않은 미래에는 우리 육체 안으로 들어오게 될 것이다. 우리는 '손-앞에-있음'을 파악의 한 양상으로 이해할 수 있는데, 이는 사물에 의식을 위한 대상적인 성격을 부여하고, 자연적 대상의 경우와 같이 대상의 본질에 도달하도록 한다. '손-안에-있음'은 상호작용의 양상으로서, 대상에 대한 이념성과 객체성의 질문을 밀어 두고, 대상이 그 기능에 따라 우리에게 나타나도록 한다. '몸-안에-있음'은 주체와 대상이 일체화되는 것으로 인간이 도구를 만들지만, 인간 또한, 자신이 만든 도구에 의하여 변화되는 일종의 피드백 루프

가 기계화된 것이다.[31]

　주체의 투명화는 주체가 은폐되는 것이 아니라 물질 공간의 주체와 비물질 공간의 주체 사이의 차이를 느끼지 못하는 존재의 합일 상태를 말한다. 하이데거가 말하는 존재의 투명성이나 한병철이 『투명사회』에서 제시한 "정치, 문학, 의료 등 모든 영역이 투명을 요구받고 있는 이 시대는 투명성이 곧 이데올로기가 됐다"의 투명과도 다르다.[32] 검색되지 않는 것은 존재하지 않는 세상이 되면서 우리 스스로 어떤 존재인지 모든 것이 투명하게 공개되는 투명성과도 다르다. 투명한 성질을 뜻하는 '투명성'이 아니라 투명해진다는 '투명화'이다.

　인간은 항상 인공적이고 자연적인 대상들에 둘러싸인 잡종적 환경 안에서 살아왔다. 인공적인 것과 자연적인 것은 두 개의 분리된 영역이 아니며, 더군다나 인공적인 대상이 단순히 자연을 정복하기 위한 도구인 것만도 아니다. 인공적 대상들은 인간적 경험과 실존을 조건 짓는 역동적 체계를 구성하는 것이다. 그리고 정확히 말해 인공적인 것이 끊임없이 더 큰 구체성을 향해 전개되고 있다는 바로 그 이유로 인해, 그것의 특유한 역사적 조건에 대한 지속적인 성찰이 요구되는 것이다.[33] 디지털기술은 우리에게 인공적인 환경을 네트워크-공간 안에 재현해 주었다. 글쓰기 환경, 대화 환경, 학습 환경, 친교 환경, 금융 환경과 보안 환경에 이르기까지 현실 공간의 거의 모든 공간 환경이 공유와 통제 가능한 데이터의 형태로 구조화되었다. 이 새로운 인공 환경을 구성하고 경험하고 저장하기 위해서는 디지털 도구의 사용과 함께 공간과 활동에 참여할 새로운 주체상이 필요하다. 주체는 어떤 공간에 위치하느냐에 따라 각기 다른 정체성을 존재에 부여받는다. 이렇게 해서 구성된 비물질 공간의 주체를 실제 주체와 구분하여 '가상 주체'라 부를 수 있다. 비물질 공간은 실체라 기보다 환경에 가깝다. 그리고 이 환경을 구성하는 과정을 시몽동(Gilbert Simondon)은 기술과 인간이 서로 연결되고 소통하는 '관계'의 작동 방식을 맥락화해 '개체화'라 명명했고 그 대상을 '기술적 대상'이라, 육 후이(Yuk-Hui)는 '디지털 대상'이라 부른다.

시몽동은 『기술적 대상들의 존재양식』(1958)에서 기술적 대상들의 진화 그리고 대상들과 그 환경(milieu) 사이의 관계를 통해 기술적 대상들의 실존을 탐구한다. 기술적 대상은 인공물도 아니고 자연물도 아니다. 인공물이 자연물로부터 '추상화'되는 것이라면, 기술적 대상은 거꾸로 '구체화'되면서 오히려 자연물에 근접해간다. 기술적 대상은 시간의 흐름에 따라 형태가 변화하고 진화하는 생명체처럼 그 나름의 발생과 진화를 겪는다. 기술적 대상의 형태나 구조는 그 자체로 비결정적이고 준안정적인 것으로서 '기능적 작동'을 점점 더 잘 구현하는 방향으로 '구체화'되면서 자연물의 완전성을 닮아간다.[34] 육 후이는 『디지털 대상의 실존에 대하여』(2016)에서 디지털 대상을 컴퓨터 스크린 위에 모양을 갖춰 있거나, 프로그램의 후단부(back end)에 숨겨져 있는 대상이란 뜻으로 사용한다. 이것은 구조와 도식에 따라 규제되는 데이터와 메타데이터로 구성된다. '디지털 대상'이라는 개념으로 육 후이는, 산업적 혁신으로부터 출현하여 인공적인 것들을 끊임없이 재형성하는 역동적 체계 안에서, 형성과 해체를 반복하는 그런 규모의 새로운 상대적 특성을 보여준다. 그리고 이로부터 발생하는 가능성들도 보여주는데, 이것은 가능성들이 도출되는 체계를 넘어서 그리고 그 위에서 늘 동역학적으로 초과하는 것이다. 이러한 맥락에서 이러한 시스템(기계적, 동력학적 시스템)은 하나의 체계로서뿐 아니라 무엇보

다 전개체적인 환경(milieu)으로 이해되어야 한다.[35]

온라인과 일상적인 삶의 차이가 점점 희미해져서 마침내는 두 영역의 구분이 사라지게 된다는 의미의 '온라이프'란 용어는 플로리디(Luciano Floridi)가 처음 사용하였다. 그는 인간들이 현재 경험하고 있는 것은 네 번째 혁명이며, 인간의 근본적인 본성과 우주에서의 지위를 재평가하고 이동시키는 과정에 있다고 보았다. 우리는 실재의 궁극적 본성에 대한 우리 자신의 일상적 시각, 즉 형이상학을 물리적 객체와 과정들이 중요한 역할을 수행하는 유물론적인 것에서 정보적인 것으로 수정하고 있다. 객체와 과정들의 물리적 본성을 덜 강조한다는 것은 사용 권리가 최소한 소유 권리만큼 중요한 것으로 인식된다는 것을 의미한다. 현존에 대한 기준(무언가가 현존한다는 것이 의미하는 것)은 더 이상 현실적으로 변경될 수 없다는 것(그리스인들은 변화하지 않는 것만이 완전히 현존한다고 말할 수 있다고 생각했다)이거나, 또는 잠재적으로 지각될 수 있다는 것(근대 철학은 현존하는 것으로서의 자격을 부여하기 위해서는 무언가가 오감을 통해서 경험적으로 지각될 수 있어야 한다고 주장한다)이 아니라, 막연할지라도 잠재적으로 상호작용할 수 있다는 것이다. 상호작용이 간접적인 것에 불과할지라도, 존재한다는 것은 상호작용할 수 있다는 것이다.[36]

'기술적 대상'이든 '디지털 대상'이든 그것이 실체를 갖지 않는 환경일지라도 가상 주체와의 상호작용을 통해 일상성을 획득한다면 그 경험은 주체적 경험이 된다. 디지털기술은 물질 주체의 '실체성'과 비물질 주체의 '가상성'을 일상 환경의 구현이라는 방식으로 인터페이스에 반영함으로써 인공자연에 대한 감각적 인지적 거리감을 해소하였고, 이것이 실제 주체와 가상 주체가 합일되는 주체의 투명화로 현현한다. 주체의 투명화는 궁극적으로 인간-주체와 비인간-주체의 투명화로 연결되면서, 예술 창작 주체에 대한 난제(인간만이 예술을 할 수 있는가, AI도 예술 창작을 할 수 있는가 하는)를 디지털 매체 미학에 던져준다.

'투명성'이 도구를 사용하는 행위 자체가 너무 익숙해져 주체와 도구 사이의 거리가 없어지는 것이라면, '투명화'는 주체와 도구라는 구분 자체가 무의미해지는 것이다. 하이데거는 인간과 도구의 관계를 "손-앞에-있음"과 "손-안에-있음"으로 설명했는데, 여전히 육체와 도구의 거리가 전제되어 있다. 그러나 디지털기술은 거리가 무화되면서 인간과 기술의 상호작용을 '외화 exteriorization' → '내화 interioization' → '상호변환 transduction' 이라는 다차원적 진화로 확장시킨다. 여기서 '외화'는 기술이 '증강 augmentation' 등의 방식으로 인간의 행위를 표준화된 단위로 분절화한다는 것이고, '내화'는 기술이 '신체규율화 body-discipling', '소프트웨어화' 등의 방식으로 인간의 몸속에 내면화된다는 것이며, '상호변환'은 '네트워크화된 사이보그'와 같이 인간과 기술이 통합적으로 소통하는 상태를 말한다.[37] 상호변환의 단계로 진화한다면 단순한 몰입을 넘어 합일의 과정으로 진입하는 것으로 이 과정에서 주체와 도구의 구분 자체가 투명화되면서 반인반기(半人半機)의 포스트휴먼 시대가 도래하게 된다.

지금은 상호작용의 1단계인 외화의 단계이다. 상호변환의 단계로 기술 발전이 진입하게 됐을 때, 정체성의 혼란은 가장 중요한 윤리적, 철학적 문제가 될 것이다. 주체의 투명화를 인정하는 것은 포스트휴먼시대 인간과 도구의 관계에 대한 새로운 관점이다.

2. 몰입의 현존감과 물아일체

제3 기술이 마련해준 인공자연은 실제로는 존재하지 않지만 존재한다고 인지하는 가상현실(virtual reality)이다. 인공자연은 감각적 체험이 가능하나 물리적 존재성을 지니지 않은 현실이며, 가장 발달된 디지털 영상 문화로서 탈-상징적 커뮤니케이션(post-symbolic communication)이 이루어지는 세계이며, 영혼/육체의 분리(disembodiment)를 체험하는 세계이며, 육체를 통한 정보 습득이 이루어질 수 있으며, 논리적, 선형적, 분석적 사고가 아닌 총체적, 조합적 사고를 필요로 하기 때문에 이제까지와는 다른 사고 과정이 요구되며, 탈-인간(post-human)적인 사이보그(cybog) 의식이 형성되며, 다중적, 다층적, 분열적 정체성들의 체험이 이루어지는 곳이다.[38] 가상현실 체험의 특징은 몰입(immersion), 감정이입(empathy), 행위 주체성(agency), 변형(transformation)인데, 특히 인간-주체가 어떻게 컴퓨터가 만든 가상적인 세계에 빠져 들어가게 되는가와 관련된 몰입의 차원은 제3 기술을 다른 매체 체험과 구분 짓는 핵심적인 특징이라고 할 수 있다.

벤야민은 영화가 움직이는 이미지이기 때문에 기본적으로 몰입 또는 침잠을 요구하는 전통 예술 작품과는 다른 수용 방식을 갖는다고 지적한다. 움직이는 이미지인 영화는 수용자들에게 집중과 침잠이 아니라, '분산적 지각 Zerstreute Wahrnehmung'과 '촉각적 지각 taktile Wahrnehmung'을 불러일으키는데, 이러한 낯선 지각 방식은 새로운 기술이 예술의 향유 방식에 직접적으로 영향을 미친다는 것을 보여준다. 아우라를 지닌 예술작품의 수용은 작품에 완전히 몰입하고 침잠함으로서 주체와 대상이 통일되고 교감하는 순간을 통해서 이루어진다. 그러나 영화는 집단적이고 정신산만한 오락의 대상으로 수용되면서, 전통적 예술작품의 수용 방식인 '정신을 집중하여 몰입하는 태도'와 상반된다. 기술복제는 대중이 예술작품에 보다 쉽게 접근할 수 있게 만들었고, 이는 결과적으로 작품과 대중의 거리를 가깝게 만들었다. 그리하여 주체와 대상의 거리를 유지하고 대상에 대한 몰입을 강요했던 전통적 예술의 아우라는 점차 몰락되었다.[39] 벤야민에게 '몰입'은 기술복제시대에는 어울리지 않는 관습적인 향유 방식이었던 것이다.

기술복제시대의 예술 형식인 영화는 움직이는 이미지들로 이루어졌고, 화면은 너무 빨리 전환되며, 과거, 현재 그리고 미래라는 선형적 구조에서 탈피해 시간을 임의로 편집해서 보여주는 스펙타클한 체험을 스크린을 통해 관객에게 일방적으로 쏟아냄으로써 오랜 시간 집중과 침잠이 요구되는 몰입은 가능하지 않았다. 그러나 인간-주체와 비인간-주체가 인공자연 안에서 교섭하는 인공자연시대에, 몰입은 다시 미학적으로 매우 중요해진다. 영화의 관객은 화면을 바라만 볼 뿐이지만, 인공자연시대의 대표적인 예술 형식인 컴퓨터 게임의 플레이어는 행동을 통해 직접 스토리를 선택하고 결정한다. 물론 이때의 몰입은 전통적인 집중과 침잠의 방식이 아니라 분산과 촉각의 지각형태로 체험된다. 벤야민이 영화의 비몰입성을 설명하기 위해 제시한 '분산적 지각'과 '촉각적 지각'이 인공자연시대에는 몰입의 현존감으로 재매개된다.

미하이 칙센트미하이는 몰입을 "행위에 깊이 몰입하여 시간의 흐름이나, 공간, 더 나아가서는 자신에 대한 생각까지도 잊어버리게 될 때를 일컫는 심리적 상태. 즉 사람들이 다른 어떤 일에도 관심이 없을 정도로 지금 하고 있는 일에 푹 빠져 있는 상태. 곧 이때의 경험 자체가 매우 즐겁기 때문에 이를 위해서는 어지간한 고생도 감내하면서 그 행위를 하게 되는 상태"로 정의하였다.[40] 몰입은 '육체 몰입'과 '도구 몰입'으로 나눌 수 있는데, 온전히 인간 스스로의 의지로 몰입을 경험하는, 그래서 육체가 몰입의 수단이 되는 것이 육체 몰입이라면, 도구 몰입은 육체와 분리된 수단에 의해 몰입을 경험하는 것이다. 제3 기술이 제공해주는 몰입의 경험은 디지털 기술을 수단으로 사용하는 도구 몰입이다.[41]

도구 몰입을 통한 인공자연의 VR 체험이 가장 잘 보이는 것이 인공자연시대 새로운 종합예술 형식인 컴퓨터 게임이다. 컴퓨터 게임의 역사는 몰입의 역사라 해도 과언이 아닌데 기술의 발전에 따라 몰입의 강도가 단계화되면서 인간-주체와 비인간-주체(도구)의 거리가 점차 투명해지고 있다.

최초의 컴퓨터게임은 1961년 MIT의 대학생 스티브 러셀(Steve Russell)이 개발한 <스페이스 워(Space War)>인데, 이는 지금까지 세계 최초의 쌍방향 컴퓨터 게임으로 기록되고 있다. 그러나 실제로 컴퓨터 게임이 우리에게 몰입의 경험을 주기 시작한 것은 1978년 일본 타이토(Taito)사가 <스페이스 인베이더(Space Invader)>라는 아케이드 게임을 발매하면서부터이다. 오락실이라는 비현실적인 공간 안에서 플레이어들은 '교환交換'의 방식으로 컴퓨터게임이 제공하는 몰입의 즐거움을 경험했다. 이때 교환은 재화(의지나 화폐, 시간 등)를 지불하고 그 댓가로 즐거움과 성취감을 얻는 방식이다. 지불한 재화들이 더 이상 유효하지 않거나 만료되면 교환은 마무리된다. 몰입의 1단계인 교환의 가장 큰 특징은 기술이 제공한 인공자연을 플레이어가 임의로 수정하거나 편집할 수 없다는 것이다. 모든 플레이는 정해진 루틴(routine)에서 벗어날 수 없으며 인간-주체는 비인간-주체와의 거리를 분명하게 인식한다. 이때 도구는 인간 의식 밖에 자체로 존재하는 "즉자 卽自, Ansich"이다.

1960년대와 1970년대를 거치며 급속히 발전한 컴퓨터 게임은 관련 하드웨어 기술의 급속한 발전에 힘입어 점차 소형 경량화되는 추세를 보이기 시작한다. 1981년에는 미국 IBM사가 IBM 오리지널 PC를 선보였고, 최초의 RPG(Role Playing Game)인 <위저드리(Wizardry)>와 <던전 앤드 드래곤즈(Dungeon and Dragons)>가 출시되었다. 몰입에 필요한 중요한 요소 중 하나인 흥미로운 '스토리'를 전면에 내세운 <어드벤쳐>와 <롤플레잉> 같은 새로운 게임 장르의 등장은 인간-주체와 인공자연의 관계에도 변화를 가져왔다. 여전히 인공자연은 주어지지만, 플레이어의 선택에 따라 매번 다른 모습으로 재현된다. 특히 네트워크 기술의 발달로 1990년대 후반부터 온라인 게임이 대세를 이루면서 인간-주체와 비인간-주체는 교환을 넘어 '교류交流'의 단계에 진입하게 된다. 플레이어는 매 순간 선택을 해야 하며, 그 선택은 즉시 인공자연에 영향을 미친다. 2011년 정식 발매된 Mojang 스튜디오의 샌드박스 형식 비디오 게임인 <마인크래프트>는 아예 플레이어가 스스로 인공자연을 창조하고 건축, 사냥, 농사, 채집, PvP 등 일상적 행위를 그대로 구현해줌으로써 인간과 도구의 상호작용을 극대화시켰다. 인간-주체와 비인간-주체는 인공자연이라는 공유지에서 서로 교류하며, 이때 인간-주체는 도구인 즉자와의 관계에서만 그의 존재성을 확인하는 "대자 對自, Furshich"이다. 전지구적 네트워크로 연결된 인공자연과 발전된 AI 시스템은 때로는 경쟁하고 때로는 협업하는 PC와 플레이어의 선택에 따라 다르게 반응하는 NPC와의 '교류'를 게임 플레이의 가장 중요한 동인(動因)으로 부각시킨다. 교환과 달리 교류는 상호작용을 통해 인공자연을 플레이어 스스로 간섭하고 창조할 수 있게 해 주었고, '저장'과 '불러오기'를 통해 인공자연을 소유함으로써 교환보다 훨씬 더 높은 수준의 몰입을 경험할 수 있게 되었다.

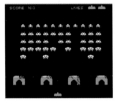

[그림 1] 기술의 발전에 따른 인공자연의 변화

제3 기술이 지향하는 몰입의 마지막 단계는 '교감交感'이다. 교감은 인간-주체와 비인간-주체, 실재와 가상의 경계가 무너지면서 (인공)자연 안에서 인간과 도구의 상관계수가 0에 수렴하는 완전몰입의 단계이다. VR 기술이 발전하면서 가능해진 몰입형 가상현실은 사용자가 입체형 HMD(head-mounted display)를 머리에 쓰고 3차원 가상 공간을 체험하거나, 컴퓨터가 합성한 화면에 둘러싸인 조그만 방이나 돔 형태를 띤 CAVE 안에서 인공자연과 상호작용하면서 가상의 현실을 체험하게 된다. 사용자는 외부의 공간과 단절되지만, 사용자의 행동에 따라 주위 환경이 변하는 것으로 지각하게 되고, 상호작용할 수 있는 인공 환경에 스스로 몰입하면서, 존재하지 않지만 존재하는 것처럼, 때로는 존재하는 것보다 더 생생하게 인식되는 시뮬라크르(simulacre)를 체험한다.[42] 물론 현재의 VR 기술은 도구와의 거리를 느끼지 못하는 투명도 제로의 수준까지는 이르지 못했지만 '완전몰입', '직접경험', '연결'이라는 기술의 지향점이 특이점에 다다르게 되면 인공자연에서의 행동의 결과로 현실 세계의 삶이 바뀌게 되는, 실재와 가상이 뫼비우스의 띠처럼 연결되는, 나비가 되는 꿈을 꾼 것인지 나비가 자신이 된 꿈을 꾼 것인지 알 수 없을 정도로 '물아일체'의 단계에 진입하게 될 것이다. 그리고 이때 인간과 도구는 즉자대자(Anundfuersich)의 관계에 다다른다. '즉자'는 '그 자체'이며, '대자'는 '자기를 마주함', '즉자대자'는 '그 자체이며 자기를 마주함'이다.[43] '즉자대자'는 발전하는 존재와 인식에서 그때마다의 최고의 단계이며, 대립의 배제나 은폐가 아니라 대립을 '계기'로서 보존한 상태의 통일이다. '그때마다'라는 것은 이 과정이 중층적인 것이기 때문이며, 최종적으로는 '전체성', '총체성'으로서 나타나는 '체계' 전체를 의미한다.[44]

'즉자', '대자', '즉자대자'의 개념은 가상화 매체와 현실 세계를 넘나드는 인간 정체성의 변이 과정을 다룬 데니스 와스쿨의 3P모델에서 'Person'과 'Persona', 'Player'로 재매개된다.

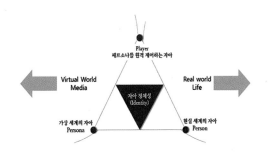

[그림 2] 데니스 와스쿨(Dennis Waskul)의 3P 모델

자아(Person)는 평범한 현실을 살아가는 가상 세계 외부에 위치한 즉자이다. 자아는 인공자연 안에서 가상 자아와 현실 자아의 경계가 뒤섞여

나타나는 일상의 혼란을 경계하기 위해 자아를 대신할 새로운 자아를 만들어 내는데 이것이 페르소나이다. 페르소나(Persona)는 자아가 가상 세계에 적응하기 위해 선택한 행동과 인지 양식이다. 가상 세계는 고유의 맥락, 관습, 상징이 존재하고 이것은 현실에서 통용되는 것들과 상이할 수 있다. 페르소나는 현실 자아와 동일성을 추구할 수도, 전혀 다른 방향을 향하는 것도 가능하다. 새로운 정체성 형성에는 자유로운 상상과 일탈 욕망, 억압에의 저항과 같은 힘이 작용한다.[45] 페르소나는 자아의 대자이다. 이제 중요한 것은 자아와 페르소나의 이중 자아 경험을 통해 인간-주체는 가상과 현실 사이의 간극과 역설을 체감하게 되는데, 이때 발생하는 정체성의 혼란을 어떻게 극복하느냐이다. 와스쿨은 그 역할을 자아도 페르소나도 아닌 제3의 존재, 즉 플레이어(Player)에게 맡긴다. 플레이어는 가상 세계의 페르소나를 제어하는 자아이며, 즉자대자적 존재이다. 권보현은 인공자연의 인간-주체는 플레이어로서 자신의 현실 자아인 퍼슨과 가상 사회에 속한 페르소나 사이의 거리를 조정한다고 보았다. 퍼슨과 플레이어의 거리가 가까울수록 가상과 현실의 유사도는 높아져 페르소나의 표현과 행동은 현실 자아로서의 선택들과 더 많이 일치된 모습을 보이지만, 퍼슨과 플레이어의 거리가 멀어질수록 페르소나가 속한 세계에 대한 현실의 구속력은 약화된다는 것이다.

플레이어와 퍼슨의 거리가 단축되면 페르소나와 퍼슨의 유사도가 높아진다

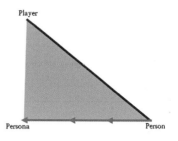

플레이어와 퍼슨의 거리가 멀어지면 페르소나와 퍼슨의 유사도가 낮아진다

[그림 3] '퍼슨'과 '페르소나'의 거리 상관도[46]

퍼슨과 플레이어의 거리가 가까워지기 위해서는 도구에 대한 몰입과 그 강도가 매우 중요한 역할을 한다. 제3 기술은 궁극적으로는 교감의 단계까지 몰입의 투명도를 증강시킬 것이다. 이같은 기술의 발전 방향이 의도하는 것은 인간-주체와 비인간-주체의 긴장과 추인의 관계와 인공자연이라는 생태계(개체초월적 집단성)의 항상성 안에서, 포스트휴먼의 정체성을 유지하고 균형을 잡으려는, 인간과 기술이 함께 진화하는 공진화이다.[47]

가장 이상적이면서 직접적인 완전몰입 기술은 뇌와 컴퓨터를 직접 연결하는 BCI(Brain-Computer Interface) 방식이며, 우리가 가까운 미래에 만나게 될 포스트휴먼의 모습이다. 인간의 육체에 직접 기술이 이식되는 특이점의 시간이 오면 반인반기의 포스트휴먼은 도구와의 교감을 통해 육체와 정신의 간극과 이질성을 극복하려 할 것이다. <몰입의 현존감>은 <주체의 투명화>와 함께 포스트휴먼이 인간으로서의 정체성을 지키기 위한 '기술생성 technogenesis'의 과정이며, 그 결과가 될 것이다.[48]

1   문용갑, 「인터넷 발전에 관한 일 연구」, 『정보화사회』 제11호, 한국정보사회학회, 2007, 80-83쪽.

2   김기윤은 스마트폰의 '스마트함', '스마트하게 이용한다'라는 현상적 개념을 '스마트한 이용'의 개념으로 구체화하고 '다기능 사용 준비성', '관리 효율성', '미디어 일체감', '기기연결성', '이용자 중심 최적화', '외부 연결성'의 6개 요인으로 '스마트한 이용'의 구성개념을 설명하였다.(김기윤, 「스마트폰의 '스마트한 이용'에 대한 탐색적 연구」, 『한국언론정보학회』 통권 74호, 한국언론정보학회, 2015)

3   캐서린 헤이즐 저, 허진 역, 『우리는 어떻게 포스트휴먼이 되었는가』, 열린책들, 2013, 5-7쪽.

4   최진석, 「휴머니즘의 경계를 넘어서」, 경희대학교 글로벌인문학술원, 『비교문화연구』 제41집, 2015, 383-384쪽.

5   Martin Heidegger, Vortrage und Aufsatze. Stuttgart, 1994(7.Aufl.), p.36.

6   이서규, 「하이데거에서의 인간과 기술의 관계에 대한 고찰」, 『철학논총』 제29집, 새한철학회, 2002, 307쪽.

7   이은정, '다윈의 진화설 붕괴, 다양한 과학적 증거 나타나', 「The Science Times」 2004년 5월 31일자 기사 부분 인용.

8   곽민준, '일상 속 생명과학 이야기: 선택, 운명을 바꿀 수 있는 힘', BRIC 동향 2018년 11월 7일자 기사 부분 인용.(https://www.ibric.org/myboard/read.php?Board=news&id=299243)

9   Suzanne Estes, Michael Lynch, "Rapid fitness recovery in mutationally degraded lines of Caenorhabditis elegans.", Evolution, 2003.

10 곽민준, 같은 기사, 부분 인용.

11 생태계란 영국의 A.G. 탠슬리에 의하여 1935년 제창된 용어로, 자연의 있는 그대로의 상태를 인식하기 위해서는 상호 간의 관계를 지닌 생물과 무기적 환경을 하나로 통합해야 하는데 그 통합된 세계가 생태계이다.

12 이재용, 「UX란? 그리고 UI와 UX의 차이」, pxd story, 2012년 8월 29일자 포스트.

13 모리스메를로 - 퐁티 저, 류의근 역, 『지각의 현상학』, 문학과지성사, 2002, 참조.

14 이종관, 『디지털 문화산업의 융합기술에 대한 철학적 성찰』, 정보통신정책연구원, 2010, 106쪽.

15 신성규, 「포스트휴먼과 포스트휴머니즘, 그리고 삶의 재발명」, 웹진 『HORIZON』 2020년 1월 23일.

16 구본권, 5초마다 스마트폰 캡처⋯'디지털인간' 연구 첫발, 한겨레 2020년 1월 16일자 기사 참조.

17 <인간 스크린놈 프로젝트>의 공식 홈페이지(https://screenomics.stanford.edu/)에서 연구 내용과 경과 등을 확인할 수 있다. 연구 결과에 대한 페이퍼는 다음 링크를 통해 다운로드 받을 수 있다.(https://www.nature.com/articles/d41586-020-00032-5)

18 소비자데이터플랫폼 오픈서베이가 발표한 '소셜미디어·검색포털 트렌드 리포트 2022'에 따르면 유튜브가 인공자연에 접속 후 가장 많이 하는 행동 1위는 "필요한/알고 싶은 정보를 직접 검색한다"인 반면, 틱톡커는 "게시물에 좋아요/하트/마음 등을 누른다"였다. 흥미로운 건 40대 이상이 많이 사용하는 네이버밴드에서는 2위가 "게시물에 댓글을 단다"이고, 카카오톡의 3위는 "게시물을 타인에게 공유한다"이다.(출처: 이승엽, '국내 최고 인기 플랫폼은 네이버⋯ 연령 낮을수록 '쇼트폼' 콘텐츠 인기', 한국일보 2022년 3월 7일자 기사 부분 인용)

19 항상성(恒常性, Homeostasis)은 변수들을 조절하여 내부 환경을 안정적이고 상대적으로 일정하게 유지하려는 계의 특성을 말한다.

20 황수영, 「시몽동의 철학에서 개체초월성의 두 의미」, 『철학』 제135집, 2018, 71쪽.

21 정충국, 「테크놀로지 시대의 예술과 기술」, 『독어교육』 제46호, 한국독어독문학교육학회, 2009, 204-205쪽.

22 송은주, 「4차 산업혁명시대의 인문학 교육」, 『문화교류연구』 제8권 제2호, 한국국제문화교류학회, 2019, 73쪽.

23 이우, 존재(being) Vs 실존(existence) http://www.epicurus.kr/, 검색일자: 2021년 1월 21일.

24 인간과 제3 기술의 관계는 교환에서 시작하여 교류로 이어지고 최종적으로는 교감의 수준에 다다를 것이다. 따라서 '교류자'라는 용어는 지금 단계의 기술 수준을 전경화한 용어이다.

25 '차연'은 자크 데리다의 개념은 재매개한 것이다. 텍스트와 의미의 관계와 관련된 중요한 전망인 différance라는 용어는 "의미의 차이와 연기"를 개념화하지만, 기술편집예술의 차연은 "완성의 차이와 연기"를 의도한다.

26 김남시, 「발터 벤야민 예술론의 기술의 의미」, 『미학』 제81권 2호, 2015, 59-62쪽.(편집)

27 인간이 제공해준 기보(DB)를 학습하며 바둑을 배웠던 알파고가 인간의 행동심리학을 적용하여 '비어 있는 서판 tabula rasa'에서 출발해 알파고제로로 진화한 과정을 살펴보면 경이롭다. 알파고 제로는 그동안 기보도 보지 않고 독학했다. 구글 딥마인드는 "인간 지식 없이 바

둑을 마스터하기 Mastering the game of Go without human knowledge"라는 논문을 과학잡지 <네이처>에 발표했는데 '알파고 제로'가 이세돌을 꺾은 '알파고 리 Lee'를 상대로 100 대 0으로 이겼다는 내용이 실렸다. 알파고 제로는 딥러닝 과정은 생략하고, 바둑의 원리를 알고 바로 강화 학습에 70시간을 투입해 단 3일 만에 세계적인 바둑 실력을 키웠다고 한다. 홀로 3일 만에 490만 판의 바둑을 두었다고 한다. 그리고 GPU 도움 없이 오로지 4개의 텐서 프로세싱 유닛(TPU, Tensor Processing Unit)만 사용해 가동된다. 쉽게 말해 TPU는 구글의 차세대 인공지능용 칩셋이다. 뒤이어 알파고 제로는 40일 동안 학습을 통해 2,900만 판을 두어 커제를 이긴 최신 알파고 버전인 '알파고 마스터 Master'를 상대로 승리했다고 한다. 알파고 제로는 더 이상 인간의 도움이 필요 없게 된 것이다.(출처: Easy IT시리즈 "세상을 바꿀 테크놀로지, 『디지털이 꿈꾸는 미래』「ICT Trend ─ 인공지능 기술의 진화」,https://www.etri.re.kr/webzine/20191227/sub03.html,검색일자: 2021년 1월 21일)

28 제이 데이비드 볼터 저, 이재현 역, 『재매개 뉴미디어의 계보학』, 커뮤니케이션북스, 2006, 4쪽.

29 이용욱, 『정보지식화사회와 인문공학』, 도서출판 역락, 2020, 439쪽.

30 이원태, 「포스트휴먼시대 인간과 기술의 소통모델: 네트워크 사이보그」, 『미래연구포커스』 05-26호, 정보통신정책연구원, 2014, 21쪽.

31 송은주, 「4차 산업혁명 시대의 인문학 교육-정보철학과 정보윤리를 중심으로」, 『문화교류와 다문화교육』 제8권 제2호, 2019, 73쪽.

32 한병철, 『투명사회』, 문학과지성사, 2014.

33 Yuk Hui, 『On the Existence of Digital Objects』, University of Minnesota Press, 2016.(이 책은 아직 한국에 정식 출간되지 않았다. 이 논문에 인용된 한글번역본은 박준영의 개인블로그에 올려진 번역본을 인용한다. https://brunch.co.kr/@nomadia/69)

34 김재희, 『시몽동의 기술철학』, 아카넷, 2017, 71쪽.

35 Yuk Hui, Ibid.(https://brunch.co.kr/@nomadia/69)

36 Luciano Floridi, 『Information: A Very Short Introduction』, OXFORD, 2010, pp. 8-14.

37 이원태 외, 「포스트휴먼시대 기술과 인간의 상호작용에 대한 인문사회 학제간 연구」, 『정책연구 14-59』, 정보통신정책연구원, 2014, 70쪽.

38 박명진, 이범준 저, 「가상현실 커뮤니케이션의 특성과 그 체험의 양상: 몰입 과정과 몰입 조건에 대한 수용자 연구」, 『언론정보연구』 41(1), 서울대학교 언론정보연구소, 2004, 30쪽.

39 신혜경 저, 『벤야민 & 아도르노 대중문화의 기만 혹은 해방』, 김영사, 2009, 205쪽.

40 미하이 칙센트미하이 저, 최인수 역, 『몰입』, 한울림, 2005, 29-30쪽.

41 참선이나 수양, 독서가 육체 몰입의 대표적인 형식이라면, 도구 몰입은 컴퓨터게임이 대표적이다.

42 '교류'에서 '교감'으로 넘어가는 과도기 단계에 AR이 있다. 증강현실(Augmented Reality, AR)은 실제로 존재하는 환경에 가상의 사물이나 정보를 합성해 원래 존재하는 것처럼 유저가 느낄 수 있도록 만드는 기술이다. 실존하는 환경에 부분적인 가상 정보를 부가하는 것으로 2016년에 출시된 나이언틱의 <포켓몬고>가 대표적인 증강현실 게임이다. 인공자연이 자연의 일부분으로 표시되면서, 포켓몬들은 스스로 시뮬라시옹(simulation) 하였다.

43 즉자, 대자, 즉자대자의 한글 표기는 전대호의 번역을 따랐다(G. W. F. 헤겔, 전대호 저, 『정신현상학강독1』 글항아리, 2019.)

44 가토 히사타케 외 저, 이신철 역, 『헤겔사전』 도서출판비, 2009, 120-135쪽.

45 권보연, 「SNS와 정체성 놀이」 브런치(https://brunch.co.kr/@bohkwon/36. 검색일자: 2021년 2월 5일)

46 권보연, 같은 글, 브런치(https://brunch.co.kr/@bohkwon/36. 검색일자: 2021년 2월 5일)

47 2018년 개봉한 미국의 SF 영화 <레디 플레이어 원>(Ready Player One)은 몰입의 투명도를 설명할 수 있는 매우 상징적인 작품이다. 그동안 게임을 소재로 한 여타 영화들과 달리 이 영화의 주인공은 Person도 Persona도 아닌 Player로서의 삶을 선택하고, 이 선택은 그의 삶 전체를 바꾸어 놓는다. 작중 주인공인 '웨이드 와츠'는 가상세계 오아시스에서는 '파시벌'이라는 닉네임의 유저이다. 현실에서는 별볼일 없는 루저이지만, 게임 속 가상세계에서는 오아시스 창립자인 제임스 도노반 할리데이가 게임에 숨겨둔 3개의 수수께끼를 푼 고인물이며, 악과 맞서 승리하는 히어로이다. 승리의 보상으로 오아시스를 갖게 된 플레이어 'Z'가 현실과 가상공간 모두의 주인이 되면서 영화를 끝이 난다. 와츠도 파시벌도 사라지고 인공자연과 교감하며 현실공간을 살아가는 플레이어만 남은 것이다. 1985년에 개봉한 <백투더퓨처>는 타임머신을 소재로 한 영화로는 최초로 과거가 바뀌면 미래도 바뀐다는 독특한 소재로 큰 인기를 끌었는데 <레디 플레이어 원>의 주인공 '웨이드 와츠'가 극중 히로인에게 대놓고 맥플라이라고 불리거나 80년대 청자켓 복장이나 헤어스타일 등등 <백투더퓨처>의 주인공 '마티 맥플라이'를 미러링한 것은 현실과 가상 역시 언젠가는 하나로 연결될 것이라는 스티븐 스필버그 감독의 계산된 오마주이다.

48 헤일즈는 인간과 기술의 양자 간의 적응(adaptation)을 '기술생성 technogenesis'의 과정으로 지칭하고, 인간 몸의 육화(embodiment)와 사이버네틱스 지능(Cybernetic Intelligence)의 자연스런 결합을 주장하였다. 기인공진론(技人共進論)의 입장에서 인간이 기술과의 관계 속에서 진화한다고 파악한 것이다.

제2부

메타버스와
교육

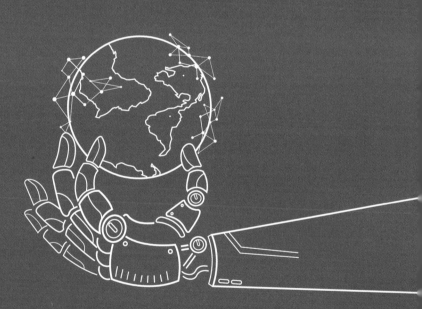

1장
실감 미디어 시대에서 메타버스 시대로

1. 노동의 종말에서 인공 인간의 시대로

2000년 미국에서 매년 개최되는 세계에서 가장 큰 가전 전시회인 CES에서 한국의 삼성전자는 산하 벤처조직인 '스타랩스' 연구소에서 개발한 인공인간 프로젝트 네온을 소개했다. 당시는 엄청난 기술이라고 평가받기도 했지만, 기대에 미치지 못하다는 평을 받기도 했다. 하지만 보통 사람들은 진짜 인간과 인공 인간을 구별하지 못할 정도로 정교했고, 결국 몇 년 안에 이 인공인간들은 인간이 하던 일을 대체할 것이라는 전망이 나오기 시작했다.

인공인간은 인공지능 기술로 만들어져서 가상세계에서 활동하는 인간을 의미한다. 겉모습은 실제 사람과 유사하다. 사람들 사이에 있어도 구별하기 어렵고 오히려 친숙하고 인상 좋은 인간의 모습을 하고 있다.

이들은 가상의 화면에서 뉴스 진행자, 요가 강사, 광고 캐릭터가 되어 다양한 역할을 하게 될 것이다.

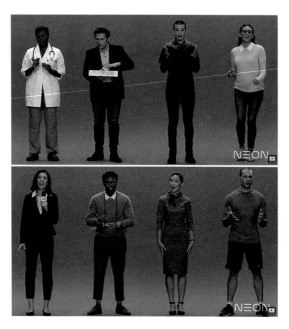

[그림 1] 삼성전자 네온 프로젝트 사례

인공인간이 가상세계에서 인간의 일을 대신 해 줄 것이라는 프로젝트가 발표된 것이 벌써 3년 전의 일이다. 이미 한국에서는 가상의 앵커가 방송을 진행한 사례[1]가 있다. 인공지능으로 만들어진 MBN의 박주하 아나운서의 방송을 본 시청자들의 반응은 놀라는 것이 아니라 인공인간의 말, 뉘앙스, 제스처, 표정 등에서 실제와 차이를 느끼지 못했다고 말했다. 아직은 조금 부족한 기술인데도 불구하고 진짜 인간과 인공인간을 구분하지 못하는 지경에 이르게 된 것이다. 이에 따라 여러 회사에서는 인공

불길하면서도 매혹적인 메타버스와 ChatGPT

지능 기술을 이용하여 만든 가상의 아바타로 광고 모델 역할을 하는 프로젝트를 진행해 왔다.

실험적인 벤처 기업들은 그 기술을 '메타 휴먼'이라고 명명하였다. 가상으로 만들어진 가상의 인플루언서[2]들은 실제 방송에서 광고 모델로 활약하기도 하고, 가상 세계에서 인기를 끄는 인플루언서로서 인생을 살아가고 있다. 한 사례로 가상 인간 '로지'가 있다. 그녀의 한국 이름은 오로지. 나이는 영원한 22세. 인공인간이므로 나이를 먹지 않는다. 서울에서 태어나 패션과 환경 보호에 관심이 많은 대한민국의 여성으로 인스타그램 팔로워 수십만 명을 보유한 인플루언서이다. 그녀는 원피스 만화를 좋아하고 반려 과일 '오씨'를 키운다. 로지는 혈액형도 있고 신발치수도 있으며 MBTI도 존재한다. 가상에서 활동하는 그녀를 인간인지 아닌지 구별하는 것은 쉽지 않다. 실제로 신한라이프 광고에 등장하여 연간 수십억 원의 광고비를 벌어들이는 가상의 연예인이 되었다. 그녀는 요즘 MZ 세대들이 좋아할 만한 특징들을 살려서 얼굴 모습을 디자인하고 전체적인 스타일링 콘셉트를 잡았다. 얼굴 윤곽과 머리카락, 주름, 표정까지 모두 친근하고 개성 있는 얼굴을 구상하는 데만 6개월 정도 소요되었다고 한다.

특히, 젊은 MZ 세대와 친숙하기 위해 인위적인 아름다움은 배제하고 주근깨 같은 자연스러운 요소들을 적극적으로 살렸다. 필자는 실제로 인공지능 인간을 개발한 싸이더스 스튜디오엑스의 대표를 만나 인터뷰한 적이 있다. 그는 가상인간 로지에 대한 자신감과 큰 기대를 숨기지 않았다. 앞으로 로지는 사람보다 말을 잘 들으며, 밤잠도 자지 않고 가상에서 모델을 할 수 있는 인공 인간이 된 것이다.

[그림 2] 신한라이프 광고 모델 인공 인간 "로지"

　제레미 리프킨(Jeremy Rifkin)은 그의 저서 『노동의 종말』에서 과거에는 향유하는 시민과 시민들이 기피하는 일을 대신하는 노예가 있었다면, 이제는 인간들이 하기 싫은 노동을 대체하는 로봇과 인공 인간이 있다. 그렇다면 이런 사회는 유토피아가 아닐까? 그는 "피곤을 모르는 기계들이 인간의 노동을 빼앗고 있다"고 주장하면서 그런 시대 역시 디스토피아일 것이라고 주장했다. 그는 결국 로봇과 인공지능의 발달로 인간의 노동을 대체할 것이고, 지식을 가진 자와 가지지 못한 자 간에 부익부 빈익빈 현상이 심화될 것이며, 이로 인해 노동자들이 폭력적인 행동을 하는 사회적 혼란이 일어날 수 있다고 우려했다.

　그렇다면 인공지능이 고도로 발달하여 인공 인간이 노동을 대체하는 시대가 되면 우리는 어떻게 되는 것일까? 로봇이 제조업에서 인간의 일자리를 빼앗아갔다면, 인공 인간은 우리에게 서비스업의 일자리를 빼앗기 시작했다.

불길하면서도 매혹적인 메타버스와 ChatGPT

18세기 영국에서 시작된 산업혁명은 증기기관의 발명으로 기계가 인간의 노동을 대체하기 시작했다. 증기기관은 대량생산의 큰 원동력이 되었다. 전기의 발전으로 공장에 전력이 보급되면서 컨베이어 벨트를 이용한 제조의 자동화가 이루어졌다. 전화기와 TV 등의 통신 기계가 인간의 커뮤니케이션 능력과 범위를 크게 확대하였다. 20세기 후반에는 3차 혁명이 일어나는데, 이 중심에는 컴퓨터와 인터넷이 있다. 인터넷에 의해 수많은 지식과 정보가 공유되기 시작했고 인간은 더 많은 일을 할 수 있게 되었다. 이제 바야흐로 4차 산업 시대라고 할 수 있는데, 사물 인터넷 인공지능, 로봇, 실감미디어 기술이 핵심 동력으로 떠올랐다. 1, 2차 산업이 물리적 공간, 3차 산업이 사이버 공간이었다면 4차 산업은 두 공간을 융합한 형태이다. 즉 우리는 이미 가상과 현실이 중첩화 된 세상에서 살게 된 것이다.

우리는 로봇과 인공지능의 기술의 발달로 인공 인간의 시대로 접어들게 된 것이다.

2. 현실보다 더 현실 같은 가상시대로

최근 언론에 실감 미디어라는 용어가 많이 회자되고 있다. 실감 미디어란 인간의 오감(五感)을 자극하여 몰입도(immersion)를 향상시키는 기술에 기반한 융합 미디어 또는 콘텐츠로, 이용자의 감각, 인지 영역을 확장하여 실제와 유사한 경험과 새로운 감성을 유발하는 콘텐츠를 의미한다. 영어로는 몰입적인(immersive) 미디어(콘텐츠)라고 표현되는데, 한국에서는 '실감미디어'란 용어로 정착되어 있다. 한국어에는 '실감난다'라는 표현이 있다. 이것은 '실제가 아닌데도 불구하고 실제로 체험하는 듯한 느낌이 생기다'라는 의미이다. 즉, 디지털로 만들어진 허구나 가상의 것이지만, 실제와 똑같거나 오히려 더 진짜인 것 같다고 느낄 때 우리는 '와, 실감난다!'라는 표현을 써왔던 것이다. 물론 영어의 '몰입적인'이라는 의미를 충분히 담아내고 있지만 못하지만 어찌 보면 한국어적인 특성을 잘 드러낸 표현이라고 할 수 있다. 즉 실감난다는 표현으로 이미 실제가 아니라는 것을 전제하면서도 정곡을 찌르는 기묘한 표현 기법인 것이다.

[그림 3] DallE2로 생성한 실감미디어 이미지

2D에서 3D로의 진화

실감미디어에서 메타버스로의 진화를 이해하려면 우선 컴퓨터 그래픽 분야에서의 2D와 3D에 대한 이해가 필요하다. 컴퓨터 그래픽은 1960년대 중반부터 등장했다. 컴퓨터 그래픽은 시각적 표현을 컴퓨터를 통해 만들어낸 것으로 초기에는 상업적 목적과 학술적 연구 등에 활용되었다. 특히 2D 그래픽은 만화영화(애니메이션)라는 새로운 미디어와 결합되면서 아이들을 환상의 세계로 인도했다. 필자도 어렸을 적에 TV에서 하는 만화영화를 보기 위해 밖에서 뛰어놀다가도 만화 영화 시작 시간이 되면 제시간에 맞추어 집에 뛰어 돌아오곤 했다. 그 당시 즐겨봤던 <요괴인간>, <마징가 Z>, <미래 소년 코난>, <로보트 태권 V>, <플란다스의 개> <태권동자 마루치 아라치> 등의 만화영화는 오랜 세월이 지난 지금도 생생하게 기억되고 있다. 시각적 감상은 그만큼 우리의 기억에 큰 영향을 미치고 있는 것이다.

물론 그 당시는 컴퓨터를 이용하지 않고 사람이 직접 그리고 그것을 촬영하는 기법을 더 많이 사용했지만, 컴퓨터 기술이 발전할수록 컴퓨터 그래픽의 사용 범위는 계속해서 확장되어 왔다.

[그림 4] 미래소년 코난. 1978　　　　　[그림 5] 로보트 태권브이. 1976

2D 그래픽은 표현의 한계는 있었지만 당시에 소년 소녀들의 동심을

자극하기엔 충분했다. 2D 그래픽은 컴퓨터 게임 분야에서 더 빠른 발전을 이루어졌다. 전자오락실마다 뿜어져 나오는 뿅뿅 소리와 함께 우주에서 쳐들어온 악당들을 쳐부수고, 공주를 구하는 짜릿함은 다소 거친 컴퓨터 도트(dot) 그래픽의 부족함을 충분히 보완해 주었다. 1970년대 전자오락실에서 볼 수 있었던 아케이드 게임의 급속한 발전은 컴퓨터 그래픽 분야에서 혁명이 일어날 것이라는 폭풍 전야와 같은 분위기가 형성되었다. 1980년대에 들어서자 드디어 컬러 모니터가 전자오락실에 도입되고 한국에도 컬러 TV 방송이 중계되었다. 이 때부터가 2D 컴퓨터 그래픽의 전성시대가 되었다.

이후 컴퓨터 관련 기술의 발전에 따라 3D 그래픽의 수요가 나타나기 시작했다. 더욱 실제적이고, 입체적인 표현이 필요했던 산업계의 수요였다. 초기에는 컴퓨터 게임, 방송, 예술, 디자인, 광고, 건축 산업 분야에서 필요로 했다. 이러한 현상은 여러 분야에서의 발전이 결합되어 일어났다. 우선 하드웨어 부문에서 대용량 데이터를 빨리 처리할 수 있는 중앙처리장치(CPU)와 대용량 데이터를 저장할 수 있는 하드 디스크의 발전, 자연스러운 컬러를 표현할 수 있는 그래픽 카드의 기술이 받쳐주기 시작하자, 모니터를 비롯한 거의 전 분야의 산업에서 3D 그래픽 기술을 이용하기 시작했다. 또한 컴퓨터 그래픽을 만들어 내고 대용량 데이터를 실시간으로 처리해 줄 수 있는 소프트웨어의 발전도 큰 역할을 하였다.

그 중에서 가장 먼저 발달한 분야가 바로 컴퓨터 게임 분야이다. 컴퓨터 게임 분야에서 그래픽의 발전은 사람들로 하여금 컴퓨터 게임에 더 몰입할 수 있게 만들었다. 특히 매력적인 캐릭터, 진짜 멋진 사진을 옮겨 놓은 듯한 배경, 사실보다 과장된 애니메이션 동작은 사람들을 몰입하지 않을 수 없게 하는 요소가 되었다. 컴퓨터 게임에 너무 몰입적인 나머지 게임 중독이라는 현상까지 불러왔으니, 특히 컴퓨터 그래픽은 사람들을 가상 세계에 빠져들게 하는 결정적인 요소가 되었다. 물론 게임에 몰입하는 하는 요소에는 실사와 같은 그래픽도 있지만 그럴듯한 서사, 박진감 넘치는 상호작용, 멋진 도전 과제, 기분 좋은 보상 등 다양한 것이 있지만, 가장 큰 영향을 미치는 것은 역시 몰입을 이끌어내는 컴퓨터 그래픽이라고 할 수 있다.

2D에서 3D 시대로 전환되는 변화의 흐름을 상징적으로 잘 보여주는 사건이 하나 있다. 그것은 바로 2D 애니메이션으로 전 세계의 어린이에게 꿈과 환상의 세계를 선물해 준 미야자키 하야오 감독의 지브리 스튜디오가 문을 닫게 된 것이다. 지브리 스튜디오는 수많은 히트작은 만들었던 미야자키 하야오 감독이 1985년 설립하였다. 1984년 <나우시카의 계곡>이 크게 인기를 얻자 그 수익금을 자본금으로 하여 '수채화 같은 동화'라는 컨셉으로 세계의 어린이들을 몰입하게 만들어 버린 2D 전문 애니메이션 스튜디오가 생겨난 것이다. 시작하자마자 1986년 <천공의 성 라퓨터>가 크게 흥행하였다. 이후 <이웃집 토토로>와 <반딧불의 묘>가 대성공을 이루면서 세계의 2D 애니메이션 시장을 이끌었다. 이후에도 연이어 1994년 <폼포코 너구리 대작전>, 2021년 <센과 치히로의 행방불명>, 2004년 <하울의 움직이는 성>이 크게 히트하면서 그야말로 재패니메이션(Janan + Animation)[3]의 시대를 주도하였다.

[그림 6] 천공의 성 라퓨타   [그림 7] 이웃집 토토로

　미야자키 하야오의 작품을 유년 시절부터 쭉 보아온 필자로서는 수채화처럼 아름답고 동화처럼 매력적인 그의 작품이 사라지지 않기를 기대했다. 하지만 기술의 변화에 대한 사회적 요구는 기대보다 더 강했다. 결국 2014년 지브리 스튜디오는 제작 부문을 해체한다고 발표했다. 이러한 배경에는 미야자키 감독의 은퇴, 증가하는 인건비도 있었지만 결국 세계적으로 컴퓨터 그래픽이 3D로 급속히 발전해 가고 있는데, 지브리 혼자서만 2D를 고집할 수 없는 환경으로 변한 것이다. 그동안 지브리 스튜디오는 애니메이터를 직접 고용해 2D 애니메이션을 만드는 수작업을 고집하고 있었는데, 이런 작업 방식으로 한 해 인건비만 20억엔(약 200억원)이 넘게 들어가는 것으로 밝혀졌다. 즉 컴퓨터 그래픽 기술의 발달로 90년대 초기에는 3D로 제작하는 비용이 더 많이 들었다면, 2000년대 들어서는 3D로 제작하는 것이 애니메이션 처리를 자동화할 수 있게 되면서 인건비도 줄일 수 있는 제작과정의 혁신이 일어났기 때문이다.

                                      불길하면서도 매혹적인 메타버스와 ChatGPT

고래는 왜 바다로 돌아간 것일까?

호모 사피엔스가 입체적으로 사물을 볼 수 있는 것은 시력이 좋은 눈을 2개 갖고 있기 때문이다. 우리는 두 개의 눈으로 거리와 깊이감도 느낄 수 있고, 내게로 날아오는 야구공의 방향과 속도와 위치를 예측하여 잘 잡아낼 수 있는 것이다. 두 개의 눈 덕분에 생겨난 깊이 지각은 3차원 공간에서 물체의 상대적 거리를 인식하게 해 준다. 즉 인간은 본연적으로 3차원 공간에서 입체적으로 사물을 볼 수 있는 능력이 있는 것이다.

여기에 재미있는 학설이 하나 있다. 어류에서 발전한 동물 중 바다로 다시 돌아간 동물 중 하나가 바로 고래다. 지상에서 성공적으로 살 수 있는 조건을 구비한 고래는 왜 바다로 되돌아간 것일까? 하마, 듀공이나 매너티도 바다로 되돌아간 포유류이지만, 고래처럼 완전하게 바다에서 다시 공간의 자유를 되찾게 된 동물은 없다. 지구상의 생명체는 단세포 동물에서 다세포 동물로, 수생 동물에서 육상동물로 진화해 온 것으로 밝혀졌다. 초기엔 식물이 육상을 차지하고 있었고 동물이 육지에 상륙하기 시작했다. 가장 먼저 곤충이 육지로 올라왔고 덩치 큰 척추동물들도 육지로 상륙하여 양서류, 파충류, 포유류의 조상이 되었다. 해상에서 온 동물 중 가장 큰 동물은 고래였는데, 육상에서는 고래는 중력 때문에 움직임의 자유로움을 포기할 수밖에 없었다. 고래는 오랜 진화의 세월동안 잊었던 바다 속에서의 자유로움을 깊은 무의식 속에서 기억해 내고 중력 때문에 걷기 힘들었던 땅을 버리고 다시 상하좌우로 맘대로 헤엄칠 수 있는 넓고 깊은 푸른 바다로 돌아간 것이다.

[그림 8] 듀공의 모습(출처: 위키백과사전)

이와 마찬가지로 인간에게도 유전자 안에 무의식적으로 각인된 3D 공간에 대한 원초적 갈망은 남아 있을 것이다. 따라서 우리 인류도 디지털 기술이 지원된다면 깊이의 제약이 있는 2D 보다는 입체감이 있고 움직임의 자유도가 높은 3D를 본능적으로 선호하게 되는 것이 아닐까? 결국 3D로의 전환은 오래된 자유로운 움직임에 대한 유전자 속에 각인된 무의식일 수 있다.

3D 그래픽 시대로 들어서면서 3D 게임의 가능성을 가장 먼저 제시해 준 게임은 <버추어 파이터>라고 볼 수 있다. 물론 역사적으로는 1974년 <Maze War>가 최초이지만, 상업용으로 가능성을 제시함과 동시에 3D 그래픽을 이용하더라도 성공할 수 있다는 사실을 증명했다. 당시 1:1 대전 게임으로 먼저 히트했던 게임으로는 2D 기반의 <스트리트 파이터>가 있었다. 1990년대만 하더라도 당시에는 기술적인 문제로 구현이 불가

능하다고 하였다. 수십 분의 일초를 다투는 게임의 특성상 빠른 하드웨어 기술이 필수였기 때문인데, 이 한계를 극복한 게임이 바로 1993년 출시된 <버추어 파이터>이다. <버추어 파이터>는 지금 보면 매우 조잡한 수준의 폴리곤과 2D 이미지의 배경으로 구성되었지만, 게이머들은 충격적인 경험을 할 수 있었다. 캐릭터의 자연스러운 움직임, 과장된 타격감 등은 내가 때릴 때는 상대방에겐 큰 타격감을 주고, 내가 맞을 때는 진짜 아프게 느껴지는 효과를 거두었다. 즉 과거보다 한 층 더 깊은 몰입감을 주는 새로운 방식의 그래픽 표현이 가능해진 것이다.

[그림 9] 3D 게임 시대를 개척한 버추어 파이터1

드디어 컴퓨터 그래픽 기술은 우리가 마치 가상세계에 들어간 것 같은 느낌을 제공하기 시작했다. 그러나 이것만으로 인간의 욕망을 모두 충족시킬 수 없었다. 인간은 실제보다 더 실제같이 느끼고 싶어 하는 더 큰 욕망이 인간의 마음 속 깊숙이 자리 잡고 있었다.

　우리에게 현실보다 더 진짜 같은 느낌을 주는 몰입감을 제공하는 데는 시각, 청각, 촉각 외에 여러 가지 요소가 필요하다. 최근 가장 우수한 그래픽 기술로 정교한 그래픽을 보여주는 게임 사례로 <Last of Us 2>와 <Gram Theft Auto 5>를 들 수 있다. 이 두 개의 게임을 플레이하는 순간 우리는 이것이 가상인지 현실인지 구분하지 못하는 지경에 이를 수도 있다. 만약 여러분이 <Last of Us 2>의 예고편 영상[4]을 보게 된다면 곧바로 가상의 게임 세계에 들어가고 싶게 될 것이다. 그 속에서 우리는 새로운 세계를 탐험하고 더 실감나는 경험을 하게 될 것이라는 생각을 품게 된다. 컴퓨터 그래픽 기술의 발달로 우리는 게임 속 가상 세계에서 이미 현실보다 더 현실 같은 세계와 만날 수 있게 된 것이다.

[그림 10] <Last of Us> 게임 이미지(출처: PS5 공식 사이트)

　　　　　　　　　　　　불길하면서도 매혹적인 메타버스와 ChatGPT

가상현실과 하드웨어

3D 그래픽 기술이 극단까지 발전한 단계에서 인류는 가상현실(virtual reality)과 증강현실(augmented reality)의 개념을 가져온다. 가상현실과 증강현실의 기술 덕분에 우리는 좀 더 실감나는 세계로 진입할 수 있게 되었다.

가상현실은 인공으로 만들어진 3D 가상의 세계에서 주체(플레이어 또는 사용자)와 객체(디지털로 만들어진 인공 조형물)가 마치 현실의 공간처럼 가상의 객체와 상호작용 체험을 할 수 있는 경험을 제공하는 기술을 의미한다. 가상현실을 체험하기 위해서는 별도의 안경이 필요하며, 촉감까지 느끼기 위해서는 디지털 장갑도 필요하다. 대부분 HMD(Head Mounted Display) 장비가 필요하다. 과거에는 장비의 가격이 너무 비싸서 일반인들이 사용하기 어려웠지만, 최근 하드웨어 기술의 발달로 경량화, 저렴화 되면서 게임, 가상 체험, 교육 훈련 분야에서 많이 사용되고 있다. 가장 대표적인 HMD는 오큘러스 퀘스트(Occulus Quest)이며 PC나 스마트폰 없이도 독립적으로 사용이 가능하다. 이 외에도 HTC 바이브(Vive), 소니 PS VR, 마이크로소프트 홀로렌즈(Microsoft HoloLens) 등 여러 HMD 제품들이 있다.

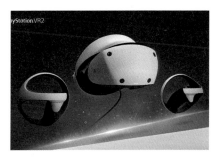

[그림 11] 플레이스테이션 VR

[그림 12] 오큘러스 퀘스트2

오큘러스 퀘스트가 가장 시장점유율이 높은 이유는 안정적인 성능과 사용 편의성, 그리고 비교적 저렴한 가격이다. 최근 발표한 오큘러스 퀘스트 2는 40만원대로 이제 일반인도 가정에서 VR 게임이나 콘텐츠를 즐길 수 있는 시대가 되었다.

증강현실은 실제 세계에 가상적인 객체나 정보를 겹쳐서 보여주는 기술이다. 일반적으로 스마트폰, 태블릿 PC, AR 헤드업 디스플레이 등의 장비가 필요하다. 사용자는 증강현실 기술을 통해 현실 세계와 가상 세계를 중첩해서 경험할 수 있게 된다. 증강현실 기술은 광고, 교육, 엔터테인먼트, 의료, 건설, 제조 등의 분야에서 다양하게 활용되고 있다. 증강현실 콘텐츠의 가장 대표적인 성공 사례는 <포켓몬 고(Poketmon Go)> 게임이다.

포켓몬 고

포켓몬 고는 세계적으로 성공한 위치 기반 증강현실 게임이다. 여기에는 재미있는 탄생 비화가 있다. 여러분들의 기대와는 다르게 완전히 엉뚱한 상상에서 비롯되었다. 세계적인 검색엔진 IT 회사인 구글은 매년 4월 1일 만우절 이벤트를 개최하여 엉뚱하지만 독특한 아이디어를 장려하고 있다. 2014년 구글 맵스 관련 부서에서 전 세계 명소를 돌아다니면서 주변에 증강현실로 나타나는 포켓몬을 잡는 '포켓몬 챌린지'를 발표하여 엄청난 인기를 끌었다.

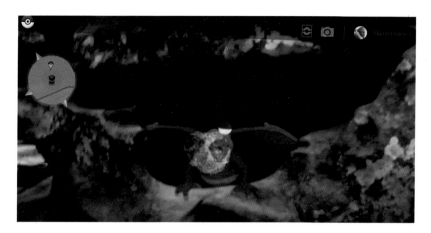

[그림 13] 구글 맵스의 '포켓몬 챌린지' 스크린 샷

초기엔 그저 '이렇게 되면 재미있겠다'라는 엉뚱한 발상으로 시작했지만, 나이언틱(Niantic)이라는 회사 설립까지 이어졌다. 기술적으로 구현가능성이 검토된 후 포켓몬주식회사(닌텐도의 포켓몬 IP를 관리하는 회사)에 개발을 제안하여 2,000만 달러를 투자 받아 7개월 만에 게임을 만들어 출시하였다.

<포켓몬 고>는 구글의 디지털 지도 기술, 위치 기반 기술 그리고 세계적으로 인기 있는 캐릭터인 포켓몬이 만나 세계에서 가장 인기 있는 증강현실 게임이 탄생한 것이다. 구글의 만우절 이벤트에서 발표된 <구글맵스: 포켓몬 챌린지>가 궁금한 분들은 유튜브에서 찾아 볼 수 있다.[5]

포켓몬 고의 세계적 인기에 대해 우리는 그저 기술 발전에 따른 우연한 기획이 맞아떨어져서 라고 치부할 수도 있다. 하지만 여기에는 게임에 대한 닌텐도의 철학이 잘 담겨 있다. 닌텐도는 화투를 만들던 회사에서 시작했지만 지속적인 혁신을 이루어왔고, 게임 플레이 대상층을 확대

하기 위해 노력해 왔다. 1980년대 팩맨(PacMan) 게임은 소년들의 전유물로 여겨졌던 게임에 여성 유입하여 이용자층을 확대하는데 기여했다. 이후 겜보이는 아주 작고 간단한 게임기를 통헤 소년보다 더 어린 유아들까지 이용자층을 확대하는데 기여했다. 또한 NDS와 Nintendo Wii는 노인들의 건강에 도움을 주는 방법을 제시하면서 또 한 번 게임 이용자층을 확대했다. 닌텐도는 게임을 이용하여 더 많은 연령층의 사람들에게 즐거움과 건강을 주려고 노력해왔다. 혁신을 추구하는 노력은 이용자층의 확대를 불러왔다.

닌텐도는 NDS의 성공 이후 스마트폰 시대에 새로운 히트작을 내놓지 못하면서 10여년 동안 침체기를 겪어왔다. 그러나 닌텐도는 증강현실 기술과 위치정보 기술을 이용하여 닌텐도의 철학을 되살려냈다. 그들은 청소년들이 집 안에서만 게임하여 건강을 나쁘게 만드는 것에 대한 반성으로 야외에서 즐겁게 모험하는 게임을 만들어낸 것이다. 게임의 역사에서 다시 한 번 게임의 경지를 한 차원 높인 것이다. 전 닌텐도의 사장 이와타는 국제게임개발자 콘퍼런스에서 다음과 같이 말했다. "인류가 게임을 즐기는 것 자체가 삶의 질을 높여주는 것과 연결되어야 한다." 또한 포켓몬 고의 개발사인 나이언틱은 포켓몬 고에 대해 "발로 뛰는 모험"(Adventure on foot)"이라고 표현했다. 마찬가지로 슈퍼마리오의 아버지를 불리는 미야모토 시게루도 "소년들이여, 맑은 날에는 밖에 나가서 놀자"라고 하면서 집에만 틀어박혀 있지 말하는 당부를 했다. 만약 그들이 청소년들이 밤새 컴퓨터 앞에서 레벨 업(Level up)과 돈을 벌어들이는 것에만 집중했다면 이러한 게임은 탄생하지 못했을 것이다. 이런 점에서 닌텐도의 게임에 대한 철학과 지속적인 혁신은 주목할 만하다.

가상현실과 증강현실

그렇다면 가상현실과 증강현실의 차이는 무엇일까? 가상현실은 HMD를 이용하여 사용자의 시야를 차단하고 완전히 가상의 세계에 들어가게 하는 반면, 증강현실은 가상의 이미지와 현실의 객체들을 중첩적으로 보여준다. 즉 증강현실을 체험하려면 HMD가 필요 없이 나안으로도 가능하다. 즉 가상현실은 우리가 HMD라는 안경을 쓰고 현실과 차단하며 가상세계로 들어가는 것이라면, 증강현실은 우리가 살고 있는 세계로 가상의 이미지와 정보를 불러와서 현실 세계에서 중첩된 정보를 보는 것이다. 요즘은 기술의 발달로 우리는 스마트폰만 있다면 언제 어디서든 쉽게 가상현실을 체험할 수 있게 되었다. 이를 정리하면 다음과 같다.

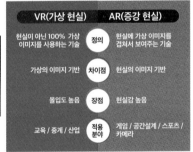

[그림 14] 가상현실과 증강현실의 차이점

가상현실과 증강현실이 실감미디어의 가장 대표적인 기술이지만, 이두 가지를 합성한 기술도 존재한다. 이것을 혼합 현실(Mixed Reality)라고 부른다. 혼합현실의 대표적인 사례는 마이크로소프트의 홀로렌즈를 들 수있다. 마이크로소프트는 홀로렌즈라는 장비를 통해 가상현실과 증강현실을 넘나들며 다양한 활동을 효과적으로 할 수 있다. 홀로렌즈는 HMD 처럼 시야를 완전히 차단하지 않고, 일부만 막는 방식을 이용하여 가상 현실과 증강현실의 장점을 살렸다. 이 기술은 의료, 교육, 훈련 등 다양한 산업 분야에서 활용할 수 있다. 최근 마이크로소프트는 미국 육군과 홀로 렌즈 AR 헤드셋을 10년간 12만개 제공한다고 밝혔다. 이로 인해 예상되 는 수익은 10년간 25조원에 달한다. 그저 연구실에만 머물던 기술이 상 용화에 성공하게 된 것이다.

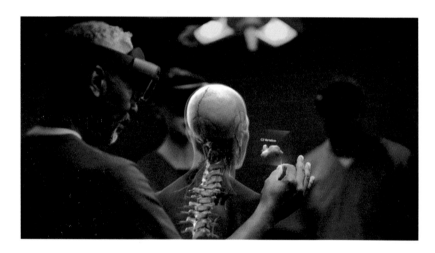

[그림 15] 마이크로소프트의 홀로렌즈 2(Hololens 2)

그럼에도 불구하고 가상 세계에 대한 경험은 쉽지 않다. 정보통신 기 술 또는 게임과 관련된 전시회에 참가해 본 사람이라면 한두 번 정도 경 험한 적이 있겠지만, 일반 시민이라면 장비의 문제로 가상현실이나 증강 현실을 체험해 보기 어렵다. 만약 지금이라도 스마트폰을 이용하여 증강 현실을 느껴보기 싶다면 다음과 같이 따라 하면 된다. 바로 지금 여기에

불길하면서도 매혹적인 메타버스와 ChatGPT

서 증강현실을 느껴보는 방법이 있다.

1. 스마트폰을 꺼내세요. Wifi 설정
2. 사운드를 가장 크게 해주세요.
3. 구글 검색창을 여세요. www.google.com
4. 검색창에 호랑이라고 입력하세요.
5. 아래에 "3D로 보기(호랑이)"를 클릭하세요.
6. 3D 호랑이를 볼 수 있다.
7. 이 공간에 호랑이를 불러 볼게요 ~
8. 아래의 내 공간에서 보기를 클릭 !! 하세요.
9. 바닥 쪽으로 기울여 보면, 내 공간에 호랑이가 보여요.
10. 이것이 바로 AR(증강현실) 입니다.

[그림 16] 스마트폰을 이용하여 현실로 불러 온 증강현실 호랑이

촉각은 가상현실로 진입하는 트리거

가상현실과 증강현실을 느끼는데 가장 대표적인 감각은 시각과 청각이다. 이것은 학습을 하는데도 똑같이 적용된다. 모든 학습은 시각, 청각, 촉각, 후각, 미각 등 오감 중 하나 이상의 감각을 통해 뇌로 전달되는 지각에서 비롯된다. 심리학자들은 한 가지 이상의 감각을 통해 정보를 받아들일 때 학습이 가장 빠르게 일어난다는 사실도 발견했다. 또한 인간 뇌의 대부분은 시각 정보를 처리하는 데 전념하는 반면, 다른 감각의 정보는 훨씬 작은 뇌 영역에서 처리된다고 한다.

5개 감각 중에서 75%가 시각, 13%가 청각, 6%가 촉각이 차지하고, 미각과 후각은 고작 3% 정도이다.[6] 따라서 가상현실 기술은 시각적 효과를 강조하기 위해 고해상도의 3D 디지털 이미지를 만들고, 이를 직접 느낄 수 있도록 HMD를 개발해 왔다. 청각 분야에서도 스테레오를 거쳐 돌비 사운드 등 입체적으로 음향을 제공하기 위해 노력해 왔다.

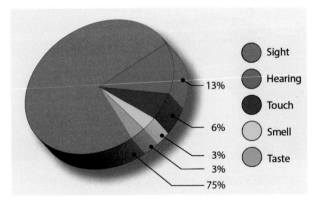

[그림 17] 인간의 5대 감각 중 차지하는 비중

불길하면서도 매혹적인 메타버스와 ChatGPT

햅틱(haptic: 촉각) 분야는 인터페이스 개발의 어려움으로 발전이 더딘 편이다. 하지만 최근 가상현실 실험에서 적당한 촉각적 자극을 제공하면 인간은 조금 더 쉽게 가상세계로 진입할 수 있다는 것이 밝혀졌다. 따라서 테슬라 등을 비롯한 여러 기업에서 가상현실에서 사용하는 다양한 방식의 햅틱 인터페이스를 개발하여 더 몰입감 있는 경험을 제공하기 위해 노력하고 있다. 대표적인 장비가 디지털 장갑으로 압박감, 질감, 심지어 온도까지 느끼게 하여 가상 환경에서 물체와 상호작용하는 것처럼 느낄 수 있다. 또 다른 장비는 게임에서 많이 사용되는 햅틱 조끼이다. 이 조끼는 압력, 진동, 심지어 충격과 같은 감각을 시뮬레이션할 수 있어 보다 현실적이고 몰입감 있는 VR 경험을 제공한다. 최근 테슬라에서 개발한 테슬라슈트는 기존의 압력, 터치, 온도는 물론이고 물, 불, 바람을 느낄 수 있도록 설계되었다. 아직은 시제품의 형태이지만 만약 사람이 새처럼 날아다니는 환경을 제공한다면 바람을 느끼게 하는 것은 가상세계 속으로 들어가는데 트리거 역할을 하여 촉매 역할을 해줄 수 있다. 만약 이 기술이 정교해진다면 인간은 가상현실 속에서 날아다닐 수 있는 이카루스의 꿈을 체험할 수 있게 될 것이다. 이카루스의 꿈은 그리스 신화에서 유래한 이야기다. 이카루스는 아버지 다에달루스와 함께 섬으로 가는 길에 날개를 달아주었다. 그리고 날개를 달고 나는 것이 너무나 즐거워져 이카루스는 아버지의 경고를 무시하고 점점 높이 날아올랐다. 그 결과, 태양의 뜨거운 빛을 받아 날개가 녹아내려 이카루스는 공중에서 추락하며 죽게 되었다고 한다. 이카루스의 꿈은 대담한 도전과 위험을 감수하면서 꿈을 이루려는 용기를 보여준다. 그러나 이 꿈은 동시에 극단적인 행동과 어리석은 결정으로 인해 실패와 비극을 초래할 수 있다는 경고의 역할도 하고 있다. 이러한 이야기는 인간의 욕심과 조절되지 않는 욕구, 적절한 선택과 행동의 중요성에 대해 생각해 볼 수 있도록 해준다. 기껏해야 6~7% 밖에 되지 않는 촉각 정보가 어떤 형태로 제공되느냐에 따라 80%가 넘는 시청각 정보의 체험적 요소에 결정적인 역할을 할 수 있다는 것이다.

[그림 18] 촉각 정보를 느끼게 해주는 조끼 - 테슬라슈트

불쾌한 골짜기 이론

디지털 3D 시대로 전환되면서 우리는 가상의 이미지와 너무나도 많은 조우를 해왔다. 이제는 2D로 만들어진 인형 같은 캐릭터도 낯설지 않으며, 3D로 만들어진 애니메이션도 익숙하게 받아들이는 시대가 되었다. 불과 몇 년 전 하더라도 우리는 3D 이미지와 인간과 닮지 않은 로봇의 형태에 어색함을 느꼈다.

1970년 일본 로봇공학자인 마사히로 모리(Masahiro Mori)에 의해 주창된 '불쾌한 골짜기' 이론에 따르면, 로봇의 외모와 행동이 보다 현실적이 될 수록 처음에는 인간에게 더 매력적이고 호감이 갈 것이다. 그러나 로봇의 외모와 행동이 인간과 거의 비슷하지만 완전히 인간과 같다면 인간에게 불안감이나 혐오감을 불러일으키는 지점이 있다. 로봇에 대한 호감도의 증가와 급격한 하락에 대한 지점을 "불쾌한 골짜기(Uncanny Valley)"라고 한다. 그 이후 '불쾌한 골짜기'라는 용어는 인간과 같은 로봇이나 디지털 캐릭터가 인간과 똑같아서 구별할 수 없게 되면 점점 불안해지거나 섬뜩해지는 현상을 의미하게 되었다.

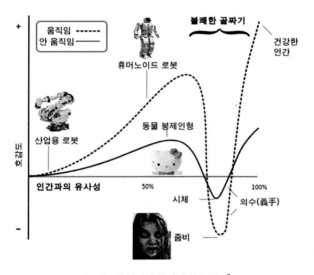

[그림 19] 불쾌한 골짜기 이론 설명[7]

그러나 이 불쾌한 지점을 넘어서 실제보다 더 진짜 같은 지경에 이르게 되고, 로봇이나 디지털 캐릭터에게 인간보다 더 친숙함을 느끼게 되면 인간은 새로운 친근감을 느끼게 된다.

결국 우리는 휴머노이드(humanoid) 로봇 시대를 지나고 '불쾌한 골짜기'

[그림 20] 인공 인간 영화
<허(Her)>의 포스터

시기를 거쳐 인간과 자연스럽게 상호 감응할 수 있는 디지털 아바타를 만날 수 있는 시대로 진입한 것이다.

인공 지능으로 만들어진 인간과 사랑에 빠진 것을 그린 영화 <허(Her)>에서 주인공 테오도어는 인공 인간과 낭만적인 관계를 맺어간다. <허(Her)>는 인공지능 인간의 개념과 인간과의 상호작용을 탐구하는 영화다. 이 영화에서 인공 인간 사만다(Samantha)는 깊은 감정 수준에서 사람들과 상호 작용하도록 설계된 고도로 발전된 인공 인간이다. 이 영화는 의식의 본질과 인간과 기계의 경계에 대해 질문을 던진다. 사만다는 감정, 욕망 및 자기 인식을 가진 것으로 묘사되어 주인공 테오도어가 그녀가 진정으로 기계인지, 아니면 그 이상인지 의문을 갖게 할 정도로 정교하다. 테오도어와 사만다와의 관계가 깊어짐에 따라 영화는 사랑, 외로움, 인간관계의 본질을 주제로 탐구해 나간다. 관객은 인공 인간이 기계와 같은 단순한 도구가 아니라 우리의 삶과 감정적 경험에 깊이 통합되는 세상의 윤리적, 철학적 문제까지 고려해야 한다는 많은 주제를 암시한다.

불길하면서도 매혹적인 메타버스와 ChatGPT

3. 가상의 욕망을 채워줄 메타버스 시대로

3D로 이루어진 가상세계의 구현이 가능해지사 국방 분야에서는 군사 모의 훈련, 의학 분야에서는 외과 수술 시뮬레이션에 활용되고 있다. 한편, 문화유산의 디지털화와 가상현실화를 통해 박물관과 미술관도 가상에서 체험할 수 있게 변하고 있다.

이때 등장한 개념이 바로 메타버스이다. 메타버스는 '초월, 그 이상'을 뜻하는 그리스어 메타(Meta)와 '세상 또는 우주'를 뜻하는 유니버스(Universe)의 합성어이다. 가상과 현실이 상호작용하며 공진화하고 그 속에서 사회·경제·문화 활동이 이루어지면서 가치를 창출하는 세상을 의미한다. 이 용어는 1992년 미국의 공상과학 소설가인 닐 스티븐슨(Neal T. Stephenson)의 『Snow Crash』란 소설에서 처음 사용되었다. 한국에서는 확장된 가상세계라고 부르기도 한다. 다시 말하면, 메타버스는 가상 세계를 뜻하는 용어로, 3D 가상 혹은 증강 현실 기술을 이용하여 구축된 디지털 공간을 의미한다. 이 공간에서 사용자들은 가상의 3D 아바타를 만들어 움직일 수 있으며, 게임, 쇼핑, 교육, 커뮤니케이션 등 다양한 활동을 할 수 있다. 메타버스는 기존의 2D 기반의 웹브라우저에서 하는 활동과는 다르게, 사용자들이 직접 참여하며 활동할 수 있는 공간을 제공한다. 이를 통해 현실에서는 불가능한 경험과 상호작용을 제공한다. 메타버스는 3D 기술과 가상현실 기술의 발달도 구현이 가능해졌으며, 게임, 국방, 교육, 의료, 제조업, 건축, 방송, 테마파크 등 다양한 산업 분야에서도 활용될 수 있다. 현재는 메타버스를 구현하기 위한 기술적, 경제적 문제들이 많이 존재하지만, 이에 대한 해결책들이 차츰 모색되고 있으며 메타버스 시장은 미래의 성장 가능성이 높은 분야 중 하나로 평가되고 있다. 이에 따라 2020년부터 CES(미국에서 개최되는 세계 최대 가전 전시회)에서 새로운 기술로 언급되기 시작하면서 다양한 분야에서의 활용이 제시되고 있다.

그렇다면 어떻게 해서 메타버스 시대가 열린 것일까? 그것은 현실보다 더 진짜 같은 가상 세계에서 더 오랫동안 머물고 싶다는 인간의 근본적인 욕망 때문은 아닐까? 실제로 메타버스 주요 이용 계층인 MZ 세대는 현실 세계에서는 불가능한 다양한 사회, 경제, 문화적 활동을 하는 공간에서 현실과는 다른 또 다른 자아(another self), 즉 아바타를 이용하여 시공간을 넘나드는 경험을 중시하기 때문에 이용하는 것으로 보인다. 실제로 가장 활발하게 이용되고 있는 대표적인 메타버스는 미국의 로블록스(Roblox)로 2021년 기준 월 사용자는 1억 5천만 명이며 미국 16세 미만 청소년의 55%가 가입하였다. 2020년에는 매출 1조원을 돌파하였고, 2021년 말 기준으로 2조 2천억 원이 넘을 것으로 예상된다. 더 놀라운 것은 상장이 시작된 지 얼마 되지 않은 시점인 2021년 5월 이미 시가총액 50조원을 돌파하였다. 이는 사십여 년 동안 미국의 대표 게임 회사로 가장 큰 시장 점유율을 차지하고 있던 EA(Electronic Arts)의 시가 총액인 42조원을 추월했다는 점이다. 즉 가까운 미래에 등장할 것 같았던 게임 기반의 메타버스는 이미 우리 곁에 가까이 와 있으며 MZ 세대는 그저 또 하나의 익명의 자유로운 가상 세계 정도로 인식한다는 것이다. 엔터테인먼트 기반의 메타버스는 가상 세계에 익숙한 MZ 세대가 성장하고 구매력을 키워가면서 향후 더 큰 시장이 열릴 수 있을 것으로 전망된다.

메타버스의 핵심은 재미

2022년 넷플릭스 오리지널 드라마로 세계직인 인기를 끌었던 <오징어 게임>은 자본주의로 각박해진 대한민국 현실 사회에서 살아가는 사람들이 생존을 위해 참가하는 생존 게임 형식의 드라마이다. 이 생존 게임에서 참가자들은 서로를 상대로 생존을 위한 게임을 무한 경쟁하며 승자는 살아남고 패자는 사망한다는 내용이다. 드라마 속의 생존 게임을 제안한 거부 김일남은 죽기 직전에 이런 의미심장한 말을 남기고 사망한다. 나는 돈을 많이 벌었지만 재미가 없었어, 그래서 "뭘 하면 재미가 있을까?" 생각하다가 이 게임을 하기로 했지. "죽기 전에 꼭 한 번 느끼고 싶었어. 관중석에 앉아서는 절대로 느낄 수 없는 그 기분을 말이야. 보는 것이 하는 것보다 더 재미있을 수가 없지..." "그렇게 재미있었던 적은 정말 오랜만이었어..." 드라마의 마지막 부분에 나타나는 이 대사에서 우리는 인간은 아무리 돈을 많이 벌어도 만족하지 못하며 결국 재미를 위한 무한한 욕망을 해소하기 위해 노력한다는 것을 느낄 수 있다.

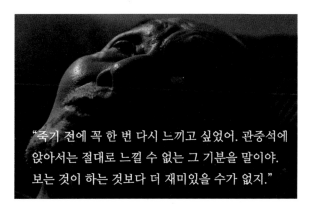

[그림 21] 드라마 오징어 게임 속 대사

또한 생각만으로는 재미없으며, 결국 보는 것보다는 직접 해보는 것이 더 큰 재미를 준다는 것을 이해할 수 있다. 재미에 대한 연구에 의하면 '보는 것'보다는 '갖는 것(소유)'이 더 재미있고, '갖는 것'보다는 '직접 하는 것'이 더 재미있고, 궁극적으로는 자신이 원하는 무언가가 '되는 것'에 가장 큰 재미를 느낀다. 메타버스는 바로 인간의 행동에 대한 제약으로부터 자유롭고, 새로운 재미에 대한 욕망을 해소시켜 줄 가상의 공간인 셈이다.

디지털 시대로의 급속한 전환과 코로나19의 경험으로 인해 일상에서 온라인 가상공간이 차지하는 비중이 계속 확장되고 있다. 한국에서 거의 모든 금융 거래는 스마트폰으로 이루어지고 있으며, 쇼핑도 온라인 쇼핑도 전체 소매 판매의 30%를 차지할 정도로 확대되었다. 가까운 미래에 이루어질 것이라고 했던 학교 수업의 가상화도 코로나 팬데믹 현상을 극복하기 위해 더 빨리 수용할 수 있었다. 그 결과 게임과 엔터테인먼트 분야를 중심으로 발전하기 시작한 가상현실, 증강현실 서비스도 우리의 생활 안으로 침투하고 있다. 가상공간의 시공간적 확장으로 인해 현실과 가상이 공존하고 융합되어 가고 있다. 우리는 메타버스를 통해 편하고 효과적인 업무가 가능해졌으며, 사회, 경제, 문화생활도 할 수 있게 되었다. 아직까지는 VR 장비 보급이 충분히 않지만, 가까운 미래에 더 많은 사람들이 메타버스 안에서 더 오랜 시간 동안 활동하게 될 것이다. 게다가 메타버스 이용자들은 메타버스 안에서 그들만의 아바타를 만들고 가상의 옷을 입고, 가상의 아이템을 구매한다. 또한 누구나 쉽게 만들 수 있는 저작도구를 이용하여 소비자들이 직접 아이템을 생산하여 팔 수 있는 진정한 의미의 프로슈머(prosumer: 생산자이자 소비자)[8]의 시대로 들어선 것이다.

미국의 비영리 미래예측기술연구단체인 'ASF Acceleration Studies Foundation'는 메타버스를 "가상적으로 향상된 물리적 현실과 영구적으로 결합된 가상공간의 융합"으로 정의하고 있다. 그들은 메타버스의 유형을 기술의 적용 형태(증강 또는 시뮬레이션)와 대상의 지향 범위(내적-개인 또는 외적-환경)의 축에 따라 4가지로 분류하였다.

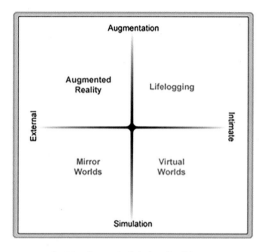

[그림 22] ASF의 메타버스의 유형 분류

'증강현실 Augmented Reality', '라이프 로깅 Life-logging', '거울 세계 Mirror Worlds', '가상세계 Virtual Worlds'의 네 가지 유형이 바로 그것이다[9]. 이 네 가지 유형을 특징별로 분류하면 <그림 22>와 같다.[10] 앞으로도 메타버스는 계속해서 시공간 개념을 진화시켜 나가면서 발전할 가능성이 높다. 또한 확장된 가상세계에서 혼합 세계와 대체 세계와 융합하면서 계속해서 다른 형태를 제시하면서 진화해 나갈 것이다.

[표 1] 메타버스 세계의 특징[11]

구분	증강현실	라이프로깅	거울세계	가상세계
정의	• 현실 공간에 가사의 2D 또는 3D 물체가 겹쳐져 상호작용하는 환경	• 사물과 사람에 대한 일상적인 경험과 정보를 캡처, 저장, 전송하는 기술	• 실제 세계를 그대로 투영한 정보가 확장된 가상세계	• 디지털 데이터로 구축한 가상세계
구현가치	• 현실세계와 판타지, 편의성을 결합한 몰입 콘텐츠 제공	• 방대한 현실세계 경험과 정보를 언제든지 확인가능하며 타자와 공유 가능	• 외부정보를 가상공간에 통합, 확장함으로써 활용성 극대화	• 다양한 개인들의 활동이 가능한 현실에 없는 새로운 가상공간을 제공
핵심기술	• 비정형 데이터 가공 • 3D 프린팅 • 5G 네트워크	• 온라인 플랫폼 • 유비쿼터스 센서 • 5G 네트워크	• 블록체인 기술 • GIS 시스템 • 데이터 저장, 3D 기술	• 그래픽 기술 • 5G 네트워크 • 인공지능 • 블록체인 기술
서비스 사례	• 포켓몬 GO • 차량의 HUD • SNOW 앱 • 코카콜라 프로젝트	• S-health • 나이키 러닝 • 차량 블랙박스 • SNS	• 구글 Earth, 네이버, 카카오 지도 • 에어비엔비 • 미네르바 스쿨 • 줌 회의실	• 포토나이트 • 마인크래프트 • 로블록스 • 동물의 숲 • 제페토
부작용	• 현실이 중첩된 증강현실 공간 속의 혼란 • 증강현실 속 캐릭터 등에 대한 소유권	• 초상권 및 재산권 침해 • 내부 기밀 유출 및 겸업 금지 위반 등	• 정보조작의 문제 • 거대 플랫폼 락인 효과로 불공정 거래	• 현실 세계의 회피 • 도덕적, 윤리적 문제를 일으킬 무질서 우려

불길하면서도 매혹적인 메타버스와 ChatGPT

메타버스는 엔터테인먼트를 위한 가상 세계뿐이 아닌 실제 업무에서도 활용되고 있다. 세계적인 그래픽 카드 제조사인 엔비디아(Nvidia)는 옴니버스(omniverse)[12]라는 개념을 제시하였다. 옴니버스란 하나의 가상공간에서 협업 및 시뮬레이션을 가능하게 하는 플랫폼으로 디자인 프로세스에서의 업무 효율성을 향상시키고, 제품 및 시스템의 시뮬레이션을 통해 개발 과정에서의 위험을 최소화할 수 있다. 옴니버스 플랫폼은 게임, 영화, 건축, 자동차, 항공우주, 로봇 공학 등 다양한 분야에서 활용될 수 있다. 애플 AR은 원격으로 기술 지원이 가능하다는 것을 보여주고 있고, 마이크로소프트도 가상공간에서의 원격 협업이 가능하다는 것을 제시하고 있다.

2장
메타버스와 교육

1. 메타버스 시대의 교육의 활용

교육 분야에서는 메타버스가 어떻게 활용될 수 있을까? 코로나 팬데믹(pandemic)으로 가장 큰 영향을 받은 분야 중 하나가 교육이다. 코로나의 확산으로 학생들은 학교에 갈 수 없게 되었고, 비대면으로 온라인 수업을 받으면서 과제를 하는 긴 시간을 보낼 수밖에 없었다. 비대면 온라인 수업으로 전환되던 초기에는 미처 준비를 하지 못한 교사들은 혼란에 빠졌었고 학생들과 학부모들도 적응하느라 고생을 하였다. 이제는 익숙해진 비대면 온라인 수업 기간을 통해 어떤 위기 상황이 닥치더라도 교육을 지속시킬 수 있는 환경의 구축이 중요하며, 교실에서의 수업과 가상공간에서의 수업을 잘 결합하면 훨씬 더 높은 교육효과를 거둘 수 있다는 것을 경험하였다. 이 혼란의 과정을 통해 한 10년 정도 걸릴만한 교육의 온라인화가 1~2년 만에 정착할 수 있었다. 그 사이에 온라인 학습을 지원하는 다양한 플랫폼도 개발되었고, 화상회의 툴도 급속한 성장을 이루었다. 이에 따라 메타버스 형태의 교육 플랫폼도 등장하게 되었는데 비대면 온라인 수업은 집중력을 오랫동안 유지하기 어렵고 학습 효과도 확인하기 어렵기 때문에 이를 보완할 대체제가 필요해졌다. 마침 부상하던 메타버스는 교육 현장에서 가장 효과가 큰 방식이라는 것이 알려지기 시작했다. 구글은 Google for Education이라는 프로그램을 통해 교사들이 손쉽고 재미있는 교육콘텐츠를 만들 수 있도록 학습도구들의 활용을 지원했다. 또한 직접적인 교육은 아니지만 메타버스는 입학식과 졸업식 같은 행사를 가상공간에서 할 수 있도록 지원하였다. 학생들과 교수들은 마인크래프트(Minecraft), 이프랜드(ifland) 등의 메타버스 안에서 가상의 아바타를 이용하여 상호작용하며 실제 행사를 진행할 수 있었다. 한국의 순천향대학교는 2021년 SKT가 만든 점프VR버스 안에서 입학식을 치르기도 했다.

[그림 23] 메타버스(이프렌드) 안에서의 순천향대 입학식

코로나로 가속화된 가상 교실에 대한 개념은 쉽게 사라지지 않을 것이다. 이제 오프라인 수업의 장점만 강조하고 온라인으로 하는 비대면 교육의 단점만 부각시킬 필요는 없다. 실제 다양한 대학 교육과정의 조사 결과에서도 나타났듯이 학생들은 언제 어디서나 손쉽게 접속하여 학습할 수 있는 온라인 교육을 더 선호하고 있다. 학생들은 비대면 온라인 교육의 장점으로 반복학습이 가능하다는 것을 꼽았다. 교육 현장은 언제나 변하지 않을 것이라고 생각해 왔지만, 사실 교육 환경과 형식은 언제나 변화하고 있는 진행형이다. 따라서 우리는 코로나 팬데믹을 위기로 생각하지 않고, 교육에 대한 패러다임을 바꿀 새로운 기회이자 전환점으로 삼아야 하며 디지털 기술을 기반으로 교육 혁신을 해나가야 한다.

교육학에서 설계의 대표적 이론인 켈러(Keller)의 ARCS(Attention, Relevance, Confidence, Satisfaction) 이론은 동기를 증가시키면 학생들의 노력이 증가하고 결국 성취도가 높아져 만족하게 된다는 교육 설계 이론이다. 이 또한 모든 학생들로 하여금 자발적으로 학습을 하게 하기 위한 교육 설계 방법 중 하나인 것이다. 결국은 학생들이 호기심을 갖고 재미있게 배우면 저절로 기억하게 되고, 오랫동안 기억할 수 있게 된다. 학생들은 자발성을 갖고 스스로 결정하여 학습이라는 행동을 선택하게 되고, 그 결과 시행착오를 거쳐 결국 새로운 지식을 배우게 된다. 이 때 성취감은 올라가며 자신의 노력에 따라 성취한 것은 결국 학생들의 자존감을 높여주게 된다.

대부분의 학교에서는 학생의 정보를 기억하고 적용하는 능력을 기준으로 학업 성취도를 평가하기 때문에 기억력을 향상시키기 위한 노력은 학업 성공에 필수적이다. 기억력 향상 방법에는 집중하기, 반복하기, 시각적 정보 제공 등 다양한 방식이 존재하지만 결국 가장 중요한 것은 어떻게 정보를 제공하는 것이 가장 기억에 잘 남는가이다. 우리는 이 지점에서 새로운 교육 환경과 도구로써 실감미디어와 메타버스를 적극적으로 활용할 방법을 찾아내야 한다. 이미 오래 전에 발표된 이론이지만 경험의 원추 이론과 실감미디어를 융합해보면, 학생들에게 어떤 디지털 기술로 어떻게 정보를 제공해야 할 것인지가 명확해진다.

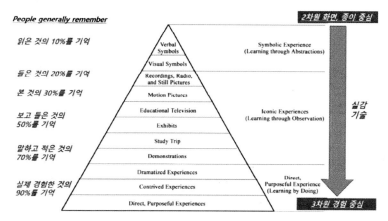

※ 자료: Edgar Dale(1946.1954.1969). Audio-visual methods in teaching. New York: Dryden Press ; Porter, Michael E., and James E. Heppelmann. "Why Every Organization Needs an Augmented Reality Strategy.". Harvard Business Review 95, no. 6(November-December 2017): 46-57 기반 SPRi 재구성

[그림 24] 데일의 경험의 원추이론과 실감미디어 기술의 비교

사람들은 읽은 것의 10%를 기억하며, 들은 것의 20%, 본 것은 30%를 기억한다. 보고 들은 것은 50%를 기억한다. 대부분의 교사들은 이 이론에 입각하여 파워포인트(Power Point)로 교안을 제작하고 학생들에게 보여주고 들려주고자 노력한다. 사람들은 말한 것의 70%를 기억한다는 이론에 따라 학생들에게 발표하고 토론하게 하는 방법도 자주 사용하고 있다. 그러

나 가장 기억에 확실한 방법은 직접 행동하게 하는 것이다. 즉 경험이 가장 좋은 방법이다. 만약 직접 경험이 힘든 경우라면 실감미디어 기술을 이용하여 가상환경에서 가상의 경험을 해보게 할 수 있다. 이럴 경우 사람들은 자신이 말하고 행동한 것을 90%를 기억한다고 한다. 최근 교육학계에서 화두가 되고 있는 액션 러닝(Action Learning)도 이러한 인간의 기억력에 관한 지각과 인지 능력을 감안하여 제시되고 있는 대안인 셈이다.

20여 년 전 가상현실과 증강현실 기술을 이용하여 한국의 과학 교육과정을 바꾸어 나간다면 우리나라 학생의 대부분이 우수한 과학자로 성장할 수 있을 것이라는 포항공대 교수의 말이 떠오른다. 그는 만약 내가 어렸을 때 이런 기술을 이용하여 과학을 배웠다면 지적 호기심은 충만해졌을 것이고, 한 번 배운 것은 절대 잊어버리지 않았을 것이고, 공부에 대한 열망도 더 강렬해졌을 것이라고 말했다. 이제 실감미디어 기술은 교육에 없어서는 안 될 요소가 되어버렸다. 특히 학습 동기 유발과 학습 내용에 대한 이해 과정에서 아주 좋은 방법론이 될 것이다.

결론적으로 실감미디어 기술을 최대한 활용하고 있는 메타버스는 앞으로 최적화된 기억력을 제공하기 위한 멋진 공간이 될 것임에 틀림없다. 그 플랫폼이 어떤 이름으로 명명되건 간에 확장된 가상세계는 교육 분야에서 더 활발하게 활용될 것이다.

2. 메타버스 시대의 교육의 변화

메타버스는 우리가 교육하는 방식을 혁신적으로 변화시킬 수 있을 것이라는 잠재력으로 인해 최근 몇 년 간 많은 사람의 관심을 받아왔다. 최

불길하면서도 매혹적인 메타버스와 ChatGPT

근 페이스북(Facebook)에서 메타(Meta)로 사명을 바꾸면서 메타버스를 이용한 교육과 다양한 가상세계의 엔터테인먼트를 지향하고 있는 메타는 2021년 말 메타버스 안에서의 교육이라는 주제로 머지않아 구현될 메타버스를 이용한 교육을 동영상으로 제시했다.[13]

[그림 25] 메타버스 안에서의 교육

이 영상은 우주와 태양계에 대한 과학 교육과 역사 교육이 등장한다. 이제 교사는 가상세계에서 질서정연하게 움직이는 우주를 보여줄 수도 있게 되었고, 학생들은 직접 우주를 만져보고 재구성할 수도 있다. 또한 역사 시간에는 고대의 로마를 찾아가서 직접 거리를 걸어볼 수도 있고, 그 시대의 사람들과 만나 상호작용해볼 수도 있다. 메타버스 안에서 2000년 전으로 순간 이동을 할 수 있다. 고대 건축물이 어떻게 지어졌고, 어떤 변화를 거쳤는지도 타임 바(time bar)를 이용하면 쉽게 변화과정을 이해할 수 있다. 정말 눈에 보이는 듯한 가상의 현실 속에서 직접 우주와 과거를 체험할 수 있게 될 것이다. 메타버스 안에서 실감미디어 기술을 응용하면 거의 모든 과목에서의 활용이 가능해질 것으로 보인다.

미국의 유명한 벤처투자자이자 에필리온코 회사의 대표인 매튜볼 (Matthew Ball)은 메타버스의 특징 7가지를 제시했다. 첫째, 지속성, 사용자의 접속 여부와 관계없이 메타버스는 존재한다. 둘째, 동시성, 많은 일들이 실시간으로 발생한다. 셋째, 무제한, 누구나 동시에 무제한적으로 접속 가능, 넷째, 경제권, 가치를 창출, 판매, 구입하는 경제 시스템 확보, 다섯째, 초월성, 현실 세계와 가상의 온라인 공간을 연결, 여섯째, 메타버스 플랫폼 간의 상호 교류 지원, 일곱째, 콘텐츠, 개인과 기업이 다양한 콘텐츠를 제공한다. 여섯 번째는 아직까지 완전하게 해결되지 않은 문제이긴 하지만 조만간 기술적인 장벽이 사라질 것이다. 콘텐츠는 개인과 회사 뿐 아니라 학교와 지방자치단체, 비영리기구 같은 기관도 다양한 콘텐츠를 만들고 공유하게 될 것이다.

우리가 메타버스의 특징을 잘 이해한다면 어떤 교과목과 어떤 교육과정에 활용할 수 있을지 생각해낼 수 있다. 아직까지 메버스의 어떤 특징들이 어떤 교육과 연결되는지에 대한 뚜렷한 연구결과는 없지만, 메타버스에 대한 특징에 대한 이해를 통해 교사들은 어떤 교과목에 응용해야 더 효과적인지에 대해 아이디어를 낼 수 있다.

위 특징 외에도 메타버스는 교육 분야에서 다음과 같은 장점을 제공한다. 첫째, 재미있는 서사와 게임 요소로 학습자의 동기와 흥미를 유발할 수 있다. 대부분의 교사들은 학생들의 흥미를 유발하고 호기심을 자극하기 위해 다양한 아이디어를 짜내야 한다. 하지만 어떤 경우에는 동기 유발을 하기 위한 도구나 장치가 부족할 때가 있기 마련이다. 하지만 메타버스는 그 자체로도 충분히 과학적 호기심을 자극할 수 있다. 또한 그럴 듯한 서사를 가미하면 스스로 알아서 지식을 찾아 여행을 떠나기 쉽게 만든다. 그것이 바로 게임의 속성이다. 스스로 재미있고 의미 있는 도전 과제를 찾아 기꺼이 도전해보는 것이다. 그들은 주어진 주제에 맞추어 자발적으로 탐험하고 도전하여 시행착오를 겪고 마침내 해답을 찾아낼 것이다. 둘째, 학습자는 스스로 만든 자신만의 아바타(avatar)를 이용하여 다른 사람과 상호작용할 수도 있고, 커뮤니티도 만들 수 있다. 현재까지의 기술로도 나만의 독특한 아바타를 만들 수 있지만, 최근 인공지능 기술을 이용하면 내 사진으로도 3D 아바타를 뚝딱하고 만들어낼 수 있다. 또한 인공지능 기술로 내 얼굴을 이용하여 립싱크도 가능한 시대가 되었다. 한편 아바타는 분명 또 하나의 나의 자아이지만, 약간의 익명성을 보장한다는 점에서 현실에서 소극적인 학생들에게 용기 있는 행동을 북돋을 수도 있다. 아무리 소극적인 학생이라도 가상 세계에서는 용기를 내기 쉽기 때문이다. 이러한 속성 때문에 현실 세계에서는 어려운 인간관계가 메타버스 안에서는 좀 더 쉽게 친근감을 형성할 수 있고, 우리가 함께 한다는 공동체 의식을 만들어 낸다.

셋째, 자유도와 개방성이 높다. 이런 특징은 학습자로 하여금 능동성과 자율성을 촉진하고 학습자의 다양한 창작 욕구도 자극할 수 있다. 즉 학생들은 자기 주도적이고, 자기 눈높이에 맞는 맞춤형 학습을 즐길 수 있게 된 것이다. 메타버스는 교육학계의 본질적인 주제인 자기주도적 학습과 맞춤형 학습을 좀 더 쉽고도 유연하게 해결해 줄 수 있다. 또한 가상 세계에서 만난 사람들에게 도움을 요청하거나, 문제 해결의 실마리를 찾아낼 수도 있다.

3. 메타버스를 이용한 효과적 교육 방법

메타버스를 이용하여 효과적인 교육을 하려면 어떤 것들이 가능할까? 여러 가지 과목과 교과 내용이 가능하겠지만, 메타버스의 특성을 가장 잘 활용하면 교육의 효과도 높아질 것이다.

익명성과 토론 수업

메타버스는 대부분 익명성을 보장한다. 내 아바타(avatar)는 존재하지만, 내가 아닌 또 다른 자아(another self)이기도 하므로 타인들에게 나를 온전히 드러내지 않고 참여하는 것이 가능하다. 다중 접속 온라인 게임(Multi-player Online Game)이 제공하는 익명성(Anonymity)의 장점 때문에 게임 플레이어들은 큰 자유감을 느낀다. 그러나 현실 세계에서는 내가 누구인지 다 드러내야 하므로 주저하기도 하고 말을 삼가기도 하며 겁을 내기도 한다. 또한 내가 한 말과 행동 하나하나에 책임을 지기도 해야 한다. 하지만 익명성이 보장된 아바타는 그럴 필요가 없다. 따라서 그저 가상세계에서 진짜 내가 아닌 가상의 아바타로 변신해도 큰 자유감을 느낄 수 있는 것이다. 가상 세계는 그 안에서 현실에서 할 수 없는 행동을 할 수 있고, 환상적인 세계를 탐험할 수도 있다. 만약 내성적인 사람이라고 하더라도 게임 속 세계에서는 당당할 수 있다. 타인들이 나의 존재에 대해 정확하게 알 수 없기 때문이다.

유교문화권 국가의 학생들은 서양의 학생들에 비해 더 내성적이고 대인공포증이 많다는 연구 결과도 있다. 유교 문화권에서는 개인보다 집단의 관점이 강조되기 때문에 다른 사람들과의 관계가 중요시되고, 다른 사람들의 시선을 의식하기 쉽다. 이러한 사회적 압박으로 인해 유교문화권 학생들은 자기 생각이나 감정을 직접적으로 외부에 표출하는 것을 꺼리게 된다. 집단과 관계를 중시하는 문화는 학생들에게 자신이 속한 집단이나 사회적 기대에 부응하고자 노력하는 환경을 제공한다.

유교권의 문화는 윗사람이나 선배들에게 대한 존경이나 예의를 갖추는 것을 매우 중요하게 생각한다. 이러한 사회적 기대와 규범들은 내성적인 태도를 갖도록 만드는 환경이 되기도 한다. 이러한 유교적 문화의 영향으로 유교문화권 학생들은 대화나 토론에서 너무 말이 많거나 지나치게 자신감이 높은 행동을 하지 않고 내성적인 경향이 높다.

그러나 가상 세계인 게임 세계에서 게임 플레이어들은 자신들만의 아바타를 만들고 멋지게 치장할 수 있다. 멋진 갑옷을 입을 수도 있으며, 신성한 검을 구매할 수도 있다. 여기에서 제공되는 자유로움과 개방성은 유교문화권 학생들에게도 자신감을 높여주는 배경이 된다. 따라서 게임 세계와 유사하게 구성할 수 있는 메타버스에서는 토론 수업이 활성화될 수 있다. 익명성이 보장된 환경 하나만으로도 학생들은 자신감 있게 말할 수 있고, 집단주의의 압박에서 벗어날 수 있기 때문이다. 또한 현실세계에서는 남의 눈치를 봐야 하는 토론하기 까다로운 주제에 대해서도 메타버스 안에서는 적극적인 토론을 끌어낼 수 있다. 최근 3년간 코로나 팬데믹의 영향으로 자발적으로 은둔형 외톨이가 되는 사람들이 증가하고 있다.[14] 만약 메타버스 공간에 자신의 주장과 의견을 기록하는 공간을 제공하거나 찬성편과 반대편이 서로 다른 공간에서 별도의 토론을 할 수 있는 공간을 제공한다면 보다 효과적인 토론 수업을 진행할 수 있다. 또한 메타버스에서 동기부여를 위한 동영상 시청도 가능하고, 익명으로 투표도 가능하다. 또한 토론 과정에서도 인터넷에서 정보를 찾아서 자신의 주장에 대한 논리 근거를 추가할 수도 있다. 메타버스의 특성상 익명성의 장점은 토론 수업을 진행할 때 보다 효과적일 수 있다.

문제 해결 학습

메타버스의 특징 중 하나는 가상의 공간에서 디지털 게임과 유사한 환경을 제공할 수 있다는 것이다. 게임 방식을 이용한 학습은 교실과 독서실에서 하는 공부보다 더 재미있다. 왜 그런 것일까? 많은 한국의 학부모들은 게임에 몰두하고 있는 자녀들에게 "네가 게임을 하듯이 공부를 그렇게 했다면 좋은 대학 갈 텐데"라며 나무란다고 한다. 그렇다면 무엇이 게임을 그렇게 재미있게 만드는 것이고 몰입하게 만드는 것일까?

누구나 다 플레이 해봤을 게임인 '갤러그 Galaga, 1981'를 예로 들어 설명해보자. 갤러그 게임은 남코(Namco)에서 제작한 아케이드 게임으로 비행기를 조종하여 우주 외계인을 물리치는 슈팅 게임이다 이 게임은 전 세계 많은 게임 팬에게 사랑받는 대표적인 클래식 아케이드 게임 중 하나이다. 한국에서는 청소년들만 하던 오락에서 양복 입은 어른들도 하게 만든 80년대 대히트 게임이다.

동전을 넣고 게임을 시작하는 '스타트' 버튼을 누르면 우주를 배경으로 한 검은 어둠에서 우주 비행체가 날아오며 내게 총을 쏜다. 나는 어쩔 수 없이 그걸 피해야만 한다. 그래야 살아남을 수 있기 때문이다. 오른쪽의 버튼을 눌러 보니 내가 조종하는 비행체에서도 총알이 나간다. 정신없이 내려오는 우주 비행체를 피하면서 총을 쏘다 보면 어느 순간 규칙을 알게 된다. 그러나 갤러그 게임은 게임을 하기 전과 게임 중에도 그 어떤 정보도 제공하지 않는다. 그저 생명의 위협을 느끼는 생존의 환경만 제공할 뿐이다. 나는 그저 생존하기 위해 무언가를 했지만, 어느 새 적을 피하고 총알을 쏘면서 게임을 클리어(clear) 할 방법을 알게 되었다. 물론 수십 번의 시행착오를 거쳐야 하지만, 게임은 우리에게 주어진 환경에서 생존하는 방법을 가르쳐 준 것이다.

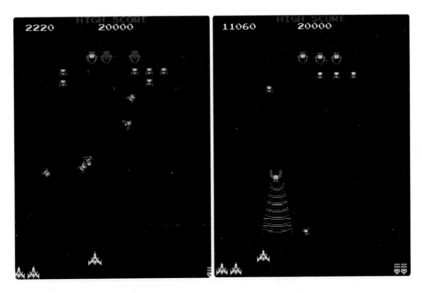

[그림 26] 갤러그 게임의 스크린 샷

게임은 이렇듯이 시행착오를 거쳐 생존하는 방법을 가르쳐준다. 즉 어떤 절차적인 정보를 제공하지 않고도 생존 환경을 만들고 생존하지 않으면 안 되는 상황을 제공하면서 문제를 해결하는 방법을 스스로 찾게 한다.

비단 갤러그 게임에서만 그런 것은 아니다. 누구나 한 번쯤은 해봤을

'수퍼 마리오 브라더스' 게임에서도 마찬가지로 그 어떤 설명도 없이 문제 해결의 방법을 스스로 찾게 해준다. '수퍼 마리오 브라더스' 게임에 대한 아무런 사전 정보 없이 게임을 플레이하게 된 상황에서 소년은 몇 번의 시행착오를 거친 후에 게임 속의 수염 달린 아저씨가 내가 조정하는 게임 속의 캐릭터이고, 초코 송이처럼 생긴 것은 적이고, 그대로 닿으면 내가 죽지만, 점프해서 밟으면 초코 송이를 죽일 수 있다. 공중에 떠 있는 블록은 벽돌 블록과 물음표 블록이 있다. 물음표 블록을 점프해서 박치기 하면 동전이나 버섯이 나온다. 한 번 치면 블록은 빈 블록이 되며 더 이상 쳐도 반응은 없다. 즉 더 이상 공격할 필요가 없다. 블록은 아래에서 박치기 하면 아무 효과가 없지만, 버섯 상태일 때 치면 부서진다. 점프하면 블록 위로 올라갈 수도 있다. 버섯을 먹으면 내 캐릭터가 커진다. 아무도 설명해준 사람은 없지만 소년은 게임 환경을 통해 스스로 엄청나게 많은 정보를 학습한 것이다.

[그림 27] 수퍼마리오 브라더스 게임 시작 화면

　　　　　　　　　불길하면서도 매혹적인 메타버스와 ChatGPT

즉 게임 속에서 시행착오를 통해 게임의 규칙을 스스로 알아낸 것이다. 만약 게임 속에서 스스로 찾아서 규칙을 알아내는 방식이 아니라 교과서처럼 게임을 플레이하는 규칙을 순서대로 설명했다면 아마도 학습하는 데 더 오랜 시간이 걸렸을 것이다. 게다가 금세 지루해져서 더 이상 학습을 하지 않았을 것이다. 하지만 재미있게 만들어 진 게임 환경은 스스로 규칙을 찾아내게 하는 능력을 갖췄다. 즉 문제를 해결하는 학습을 한 것이다.

메타버스에서도 마찬가지로 게임 방식을 통해 문제 해결 능력을 향상시킬 수 있다. 만약 학습해야만 하는 정보가 있다면 그런 환경을 제공하고 도전하게 만들면 된다. 그렇게만 해주면 학습자는 기꺼이 플레이어가 되어 시행착오를 거듭하다가 결국 규칙을 찾아내고 문제를 해결하게 된다. 게임은 사전에 플레이 방법을 보지 않고도 규칙을 알게 하는 문제해결 능력을 향상시킨다. 이 경우에 그에 상응하는 보상을 제공한다면 더 오랫동안 플레이하려고 할 것이다. 결국 게임형 메타버스는 문제 해결 능력을 향상시켜 주는 훌륭한 선생님인 것이다.[15]

프로젝트 학습

메타버스를 활용한 효과적인 교육 방법 중 하나는 프로젝트 기반 학습이다. 이 접근 방식에서 학생들은 가상 세계에서 프로젝트를 생성하거나 문제를 해결하기 위해 협력할 수 있다. 가상의 메타버스 안에서 건물을 짓거나 실제 물리 현상을 시뮬레이션해 볼 수 있다. 이러한 목표를 제공하고 스스로 시뮬레이션 해본다면 학생 스스로 실제 프로젝트를 수행한 것과 같은 효과를 거둘 수 있다.

메타버스의 프로젝트 기반 학습을 통해 학생들은 비판적 사고, 창의성 및 협업을 촉진하는 다양한 활동에 참여할 수 있다. 그들은 안전하고 통제된 환경에서 다양한 시나리오를 탐색하고 가설을 테스트할 수 있다. 이를 통해 부가적으로 문제 해결 능력을 키우고, 같은 팀으로 효과적으로 협력하는 방법을 배울 수도 있다.

메타버스에서의 프로젝트 기반 학습은 가상현실 및 증강현실과 같은 몰입형 기술을 사용하여 향상될 수도 있다. 이러한 기술을 통해 학생들은 보다 현실적이고 매력적인 방식으로 프로젝트 또는 문제와 상호작용하여 보다 몰입적인 학습 경험을 할 수 있다. 메타버스를 이용한 프로젝트 기반 학습에는 메타버스를 이용한 영어 글쓰기 프로젝트, 가상현실을 이용한 IOT(Internet of Things) 홈 설계 프로젝트, 가상현실을 이용한 수술 시뮬레이션 프로젝트, 진로 탐색 프로젝트, 마을 만들기 프로젝트 등을 수행할 수 있다.[16]

메타버스 환경은 현실에서 하기 어려운 여러 가지 상황을 만들고 시뮬레이션 하기 용이하다. 현실에서 구현하기 어려운 것도 손쉽게 만들 수 있다. 학생들은 정교하게 만들어진 환경이 아니더라도 충분히 몰입할 수 있고, 가상 환경에서의 시뮬레이션을 통해 충분히 프로젝트 실습을 경험할 수 있다.

협력 학습

교실에서 협력 학습을 하기란 쉽지 않다. 따라서 과거의 전통적 교실 수업에서는 협력 학습은 거의 이루어지지 않았다. 최근 교육 방식의 현대화를 통해 팀 기반 학습의 중요성이 알려지면서 대학에서는 조별 과제를 진행하는 등 다양한 모둠 학습을 시도하고 있다. 그러나 무임승차자(free rider)에 대한 평가의 어려움과 상대평가를 해야 하는 교육 현실 때문에 협력학습이 그렇게 많이 이루어지고 있지는 않다. 메타버스는 가상공간에서 다른 참여자와 함께 과제를 수행하거나, 가상 세계에서 시뮬레이션 환경을 통해 협력을 향상시키는 방법이 수월하다. 가령 가상공간에서 세미나를 진행하고 참여자들끼리 의견을 나누며 학습을 진행할 수 있다. 참여자들은 다른 참여자들과 자신의 역할을 수행하면서 협업하는 방법을 배울 수 있다. 가상의 공간에서 이루어지기 때문에 지리적 제약을 뛰어넘을 수 있다. 메타버스의 특성상 협력이 필요한 문제해결형 수업에 더 적절하다, 또한, 교실 수업이나 화상강의에서 학습에 어려움을 가지는 활동형 학습자, 게임형 학습모델을 선호하는 학습자, 실감형 콘텐츠와 기기들이 구비된 교육환경에 있는 학습자들에게는 메타버스형 교육환경의 제공은 좋은 교육적 대안 모델이 될 수 있다.[17]

요즘 청소년들은 개인주의 성향이 강해서 협력 학습이 어려워 할 것이라 생각하는 사람들이 많다. 그러나 하버드 경영대학원에서 기성세대와 게임 세대를 구분하여 누가 더 협업을 잘하는가에 대한 연구를 한 결과, 게임 세대는 위험을 감수할 줄 알고 필요한 일을 성취하기 위해 협동하는 방법을 잘 알며, 문제를 창조적으로 해결할 줄 알고, 천성적으로 글로벌형 인간이라고 평가하고 있다.[18]

게임 세대가 협업을 잘하는 이유 중 하나는 바로 디지털 네이티브(digital native) 세대로 게임을 통해 많은 것은 배워왔기 때문이다. 이들은 누구나 온라인 게임을 즐기며 게임 속 세계에서 모르는 사람들과 협력하지 않으면 안 되는 경험을 해왔다. 그들은 레이드(raid: 급습하거나 포획한다는 군사적 용어에서 유래했지만, 게임에서는 다수의 플레이어가 협력하여 거대 몬스터를 때려잡거나 다수의 NPC를 공격하여 승리하는 것을 의미)를 하기 위해서는 가상공간의 익명의 참여자들과 협력하지 않으면 게임을 제대로 즐길 수 없기 때문이다. 그들은 개인주의가 있지만 기성세대들이 걱정할 만큼 비협력적이지 않으며, 이미 가상공간에서의 협력에 대해 익숙해져 있다. 메타버스는 온라인 게임의 가상공간과 유사한 환경을 제공할 수 있으므로 협력을 통해 문제 해결을 하는 과제를 잘 제시한다면 효과적인 협력 학습을 이끌어낼 수 있다는 장점이 있다.

실패의 미학

사람은 태어난 순간부터 끊임없이 실패하고 배우며 성장한다. 갓난아이가 기어 다니다가 걷기까지의 과정에서 수백 번의 넘어지는 실패를 거듭한 다음에야 비로소 걸을 수 있게 되는 것이다. 어떤 연구에서는 게임 플레이어들이 게임 세계로 들어가면 계속해서 승리하도록 설계되어 있기 때문에 과도한 경쟁 심리가 생겨나고, 결국 이기기 위해 게임에 집착하게 되어 중독에 이른다고 한다. 과연 그럴까?

세계적으로 대중적인 게임인 '테트리스'를 사례로 들어보자. 전 세계 3억 명 이상이 이 게임을 플레이 해봤다고 하니 직접 해보진 않아도 이 게임에 대해서는 누구나 다 알고 있을 것이다. 이 게임을 처음 플레이하게 되는 사람은 누구나 다 언젠가는 이 게임이 제공하는 도전 과제에 성공하지 못하고 지게 되리라는 것을 알고 있다. 그런데도 누구든지 가벼운 마음으로 쉽게 도전한다. 처음 시작할 때부터 많이 정보와 지식이 있어야 하는 대규모온라인역할수행게임(MMORPG)에 보통 사람은 세계관과 규칙이 복잡하여 감히 도전할 생각조차 갖지 않지만 '테트리스' 게임의 경우, 남녀노소 할 것 없이 누구나 쉽게 도전에 응한다. 즉 내가 해볼 만한 도전 과제로 받아들이는 것이다. 사람들은 누구든지 언젠가는 질 것이라는 것이 확실한 게임인 '테트리스'에 왜 굳이 도전하는 것일까? 또한 실패할 것을 알면서도 왜 거듭해서 실패하려고 하는 것일까?

그것은 아마도 '실패의 미학'에서 찾아야 할 것이다. 예스퍼 율(Jesper Juul)은 그의 책 "캐주얼 게임"에서 게임 속에서의 실패는 우리를 생각하게 하고 새로운 방법을 찾게 하며 주어진 환경 내에서 최적의 경로를 찾아내게 하는 기능이 있다고 주장한다.[19] 일반적으로 우리는 실패는 회피하면서 성공을 추구하는 경향이 있다. 그런데 정작 게임은 우리에게 성공보다는 실패를 더 많이 맛보게 한다. 우리는 게임을 통해서 수도 없이 많은 실패를 경험하지만, 그 많은 실패를 딛고 경험하게 되는 짜릿한 성공을 맛보기 위해 게임에 몰입하게 되는 것이다. 게임의 특성상, 게임은 인공적으로 만들어진 환경에서 충돌 또는 대립을 경험하며, 수많은 장애물을 극복하고 승리할 수 있도록 설계되어 있다. 따라서 게임 디자이너는 플레이어가 작은 도전 과제를 통해 실패를 경험하고, 수많은 시행착오를 거쳐 성공하게 되는 과정을 설계해야 한다. 그러기 위해서는 게임 속 세계로 빨려들어 올 만한 호기심도 제공해야 하며, 플레이어가 성취가능하다고 믿을만한 작은 도전 과제에서부터 시작하여 점차적으로 어려운 과제를 제공하게 되어 있다. 사람들이 게임에 몰입하게 되는 이유는 바로 이 지점에 있다. 게임은 플레이어들에게 수많은 시행착오를 거치게 하며, 그 시행착오를 통해 생각하고 패턴을 인식하며,

갖은 전략과 전술을 이용하여 결국 이기려고 한다. 인생을 살아가면서 배워야 할 것을 게임이라는 시뮬레이션을 통해 배우는 것이다. 결국 게임에서 승리한 자는 실패를 통한 성공에서 큰 성취감을 느끼게 되고, 그 성취감은 더 높은 목표를 추구하도록 유도한다. 결국 이 모든 과정을 거쳐 스스로 자존감을 얻게 된다. 자존감은 자신이 사랑받을 만한 가치가 있는 소중한 존재이며 어떤 성과를 이루어 낼 만한 유능한 사람이라고 믿는 마음이다. 이는 청소년기에 있어서 반드시 획득해야만 하는 긍정적인 마음이며 태도이다. 게임은 아주 간단한 방법으로 우리에게 실패의 경험을 맛보게 한다. 그렇다고 해서 우리는 쉽게 절망하지 않으며 오히려 최적의 방법을 찾아내어 성공하고자 하는 마음이 생겨난다. 실패 경험을 통한 승리에서 얻게 되는 자존감은 현실 세계에서 인생을 살아가는 데 큰 도움을 준다.[20]

메타버스는 게임과 유사한 환경 제공이 가능하며 가상 세계 안에서 더욱 실감 나는 기술을 통해 현실보다 더 진짜 같은 세계를 느낄 수 있다는 장점이 있다. 메타버스 안에서 작은 실패를 할 수 있도록 설계하고 기꺼이 도전할 수 있는 과제를 만들고 다른 참가자들과 상호작용하며 협업하고 수많은 시행착오를 통해 그 난관을 극복해나갈 때 성취감을 느끼고 자존감을 얻게 할 수 있다. 그런 점에서 메타버스는 가능성이 있고 매력이 있다. 메타버스를 즐기도록 해야 한다. 그 안에서 기꺼이 실패할 수 있게 해야 한다. 바로 그곳에 바로 학생들에게 배워야 할 '실패의 미학'이 있다.

3장
메타에듀와 인문교육

1. 메타에듀의 개념

들뢰즈는 베르그손의 "인류는 스스로 해결할 수 있는 문제만을 설정한다"라는 테제를 원용하면서 인류의 역사는 이론적으로나 실천적으로나 문제의 구성이라고 보았다. 중요한 것은 '해답'이지만 '문제'는 그것이 올바르게 설정된 것이라면 기술된 방식과 수단의 관점에서 항상 그에 합당한 해결책을 갖고 있다는 것이다.[21]

여전히 진행 중인 코로나 팬데믹은 우리(WE)가 해결해야 할 많은 문제를 던져주었다. 특히 사람이 만물의 영장이라는 인간중심 사고는 생태계의 균형과 생명체의 상호작용이 얼마나 중요한지를 깨닫게 되면서 한계에 봉착했다. 데카르트의 "나는 생각한다. 고로 존재한다 I think, therefore I am"라는 철학적 명제는 이성주의 관점에서 근대의 시작을 선언한 것이다. 그러나 이제는 "나는 내가 존재하지 않는 곳에서 생각한다. 고로 나는 내가 생각하지 않는 곳에서 존재한다 I think where I am not, therefore I am where I do not think"는 라캉의 탈근대 담론을 넘어 "우리는 함께 존재한다. 고로 함께 행동한다 WE exist together, therefore WE're play together"라는 새로운 시각이 필요하다. '우리'에는 인간과 동식물, 미생물뿐만 아니라 기술과 도구를 모두 포함되며, <공존>과 <동행>이 중시되는 네트워크 중심 사고다. 이제 자연의 주체에 대한 새로운 문제가 설정된 것이다.

레베카 코스타는 어느 순간 그 시대의 지식으로 감당이 어려울 정도로 문제가 심각해지고 복잡해지게 되면서 지식이 한계에 부닥치는 지점을 <인식한계점>이라 규정했다. '더디게 진행되는 인간 진화와 빠르게 진행되는 사회 발전 사이의 균등치 못한 변화 속도' 간의 격차가 발생하고 이 격차를 극복할 방법을 찾아내지 못하게 될 때 인식은 한계점에 이르게 되며, 문제는 더욱더 복잡해진다는 것이다. 당면한 문제가 그 해결책을 더 이상 사고할 수 없을 만큼 복잡해질 때, 해결하지 못한 문제는 다음 세대로 이전되면서, 합리적 사유와 지식을 통한 해법보다는 오래된 믿음에 의지하여 문제를 해결하기를 선호하게 되며, '믿음이 지식과 사실을 대신하는 현상'이 나타난다.[22]

인간이 이성적이고 합리적인 존재라는 믿음은 근대를 지배했던 '슈퍼밈 supermeme'이었고, 이는 합리적 사유와 지식과는 별개인 '자유로운 선택권을 지닌 개인'에 근거한다. 그러나 근대와 근대성이 더 이상 사회를 해석하고 추동할 수 없는 낡은 기계가 되자 우리(we)는 개인의 선택이 인간의 의지만이 아니라 그가 위치한 네트워크와 사용하는 도구의 영향을 받고 있음을, 기술이 선택의 폭을 넓혀주고 인간을 자유롭게 하고 있음을 이해하게 되었다. 오래된 믿음을 버리면 인식한계점은 극복할 수 있는 문

불길하면서도 매혹적인 메타버스와 ChatGPT

제가 된다.

21세기에 가속화된 디지털 혁명은 새로운 문제들을 발생시켰는데 그 것을 해결하기 위해서는 근대적 인간 정의 즉 '개인'이 바로 모든 관계의 기초 단위라는, 개체로서의 인간에 대한 믿음을 먼저 거둬들여야 한다. 근대가 개인(individual)을 인간의 근본 존재 단위로 상정하고 인간을 개체 중심으로 정의하기 시작한 시대였다면, 현대는 자연과 인간을 구분하는 근대적 이분법을 거부하고 행위자(player)를 네트워크의 주체로 상정하고 (인공)자연을 새롭게 재구성하는 것에서부터 시작된다.

1980년대 초반에 과학기술학자인 브뤼노 라투르, 미셸 칼롱, 존 로가 창안한 <행위자 연결망 이론(actor-network theory: ANT)>은 인간 중심의 근 대성 문제를 해결하는데 중요한 출발점이 되었다. 브뤼노 라투르(Bruno Latour)는 인간과 비인간과 사회가 혼종적으로 구성되어 있음을 주장하 며, '집단체'(the collective)라는 말을 사용한다. 우리(we)의 언어 용례는 '인간,' '비인간' 그리고 '사회'와 '자연'이라는 말을 통해 끊임없는 구별을 시도 하고, 그러한 언어적 구별을 통해 문명을 일구어 왔다. 하지만 이러한 구 별의 이면에는 그렇게 구별된 종류들 사이의 끊임없는 혼종적 교류가 있 고, 그러한 혼종적 교류가 '네트워크'이다.[23]

그리고 지금, 우리(we)는 인간-주체와 비인간-도구, 비인간-주체와 인 간-도구의 혼종적 교류가 이루어지는 집단체를 새로운 이름으로 구조화 하고 있는데 바로 <메타버스>이다. 메타버스는 기실 새로운 집단체는 아 니다. 가상적 기술을 통해 물리적 존재성을 드러내고, '비인간-주체'와 '네트워크-공간', '디지털-도구'라는 비물질적 토대 위에서 성립되며, 도 구적 수월성을 바탕으로 인간-주체와 비물질적 토대 사이의 상호강화경험이 중시되는 인공자연(Artificial nature)은 이미 1990년대부터 PC통신공간, 사이버스페이스, 사물인터넷, 빅데이터 등 다양한 이름으로 구성되어 왔다. 메타버스는 인간-주체와 비인간-주체가 '교환'과 '교류'를 지나 '교감'으로 발전하는 과정에서 기술의 도약이 호명한 새로운 이름일 뿐이다.

교육 패러다임의 변화가 메타버스에서 가장 주목해야 할 영역임은 분명하다. 메타버스라는 혼종적 네트워크가 주체·공간·도구라는 교육의 조건들을 근대교육의 시스템과 구별 지우면서 기술적 도약을 준비하고 있기 때문이다. 메타버스의 새로운 교육패러다임을 지시하는 용어가 <메타에듀>이다. <메타에듀>는 'Metaverse'와 'Education'의 합성어로 "메타버스에서 활성화된 교육 생태계"와 "메타버스에서 이루어지는 교육 활동" 전반을 포괄하는 개념이다. 교육 현장을 개선하고 교육 효과를 높이는 방법을 설계·개발·평가하는 교육공학의 입장에서 살펴보면 비인간 조력자를 활용할 수 있는 평등한 교육 기회를 제공하고, 상호강화경험을 기반으로 학습 레벨 디자인을 정교화하며, 게임 메커닉스를 접목한 교육 설계를 통해 메타테크네를 학습자 스스로 습득하고 발전시킬 수 있도록 도와줌으로써 궁극적으로는 '탁월한 인텔리' 양성을 교육 목표로 삼는 미래형 교육이다.

코로나 팬데믹으로 인해 비대면 온라인으로 진행되었던 원격강의를 <메타에듀>라 부르기에는 한계가 있다. 화상회의 클라이언트인 '줌 ZOOM'이나 '웹엑스 Webex'를 사용한 비대면 온라인 교육은 교수 한 사람이 다수의 학생을 앞에 두고 일방적으로 강의하는 근대 교육시스템이 가면만 바꿔 쓴 것에 불과하기 때문이다. 오히려 대면 강의가 줄 수 있는 교수자-학습자의 상호 작용마저 약화되면서 인간과 기술은 혼종(hybrid)의 네트워크에서 단지 착종(tangle)되었다. 지금 우리(WE)에게는 현 단계 메타에듀에 대한 반성과 함께 인간과 기술이 함께 나아갈 방향성에 대한 숙고가 필요하다. 메타에듀가 당면한 문제는 근대교육에 대한 믿음이 여전히 견고하다는 것과 메타에듀에 적합한 교육모델이 아직 구체화되지 않았다는 점이다. 우리(we)가 메타에듀를 통해 이루고 싶은 교육적 이상이 무엇인지를 분명히 해야, 기술이 그것을 구현할 수 있다.

2. 메타에듀와 인문교육

인류의 역사와 함께 발전해 온 매체변천사에서 디지털미디어로 통칭하는 컴퓨터와 인터넷, 모바일기기의 등장은 정보와 지식의 구조(생산과 소비, 유통을 포함한)에 문자의 발명과 필적하는 포괄적이고 중대한 영향을 미치었다. 아직 4차산업혁명이 완성되지 않았음을 감안하면 디지털미디어가 향후 지식생태계에 초래할 파급력과 변화의 규모를 예단할 수는 없지만 현재까지의 변화만으로도 수천년을 지탱해온 문자중심사회가 서서히 해체되고 있는 것은 분명하다.

지식과 정보를 구성하는 단위가 문자로 표상되는 아날로그에서 비트로 코드화된 디지털로 바뀌고, 인간만이 갖고 있던 인지능력을 기계도 갖추게 됨으로써 21세기는 인류가 한번도 경험해 보지 못한 초연결사회(메타버스)로 진입하게 되었다. 2012년 세계경제포럼에서 아젠다 중 하나로 논의된 초연결사회는 네트워크를 통한 상시 접속과 연결 및 조직의 프로세스와 데이터에 관한 폭넓은 접근 가능성, 사물인터넷으로 대변되는 연결 대상의 확대, 상호작용, 풍부한 데이터와 정보, 상시 기록과 보관을 특징으로 한다. 즉, 초연결사회는 사람과 사물, 자연 그리고 사이버 세계가 네트워크를 통해 밀접하게 연결된 생활환경을 의미한다.[24]

초연결사회로의 진입은 새로운 사회관계망이론을 전개시켰는데 "여러 기계적 장치만 보장된다면 사물도 사람과 대등한 사회적 연결망의 주체가 될 것"이라는 행위자 연결망 이론(ANT: Actor Network Theory)이 대표적이다. 사물이 인간과 인간을 연결하는 단순한 도구의 역할에서 스스로 주체가 된다는 것은 근대 연결사회의 주체/객체의 이분법을 무너뜨리며 사물도 윤리를 가질 수 있는가라는 중요한 질문을 던져준다. 1973년 오늘날 인터넷의 통신규약(TCP/IP)을 설계해 인터넷의 아버지로 불리는 빈트 서프 구글 부회장은 프랜신 버먼 렌설리어공대 교수와 함께 쓴 논문에서 "사물인터넷에 적합한 새로운 윤리강령이 필요하다"고 주장했다.[25]

근대성이 인간 실존에 대한 철학적 질문에서 출발하였다면 근대의 종언에 즈음하여 '사물의 윤리성'이라는 새로운 주제가 등장한 것이다. 메타버스는 네트워크-공간(사이버스페이스를 대체하는 용어로 '연결'과 '물성'이 강조)의 확장을 촉진시키는데 인간-행위자와 비인간-행위자가 존재론적으로 뒤얽힌 네트워크-공간에서 기술은 인간의 결여된 부분을 보충하는 단순한 도구나 보철이 아니라, 인간의 정체성을 구성하는 핵심적인 부분이다. 기술은 우리에게 특정한 유형의 사고, 행동, 가치를 유도할 뿐 아니라, 특정한 종류의 행동이나 상상의 가능성을 봉쇄하는 제약 조건이기도 하다.[26]

그동안 우리는 기술을 숙련의 관점에서 '분업'과 '전문'의 영역으로 바라보았지만, 진입장벽이 문자 수준으로 낮아진 정보기술(IT)은 기술이라기보다는 일상에 가까워졌다. 더구나 비인간-행위자가 학습과 숙련을 스스로 수행하는 딥러닝 알고리즘은 이제 기술을 '윤리'의 차원에서 다루

불길하면서도 매혹적인 메타버스와 ChatGPT

어야 할 만큼 발전하고 있다. 총이나 칼도 윤리적으로 다뤄야 하지만 그것은 단지 도구에 불과해 사용자인 인간 주체의 윤리성이 강조됐다면 디지털미디어는 비인간-행위자이며 주체이기 때문에 사물의 윤리적 측면도 함께 중요해진 것이다. 비인간-행위자의 윤리성은 사물과 연결된 인간-행위자의 윤리성과 '거울효과'를 갖는다. 초연결사회 네트워크-공간에서는 윤리성의 회복뿐만 아니라 새로운 윤리성의 정립이 동시에 이루어져야 한다.

이제 윤리성의 회복과 정립이 모두 인문교육의 역할이라는 전제하에 초연결사회의 인간-행위자인 홀롭티시즘 세대의 정체성을 살펴보고, 네트워크-공간의 탈유교이데올로기적 성격을 규명하여 인문교육이 왜 필요하고 어떤 역할을 담당해야 하는지를 인문교육의 진심을 통해 고찰해보도록 하자.

초연결사회와 홀롭티시즘

스위스 세계경제포럼의 창립자이자 회장인 클라우스 슈밥은 넓은 사회적 관점에서 보면 디지털화의 가장 큰 효과는 '개인 중심'사회, 즉 개인화의 과정이자 새로운 형태의 소속과 공동체의 출현이라고 했다.[27] 초연결사회의 특성인 '연결', '접근', '접속'이 1인미디어인 스마트폰을 통해 가능해지면서 포괄적인 영향력을 발휘하는 매스미디어는 그 영향력이 점차 약화될 수밖에 없다. 가정과 학교로 대표되는 사회화가 SNS와 커뮤니티 중심의 개인화로 변화하면서 생산과 소비의 위계와 경계가 견고했던 지식생태계에도 균열이 일어나고 있다. 개인화를 "개인을 중심으로 한 관점의 확장과 판단의 확산"으로 이해하면, "개인이 보는 전체"라는 의미의 <홀롭티시즘> 개념은 초연결사회를 이해하는데 중요한 키워드이다.

홀롭티시즘은 파리의 겹눈, 그러니까 수백개의 홑눈이 겹쳐져 붙어 있는 복안(複眼) 구조를 뜻하는 홀롭틱(Holoptic)에서 따왔다. 평범한 일개 개인이라도 정보기술의 발달로 수천, 수만 개의 겹눈을 지닌 사람이 되어 전체 상황을 훑어볼 수 있는 능력을 지니게 됐다는 것이다. 홀롭티시즘이란 용어를 구체화한 장 프랑수와 누벨의 정의를 살펴보면 다음과 같다.

그것은 어떤 조직(혹은 그룹)내의 행위자들이 조직(혹은 그룹) -그것이 물리적인 공간이든 혹은 온라인 공간이든-의 전체를 마치 하나의 개체인 것처럼 인식할 수 있는 능력을 의미한다. …홀롭틱한 (holoptical) 공간은 각각의 참여자들이 '전체'를 생생하게 지각할 수 있는 공간이다. 각각의 행위자들은 그들의 경험과 전문지식 덕분에 그/그녀의 행동을 조율하고 자신을 다른 이들의 움직임과 조화시키기 위해 전체에 대해 이야기한다. 따라서 개인과 집합 사이에는 마치 거울처럼 끊임없는 왕복 여행, 되먹임 고리가 존재한다. …개인과 전체 사이의 연결하는 홀롭티시즘은 행위자들에게 주권적이고 독립적이고 (다양한) 방법으로 움직일 수 있는 능력을 제공한다. 왜냐하면 그들은 전체를 위해 그리고 그들 스스로를 위해 무엇을 해야 할지를 알고 있기 때문이다. 따라서 거기에는 수평적인 층에서의 명료함(조직이나 그룹 내의 모든 참여자들에 대한 통찰)뿐만 아니라 '전체'와의 수직적인 소통도 존재한다.[28]

전명산은 21세기 대한민국의 커뮤니케이션 구조 변화를 "국가에서 마을로의" 이동이라 규정짓고 피지배 계급의 위치에 있던 사람들이 그들끼리 서로 소통할 수 있는 장치가 생기면서 역사상 유례없는 지배층과 피지배층이 같은 속도의 미디어를 사용하는[29] 네트워크화된 개인들이 출현했다고 보았다. 바로 이 '네트워크화된 개인'이 홀롭티시즘의 행위 주체인 것이다.

홀롭티시즘 개념은 "진행되는 모든 것을 한눈에 파악할 수 있는 능력"을 의미하는 파놉티콘과의 비교를 통해 더욱 분명해진다. 파놉티콘은 영국의 공리주의 철학자 벤담이 1791년 제안한 원형 감옥을 의미하며 '모든 것을 다 본다'라는 의미이다. 프랑스 철학자 미셸 푸코는 그의 저서 『감시와 처벌』에서 벤담의 파놉티콘 개념을 다시 부활시키고 고찰하였다. 푸코에게 있어서 파놉티콘은 벤담이 상상했던 사설 감옥의 의미를 훨씬 뛰어넘는 것이었다. 그것은 새로운 근대적 감시의 원리를 체화한 건축물이었고, 군중이 한 명의 권력자를 우러러보는 '스펙터클의 사회'에서 한 명의 권력자가 다수를 감시하는 '규율 사회'로의 변화를 상징하고 동시에 이런 변화를 추동한 것이었다.[30] "개인이 보는 전체"와 "집단이 보는 개인"은 본질적으로 "진행되는 모든 것을 한눈에 파악할 수 있는 능력"이 개인에게 있는가 집단에 있는가에서 비롯된 권력의 중심이동이다. 근대의 권력이 소수의 견고한 집단에 있었다면 탈근대의 권력은 다수의 네트워크화된 개인에 있다는 것이다. 그러나 네트워크-공간을 홀롭티시즘만으로 해석하는 것은 한계가 있다. 오히려 홀롭티시즘과 파놉티시즘이 길항 관계를 형성하고 있다고 보아야 한다. 인간-행위자는 비인간-행위자를 사용해 홀로티시즘을 구현했지만, 역으로 일상의 대부분을 비인간-행위자에게 의지하게 됨으로써 자발적으로 파놉티콘의 감시체제에 편입한다. 대표적인 비인간-행위자인 스마트폰을 우리가 어떻게 이용하고 있고, 동시에 스마트폰이 인간의 일상을 어떻게 지배하고 있는가를 상기해 보면 홀롭티시즘과 파놉티시즘의 길항 관계는 분명해진다.

네트워크화된 개인들의 집단지성이 전문가들이 만들어 낼 수 없는 전혀 다른 지식과 정보를 생산해낼 수 있다는[31] 낙관적 전망은 홀롭티시즘을 과신한 것이고, 초연결이 빚은 정보 홍수가 개인을 무력화하고 소외를 더욱 강화할 것이라는[32] 지적은 파놉티시즘에 매몰된 진단이다. 초연결의 핵심은 권력의 이동이 아니라 개인이 집단을, 집단이 개인을 바라보는 관점의 충돌이다. 개인은 전체를 볼 수 있다 착각하고, 집단은 개인을 통제할 수 있다 과신한다. 개인과 집단의 권력의지가 충돌하면서도 길항의 긴장 관계가 유지되는 것은 초연결사회의 연결고리가 국가나 학교, 군대 같은 위계적이고 권위적인 연결망이 아니라 페이스북, 카카오톡, 트위터 같은 수평적 커뮤니케이션 연결망이기 때문이다. 그리고 수평적 커뮤니케이션 구조는 개인과 집단에 각각 다른 의미를 갖는다. 개인들은 집단의 간섭에서 자유로운 平(평평할 평)에, 집단은 위에서 아래로 흘러가는 水(물 수)에 주목하기 때문이다. 수평적 커뮤니케이션의 이중 의미 나선 구조는 홀롭티시즘과 파놉티시즘의 길항 관계를 유지해 주는 필요충분 조건이 된다. 기존 연결사회의 국가연결성은 초연결성과 양극의 대조를 이룬다. 국가연결성은 단일의 권력중심이 분명한 피라미드 위계구조를 가지는 성형망 혹은 수형망(star net or tree net) 혹은 수목형(arborescent model)의 네트워크를 가진다. 반면에 초연결성은 단일의 권력중심이 허용하지 않음에 따라 피라미드 위계구조를 가질 수 없는 격자망(lattice net or mesh net) 혹

은 리좀형(rhizome model)의 네트워크를 가진다.[33]

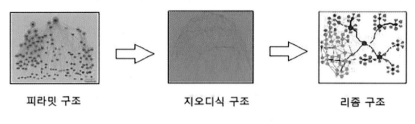

피라밋 구조   지오디식 구조   리좀 구조

[그림 28] 네트워크 구조의 변화

　네트워크-공간의 리좀 구조는 수동적 정보 소비자를 적극적인 정보 사용자로 강화하는 가능성을 지니고 있다. 네트 사용자는 자신이 전달할 정보의 내용과 전달 시간, 전달 의도, 전달 대상을 선택한다. 뿐만 아니라 자신이 전달받을 정보도 적극적으로 선별할 수 있다. 네트 사용자는 적극적 개입과 참여로 스스로 미디어의 내용과 형식을 창출하는 창조적 주체로 설 가능성을 갖고 있다.[34] 바로 이점이 네트워크-공간에 최적화된 인문교육을 통해 건전한 시민의식을 함양하고 자아 정체성을 회복하는 민주주의의 초석으로 작용할 수 있는 배경이다.

　초연결사회로 빠르게 진입하면서 물질혁명은 정신혁명으로 형질전환되고 있다. 기술혁명의 발전과정은 일정한 패턴을 형성하는데 첫 번째 패턴은 기술혁명이 네트워크 혁명을 수반하는 것이다. 두 번째 패턴은 네트워크 혁명이 물질의 혁명에서 정신의 혁명으로 단계적으로 전환되는 것이다. 물질은 인간의 욕망을 충족하는 재화와 서비스라는 상품의 범주라면, 정신은 인간관계를 형성하며 인간의 관심을 충족하는 정보, 지식, 과학, 기술, 문화, 교육, 법, 제도 등과 같은 정보의 범주이다.[35] 물질과 정신은 모순과 대립의 관계가 아니라 연동과 보완의 관계이다. 초연결사회의 기술혁명은 네트워크 혁명이며, 물질과 정신의 '연결'은 새로운 사회구성체를 구현하였다. 홀롭티시즘과 파놉티시즘이 공존하고 길항 작용하는 초연결사회가 초래한 새로운 일상과 사회구조를 파악하기 위해서는 네트워크-공간의 정체성을 분명하게 확인해야 한다.

네트워크-공간의 탈유교이데올로기

공간의 의미는 공간 자체에 있는 것이 아니라 공간을 대하는 인간의 태도에 있다. 네트워크-공간의 정체성을 확인하기 위해서는 우리가 어떻게 공간을 인식하고 있는가를 먼저 살펴보아야 한다. 네트워크-공간은 기술의 발전에 힘입어 세 단계로 발전해 왔다.

	기술	사회구조	키워드	태도
1단계	PC통신	사이버스페이스	익명, 일탈	유희(遊戲)
2단계	인터넷	월드와이드웹	정보, 검색	유용(有用)
3단계	사물인터넷	초연결사회	일상, 관계	유사(類似)

일상-공간과 네트워크-공간의 관계 설정에서 1단계는 두 공간이 분명하게 구분되고 실명과 익명의 경계에서 인간-행위자는 유희적 태도를 갖는다. 2단계에서는 여전히 두 공간은 구분되지만 네트워크-공간에 대한 태도는 유희에서 한 걸음 더 나아가 유용으로 발전한다. 정보검색과 지식공유는 지식생태계의 중심축을 일상-공간에서 네트워크-공간으로 바꿔 놓았다. 3단계는 개인이 미디어를 소유하는 1인미디어시대가 본격화

되면서 일상-공간과 네트워크-공간은 구분되지 않게 되고, 인간-행위자는 네트워크-공간을 현실로 인지하게 된다. 현실과 유사현실의 경계가 무너진 것이다. 2단계까지는 일상-공간과 네트워크-공간 사이에 심리적 거리가 존재했고, 공간을 '이동'한다는 자각이 있었지만, 초연결사회에 접어들면 인간의 육체가 미디어와 직접 연결됨으로써 공간과 공간 사이의 틈이 메워져 이동은 '이동성 mobilities'으로 전환된다.[36] 네트워크-공간은 물리적 공간이 아니라 사회적 공간이며, 네트워크-공간에서의 이동성은 공간적 전환의 확장에서 비롯된 '유사이동'이다. 이동성은 물리적 행동이나 행위가 아니라 의식적 행동과 그 결과인 '실천'이고, '이데올로기'이며 '권리'이고 '자본'이다. 초연결사회의 특징인 연결, 접속, 접근은 모두 이동성에 기반하는데, 시간과 공간의 제약에서 벗어나 주체-공간-사물이 하나의 플랫폼으로 연결되기 때문이다. 연결사회에서 초연결사회로 진입하게 되면서 초연결사회의 일상공간인 네트워크-공간에 대한 인문학적 접근이 요구되고 있는데 해석학 측면에서는 크게 두 가지 방향성을 갖는다. 피에르 레비의 '집단지성'이나 장 프랑수와 누벨의 '홀롭티시즘'처럼 네트워크화된 개인(근대의 집단 단위로서의 주체와는 다른)들이 출현함으로써 새로운 담론과 사회적 실천을 생산해낸다는 긍정적인 입장과 개방성, 유동성, 혼성성, 호환성을 특징으로 하는 초현실사회가 궁극적으로 무질서의 상황을 초래하며, 이 무질서는 사회 내 주체들에 '진정성 상실의 위기'를 초래할 개연성이 높다는 부정적인 입장이다.[37]

생산과 상실이라는 상반된 입장은 결국 네트워크-공간의 지배이데올로기의 관점 차이에서 비롯되었다. 네트워크-공간이 일상-공간의 영향 아래 놓여 있다는 위계적 입장을 취하면 지배이데올로기 역시 일상-공간의 영향을 받을 수밖에 없지만, 네트워크-공간이 일상-공간과 별개의 사회적 공간이라는 입장은 독자적인 지배이데올로기가 존재한다는 전제하에서만 가능하다. 김문조는 네트워크-공간이 일상-공간의 영향 하에 놓여 있다는 위계적 입장에서 진정성의 상실을 논한 것이고,[38] 장 프랑수와 누벨은 네트워크-공간이 일상-공간과 별개의 담론 생산의 사회적 공간임을 천명한 것이다.

정주의 일상-공간과 이동의 네트워크-공간이 기술혁명으로 그 거리가 소멸되고 수평적 공간으로 유사(類似)되면서 공간의 지배이데올로기에 나타나는 변화는 다음과 같은 과정을 거치게 된다. 처음에는 상위공간의 이데올로기가 하위공간에 덮어 쓰였다가, 점차 하위공간의 자생적인 이데올로기가 발전하게 되고(이때 자생적 이데올로기는 상위공간의 지배이데올로기를 공격하는 것에서 출발한다) 마지막에는 상위와 하위의 구분이 모호해지면서 두 공간의 이데올로기가 하나로 합쳐지게 되는 것이다. 현재 네트워크-공간의 지배이데올로기는 자생적인 이데올로기를 만들어내는 두 번째 단계에 와 있으며, 그 자생성의 출발은 국가와 민족이라는 근대담론에 대한 공격 혹은 반발에서 비롯되었다. 그리고 특이하게도 한국의 근대담론은 중세의 지배적 담론이었던 유교사상과 밀접한 관련을 맺고 있다.

국가와 민족이라는 근대지배이데올로기가 한국에 정착하는 과정은 주지하다시피 일제강점기의 식민지 경험에서 출발하였다. 국가와 민족이 부재한 상태에서 이식된 근대성은 결국 중세를 넘어서고 극복하는 과정 없이 이루어졌고, 이로 인해 중세지배이데올로기의 핵심인 유교(儒敎)는 극복이 아니라 청산의 대상으로 전락하게 된다. 박정희의 후진적 근대주의는 허례허식이라는 미명 하에 관혼상제의 유교적 형식들을 간소화하였지만, 국가 주도의 경제성장과 정치공학에 입각한 지역주의, 혈연, 지연, 학연의 전근대적 네트워크는 여전히 한국사회를 지배하였다. 유교적 형식은 청산되었을지 몰라도 유교적 내용은 여전히 한국인의 정체성을 구성하는 강력한 지배이데올기로 작용한 것이다. 한국 근대성 형성에 주된 역할을 한 유교는 유교적 사상전통이나 양반들의 유교가 아니라 일반 사람들의 일상생활에 내면화된 윤리로서의 유교적 전통이다.[39] 1970년대 고도성장기 남동생의 학비를 벌기 위해 시골에서 상경해 구로공단에 취업하여 하루 12시간의 고된 노동을 묵묵히 감내했던 여공들, 무너진 집안을 일으켜세우기 위해 고시에 매달렸던 가난한 수재들은 모두 남존여비(男尊女卑), 상명하복(上命下服), 입신양명(立身揚名), 사농공상(士農工商)의 유교사상이 체화된 삶을 살았던 것이다. 따라서 한국 근대성의 고유한 동학이라 규정할 수 있는 유교 전통의 의미를 제대로 이해하기 위해서는 그것을 인간의 "사회적 실천" 내지 "문화적 실천"이라는 맥락에서 파악해야 한다.

세계긍정과 현실적응을 향한 유교적인 윤리적 지향은 전근대적인 사회관계 안에서는 개인들에게 위계적 사회질서에 대한 절대적 순응과 전통과 관습에 대한 무조건적인 긍정에 대한 도덕적 강제로 작용했을 것임에 틀림없다. 그리고 그런 차원에서, 베버의 지적처럼 유교사회들은 자신의 힘으로는 자본주의적 근대사회를 '창조'(schaffen)해 낼 수 없었을지도 모른다. 그러나 다른 한편으로 우리는 그런 윤리적 지향이 적어도 강제된 자본주의적 근대화의 압력 속에서라면 그 근대화 과정을 촉진시킬 수 있는 모든 근본적인 문화적 요소를 함축하고 있음을 어렵지 않게 확인할 수 있다. 베버가 이 세계 그 어느 곳에서도 발견할 수 없었다고 평가한 유교사회의 경제적 복리에 대한 매우 적극적인 가치평가가 그것이고, 나아가 물질적 재화에 대한 매우 강렬한 공리주의적, 실용주의적 태도가 그러하며, 유교적 사회성원 일반의 물질주의적 윤리적 지향이 그렇다.[40]

　박정희 정권의 뒤를 이어 한국정치를 지배했던 군부독재에 저항한 1980년대 민주화운동 역시 선민(選民)의식과 "학생들이 민중의 목소리이자 진정한 대변자를 자임한 것은 지식인에 대한 유교적인 관념 때문이었다." 달리 말하자면 한국 학생운동이 한국의 민주화운동에서 커다란 영향력을 행사하게 된 문화적 조건은 "지식인의 전통적 역할에 근거한 실천양식, 즉 사회비판이라는 오랜 지식인 전통"이었다.[41]

　그러나 근대라는 연결사회에서 강력한 지배이데올로기였던 유교는 초연결사회의 네트워크-공간에서 급속도로 해체된다. 네트워크-공간의 사회문제로 대두되고 있는 남녀갈등, 세대갈등, 386세대를 정점으로 한 기성세대에 대한 불신, 나와 다른 타자에 대한 혐오와 증오의 일상화는 유교의 핵심적 도덕지침인 삼강오륜이 부정되고 있음을 보여준다.[42]

　삼강오륜은 이미 견고하게 확립된 권위적이고 가부장적인 사회체제 하에서는 유효할 수 있으나 임의적이며 유연하고 탈중심적인 네트워크-공간에서는 배제될 수밖에 없다. 네트워크-공간의 탈유교이데올로기는 (엄밀하게 구분하면 탈유교적 현상이라 할 수 있는) 일상-공간의 유교이데올로기에 대한 반발에서 비롯된 역미러링이다.[43] 문제는 이 역미러링이 보여주고 있는 혐오와 증오가 단순히 유교사상에 대한 반발에 머물지 않고 네트워크-공간 전체의 윤리기제로 확장되면서 네트워크화된 개인들의 사고와 행동에 영향을 미치고 있다는 것이다.[44] 내 행동이 옳다고 확신한다면 그것을 호명한 기제는 윤리적일 수밖에 없다. 유희로 시작된 '충(蟲)'의 기호학이 맘충, 진지충, 틀딱충, 급식충, 설명충, 일베충으로 번져나가면서 혐오를 일상화하고 있으며, 한남과 김치녀는 남녀간 갈등을 이성에 대한 증오의 수준으로 격화시켰다. 혐오와 증오는 느닷없이 폭발하는 것이 아니라 훈련되고 양성되는데, 네트워크-공간이 그 자양분을 제공해주고 있는 것이다.

이동성이 강조되는 네트워크 사회는 인접지역에서 항상 유지되고 연결되던 공동체적 네트워크 집단을 점점 약화시키는 반면 더 먼 거리로의 네트워크 연결성을 확대시켜 다양하고 폭넓은 네트워크를 형성해가는 특성을 가지고 있다. 따라서 이러한 개인화되어 넓게 흩어져 있는 네트워크 사회에서 구성원들 간의 지속적인 교류와 관계유지를 위한 대면 만남의 중요성이 강조되기도 한다. 모빌리티스 사회에서의 네트워크는 넓게 흩어져 존재하는 구성원들 간의 상호 연결성과 유지성에 초점을 두고 있다. 다시 말해 네트워크 구성원들 간의 상하 위계적 관계에 중심을 두는 것이 아닌 교류와 연결의 장, 참여의 장으로 네트워크를 개념화하고 있다.[45] 우리는 이미 촛불혁명과 태극기집회를 통해 네트워크-공간의 정치적 프로파간다가 일상-공간으로 넘쳐 흐르는 사회적 현상을 경험했고 목도하고 있다. 이제 상위와 하위의 구분이 모호해지면서 두 공간의 이데올로기가 하나로 합쳐지게 되는 마지막 단계로 접어서고 있는 것이다.

바로 이 때문에 네트워크-공간의 탈유교이데올기가 단순한 공간의 문제가 아니라 우리 사회 전체의 문제가 될 수밖에 없다. 유교이데올로기와 탈유교이데올로기 모두 윤리와 도덕의 문제이다. 그리고 윤리와 도덕은 인문교육의 내용종목이다. 초연결사회가 가속화될수록 인문교육이 강조되고 그 비중이 커져야 하는 이유가 바로 이것이다.

인문교육의 진심:
사물의 윤리성과 상생과 공존의 이중구동(異中求同)

위계나 권위가 유교적 전통에서 출발한 것이라면 초연결사회는 탈유교적 공간인 것처럼 보인다. 그러나 위계와 권위가 물처럼 자연스러워 인식하지 못할 뿐 네트워크-공간의 수평은 수직과 맞닿아있다. 네트워크-공간에서도 지배와 피지배, 중심과 주변이라는 근대적 범주가 엄연히 작동한다. 다만 차이는 지배와 중심에 대한 신뢰는 상실되었다는 것이다. 근대 연결사회에서 가장 신뢰받는 기관은 학교와 언론이었다. 학교는 근대성을 학습하는 공간이고 언론은 근대를 호출하고 추동하고 확장하는 강력한 도구였다. 그러나 네트워크-공간에서 학교의 역할은 네트워크화된 개인이 접속한 커뮤니티가 대신하고, 언론은 유튜브나 페이스북 같은 개인미디어로 대체되었다. 학교와 언론의 역할에 대한 네트워크-공간의 냉소는 근대에 대한 배척이며, 근대성에 대한 기반한 인문교육에 대한 허무이다. 따라서 냉소와 배척과 허무를 극복하기 위해서는 초연결사회 네트워크-공간에 최적화된 새로운 인문교육 패러다임이 필요하다.

초연결사회의 지식공동체는 새로운 과제를 부여받았는데 전통적 유교사상을 네트워크-공간과 네트워크화된 개인들의 입장에서 재해석하고 변형·발전시키려는 노력이다. 이광세는 어떤 사회분야나 공동체 테두리 안에서도 자기의 역할, 의무 및 책임을 슬기롭게 맡아서 하려면 스스로의

불길하면서도 매혹적인 메타버스와 ChatGPT

깨달음 즉 도덕적 자각이 있어야 하며, 이런 민주사상을 유교에서 말하는 극기복례와 자임, 자득 같은 개념에서 공명을 느낄 수 있다고 진술하였다.[46] 피교육자가 스스로 깨닫게 하는 도덕적 자각이야말로 인문교육의 가장 중요한 역할이다.

그러나 연결사회의 인문교육은 피교육자에게 자율과 자성을 부여하는 대신 학습과 평가만을 강제하였고, 초·중·고·대학으로 이어지는 위계적이고 경쟁적인 제도권 교육 시스템은 피교육자가 스스로 깨닫게 할 만한 여유를 갖기에는 태생적으로 한계가 있을 수밖에 없다. 네트워크-공간의 탈유교이데올로기 현상은 일상-공간의 인문교육이 불구화되었기 때문에 발생한 반동 작용이다. 그렇다고 일상-공간의 인문교육을 강화하기에는 제도권 교육시스템은 아직 견고하며, 네트워크-공간의 교육시스템은 아직 미미하다. 물론 초연결사회가 인간-행위자와 비인간-행위자를 연결하는 새로운 메타컨텍스트 교육시스템을 구축하는 것은 조만간 이루어질 과업이지만, 그 전에 지식공동체가 해야 할 일은 이 새로운 시대에 걸맞는 인문교육의 진심을 찾아내고 구체화하는 일이다. '사물의 윤리성'과 '이중구동'은 그 진심 중의 일부이다.

- 사물의 윤리성

연결사회를 초래한 기술혁신은 이미 인간과 사물의 경계를 허물고 말았다. 기술에 의해 사물도 인간처럼 똑같은 진화과정을 겪는다. 이제 사물은 인간처럼 생각하고 실행하고 사회적 네트워크를 형성하는 사회적 존재가 된다. 더이상 사물은 이전의 자연처럼 인간과 인간을 이어주는 수동적인 매개수단이 아니라 인간의 판단을 대체하며 능동적으로 사회적 네트워크를 형성한다. 이처럼 초연결사회는 더는 인간/사물 혹은 주체 객체와 같은 이원론적 구도를 가지지 않는다. 사회적 네트워크가 인간만의 전유물이 아니라는 사실 즉 인간중심의 사고에 벗어나면서 인간에게 초연결성이라는 자유를 부여한 셈이다.[47]

초연결성이라는 자유가 인간을 네트워크-공간에서 해방시킬지 구속할지의 여부는 사물이 윤리성을 획득할 수 있느냐 하는 문제와 맞닿아있다. AI나 빅데이터 같은 기술혁신이 윤리와 도덕의 인간다움의 가치를 지향하지 않는다면 기술에 대한 신뢰는 물신화와 다름없게 된다.

> 빅데이터가 인간실존에 관한 질문을 던지게 되는 것은 빅데이터가 인간이 세상을 보는 관점 즉 가치판단에 관여하기 때문이다. 빅데이터가 인간의 가치관에 관여하는 과정은 이러하다. 무상으로 접속할 수 있는 가상공간에 누구나 쉽게 자신의 삶과 관련된 이야기, 사진, 인적정보를 기꺼이 꺼내놓는다. 인간이 검색창 일면에 뜬 기사나 광고에 대해 큰 고민 없이 클릭하여 정보를 제공하면 빅데이터는 대중의 선택을 받았거나 나의 반복적인 선택을 받은 정보를 다시 일면의 기사나 광고로 피드백 함으로써 문화를 형성한다. 이런 과정 속에서 인간은 개인의 지성보다 우월하다 여겨지는 빅데이터의 판단을 부지불식간에 받아들인다. 결국 빅데이터는 친절과 편리를 대가로 인간의 선택권을 가져가고 인간은 시간과 효율을 선물받으며 빅데이터를 신뢰해가는 것이다.[48]

물론 반대의 견해도 있다. 고대 아테네의 경제시스템이 노예제사회였기 때문에 지식인들이 노동으로부터 해방돼 자유롭게 철학과 예술을 논할 수 있었듯이, 의사결정의 수고가 덜어진다면 인간은 더 많은 자유와 행복을 누리게 될 것이라는 관점이다.

철학적으로 생각해보면, 인간 행동에 대한 어떤 틀에 박힌 가정도 정확하지 않으며 인간 대신 누군가가 선택을 대신해준다는 것은 인간의 선택권을 제약하고 선택의 자유를 박탈한다고 느낄 수 있다. 하지만 선택은 스트레스를 불러오고 고통을 가져오며 너무 많은 선택은 뇌의 작동을 멈추게 할 수 있다. 미래에는 정보의 홍수와 데이터의 쓰나미가 오기 때문에 인간의 정치적 선택은 더욱더 괴롭다. 그래서 결국 인간은 다양한 대안을 찾다가 의사결정의 효율성을 위해 자유가 아닌 인공지능의 편리함을 선택하게 된다. 이런 사소한 결정이나 정치인들의 어려운 결정을 AI가 대신해준다면, 인간은 더 많은 자유 시간을 갖게 되고 지적인 자원 확보와 원하는 프로젝트를 추진하며 행복을 느끼게 된다.[49]

그러나 이 견해 역시 전제는 AI가 인간을 위한 인간다운 판단을 내릴 수 있는 고도의 윤리적 수준을 담보하고 있어야 한다. 인공지능의 자기학습은 인간의 능력을 뛰어넘어 인간이 할 수 없는 완전히 다른 '사고', 인간에게는 낯선 '사고'를 가능하게 한다. 이렇게 되면 인류는 '인간이 하는 사고', '인간의 사고를 대리 실행하는 기계의 사고' 그리고 '인공지능의 사고'라는 세 유형으로 사고하게 된다.[50] 만약 세 번째 유형의 사고가 인간 중심의 윤리적 측면은 간과한 채 합리적인 방식으로 진행되고 그 결과가 디스토피아라면 우리는 우리가 만든 기계에 의해 파멸로 인도되는 것이다.

영화 <어벤져스- 에이지 오브 울트론>의 울트론은 외부의 적으로부터 지구를 보호하기 위해 인간이 창조한 인공지능 시스템이지만, 아이러니하게도 이 피조물은 지구를 보호하기 위해서 인간은 멸종되어야 한다고 판단하고 행동한다. 울트론의 논리는 두 가지 명제가 착종되어 있다. 인류의 진보라는 문제와 환경과 생태계의 보호라는 두 가지 명제가 결합함으로써, 인류의 진화를 위해서는 그들을 위협하는(멸종에 가까운) 위기를 생산함으로써 새로운 생태계를 조성하는 것밖에 없다는 것이다. 그래야 인간은 스스로 새로운 삶의 방식을 창조적으로 탄생시킬 것이고, 그것이 실패한다면 자연의 선택에 따라 멸종하는 것이 마땅하다는 것이다.[51] 지구를 보호하기 위해 인간은 멸종되어야 한다는 울트론의 판단은 일견 합리적으로 보이지만 실제로는 인간을 보호하는 것이 지구를 보호하는 것이라는 윤리적 기준이 삭제된 맹목적 사고에 불과하다.

2017년 인공지능을 개발하는 전문가들이 모여 만든 인공지능 연구 지침, '아실로마 인공지능 원칙 Asiloma AI Principles'은 사물의 윤리성에 대한 대표적인 사례이다. 세계적인 과학자 수백 명이 동의한 이 합의를 보면, 다수에게 이로움이 돌아갈 수 있고 인간의 가치와 일치하는 방향으로 인공지능을 개발하며, 인간이 인공지능체제를 결정하고 선택하며, 도덕적 함의를 이해한 관계자에 의해 시스템이 사용되고, 실패와 문제가 생길 시에는 밝히고 인권기구의 감사를 받아들이며, 개인의 자유와 정보를 보호하고 사회를 전복하지 않고, 인공지능에 의해 얻어진 경제적 이득과 자산을 인류에게 도움되는 방향으로 널리 공유되어야 함을 인공지능 연구에서 지켜야 할 윤리 및 가치 덕목으로 세우고 있다.[52] '기술 윤리', '연구 윤리'를 세우는 지침들은 있었지만, 미래기술이 일으키는 변화의 속도와 영향력을 생각할 때 이런 사물의 윤리를 만드는 것은 매우 중요하다.

유권종이 교육공학적 측면에서 다음과 같은 구체적인 실천방안을 제시한 것도 사물의 윤리성을 확보하는데 중요한 진전을 보여준다. 첫째 스마트 기술의 구현 주체들인 기술공학 종사자들에 대한 인문융합적 혹은 유교적 인륜과 의례의 중요성을 인식시키는 교육 과정 구성, 둘째 스마트 기술의 구현과정에서 자율기계, 만물지능인터넷 등의 설계에 인륜 도덕을 체화하여 인간과 상호관계가 가능한 시스템 설계와 관리방법의 연구개발, 셋째 자율기계 등의 제품화 과정에 인륜도덕지수의 규격화, 넷째 자율기계의 인륜도덕지수의 검사필 제도설치 등등의 제도적 장치가 필요할 것이다.[53] 인륜도덕지수를 측정가능한 수치로 계량화하는 것이 관건이기는 하나 유의미한 데이터를 확보할 수 있을 만큼 표본집단이 충분하고 질문과 답변이 가치 있다면 충분히 가능한 작업이다.

사물의 윤리성이 인문교육의 진심이 되어야 하는 이유는 명확하다. 초연결사회 네트워크-공간에서는 인간-행위자의 윤리만큼이나 비인간-행위자의 윤리도 중요하기 때문이다. 어느 한쪽이라도 윤리성을 상실한다면 네트워크의 연결성으로 인해 순식간에 파멸에 이를 수 있기 때문이다.

- 상생과 공존의 이중구동(異中求同)

디지털 시대까지 컴퓨터와 인터넷은 인간의 주도성에 의해 시스템이 돌아갔지만, 사물인터넷에서는 인간의 주도성이 더이상 필요 없다는 점에 우리는 주목해야 한다. 사물인터넷은 모든 사물이 네트워크의 연결로 확보한 데이터를 바탕으로 나름대로 합리적인 사고를 하는 시스템이다. 이제 세계는 '센서가 달린 사물들이 스스로 데이터를 주고받는 거대한 신경계'로 파악될 수 있다.[54] 중요한 것은 구분과 위계가 아니라 인간-행위자와 인간-행위자, 인간-행위자와 비인간-행위자, 비인간-행위자와 비인간-행위자 사이에 공존과 상생이다

공자의 삼강오륜이 네트워크-공간에서 배척될 수밖에 없는 것은 전근대적인 구분과 위계, 순응의 권력적 신분 제도를 바탕으로 하고 있기 때문이다. 충-효-열(忠孝烈)의 삼강은 수직적 연결사회의 쇠퇴와 함께 공허해졌고, 임금과 신하, 아비와 자식, 어른과 아이, 남편과 아내라는 견고한 계급구조가 만들어낸 오륜은 수평적 커뮤니케이션 연결망에서 설 자리가 없다. 물처럼 위에서 아래로 흐르지만, 그 흐름이 자연스러워 위계를 인지할 수 없는 네트워크-공간에서 선명한 권력 관계는 공간의 질서를 거스르는 것이다.

인간은 감정을 가진 존재이며, 직관과 연상을 할 수 있고, 질문하는 능력을 갖추었다. 반면에 기계는 논리를 가진 존재이며, 추론과 연산을 행할 수 있고, 답변하는 능력이 있다. 초연결사회의 핵심은 인간과 기계가 플랫폼을 통해 연결, 접속, 접근의 자유를 획득했다는 것이다. 인간만이 감정을 갖고 있다면 그 인간다운 감정을 윤리적 도덕적으로 처음 공식화한 것이 맹자의 사단(四端)이다. 사단은 본래 유학에서 인간의 본성을 가리키는 말이다. 맹자는 인간이 본래부터 선한 마음을 가지고 있다고 주장하는 성선설을 내세우며 이것을 사단(선을 싹틔우는 4개의 단서, 실마리)인 측은지심(惻隱之心)·수오지심(羞惡之心)·사양지심(辭讓之心)·시비지심(是非之心)으로 나누었다.

측은지심(惻隱之心): 어려움에 처한 사람을 애처롭게 여기는 마음

수오지심(羞惡之心): 의롭지 못함을 부끄러워 하고, 착하지 못함을
　　　　　　　　　미워하는 마음

사양지심(辭讓之心): 겸손하여 남에게 사양할 줄 아는 마음

시비지심(是非之心): 옳고 그름을 판단할 줄 아는 마음

여기에 더해 인간의 여러 가지 감정을 통틀어 일컫는 칠정(七情)은 기쁨
(희, 喜), 노여움(노, 怒), 슬픔(애, 哀), 두려움(구, 懼), 사랑(애, 愛), 싫어함(오, 惡),
바람(욕, 欲)의 일곱으로 묶어 나타내었다. 후대에서는 대개 『중용』에서 말
하는 기쁨(희, 喜), 노여움(노, 怒), 슬픔(애, 哀), 즐거움(락, 樂)을 가리킨다.

사단칠정은 조선 주자학에서 이황(李滉)과 기대승(奇大升) 간의 논쟁 이
후로 성혼(成渾)과 이이(李珥)의 논쟁을 거쳐 한 말에 이르기까지 조선조 주
자학자로서 이 사단칠정에 대해 한마디 하지 않은 학자가 거의 없을 정
도로 한국 성리학 논쟁의 중요 쟁점이 되었다. 그뿐만 아니라 이 사칠론
에 존재론적 범주로 사용되던 이(理)와 기(氣)의 개념이 도입되고, 또 인심
(人心)과 도심(道心)이라는 개념이 함께 논의됨으로써 그 논쟁이 한층 복잡
하게 되었다.[55]

충과 효가 유교적 전통에서 매우 귀중하게 간주되는 사회윤리의 기본
이라고 하지만 조선 및 중국에서의 충효관과 일본에서의 그것에는 상당
한 차이가 존재한다. 대의멸친과 멸사봉공(滅私奉公) 그리고 충효일치를
공자의 사상이자 유교사상의 핵심으로 간주하는 것은 유교의 일본적 변
형을 유교사상 자체로 오인한 결과이다. 한국과 중국에서의 유학은 늘 자
기에서 출발하여 제가, 치국 그리고 평천하에 이르는 동심원적 방향으로

인의(仁義)의 윤리를 확장시켜 가는 것을 궁극적 지향으로 삼았다.

그런 점에서 한 국가나 한 가정에만 모든 것을 바치는 충과 효의 관념은 유교사상의 본래 정신에서 볼 때나 한국 및 중국에서 주류적 지위를 차지한 유교전통에서 볼 때 매우 이질적인 것이다. 충효일치 및 멸사봉공의 이념을 국가주의적인 방식으로 활용하여 시민들의 비판 및 저항정신을 마비시키고 이들을 순응적인 대중들로 순치시킨 박정희 정권의 작업은 조선 유교 전통의 정치적 동원이 아니라 일본 제국주의를 매개로 하여 우리 사회에 전파된 일본 유교 전통의 지속으로 이해되어야 마땅하다.[56]

다시 말해 우리의 유학적 전통은 충과 효, 열의 삼강오륜보다는 인간의 네 가지 본성에서 우러나오는 마음(情)과 일곱 가지 감정(情)을 가리키는 사단칠정에 더욱 가깝다는 것이다. 전통적 유교사상을 네트워크-공간과 네트워크화된 개인들의 입장에서 재해석하고 변형·발전시키려는 노력이 사단칠정론으로부터 출발해야 하는 이유는 네트워크-공간이 측은지심(惻隱之心)·수오지심(羞惡之心)·사양지심(辭讓之心)·시비지심(是非之心)이 부재한 삭막한 사막이기 때문이다. 이 때문에 혐오와 증오, 배타가 일상화되었다. 네트워크화된 개인들의 기쁨(희, 喜), 노여움(노, 怒), 슬픔(애, 哀), 두려움(구, 懼), 사랑(애, 愛), 싫어함(오, 惡), 바람(욕, 欲)의 칠정이 개인의 감정을 넘어 사단으로 승화되어야 공동체의 가치와 윤리가 마련되고 상생과 공존의 이중구동(異中求同)이 완성된다. 이중구동은 2천300여 년 전 전국시대 송의 사상가이던 혜시(惠施)가 동중구이(同中求異:같음 속에서 다름을 추구한다)를 주장한 공손룡(公孫龍)과의 철학적 논쟁에서 '같음과 다름'을 구별하기 위해 사용했던 사자성어다. 다름 속에서 같음을 추구하는 이중구동이야말로 차이를 인정하고 "나는 맞고 너는 그르다"의 배타적 이분법을 극복할 수 있는 네트워크-공간의 윤리적 자세이다.

초연결사회에서 인문교육의 역할은 분명하다. 인간성과 인간다움을 회복하고 우리의 유교적 전통을 네트워크-공간에 접목시켜 상생과 공존의 휴머니즘을 발현시켜야 한다. 새로운 시대를 선도할 인문교육의 진심을 규명하는 것이 그 첫걸음이 될 것이다.

기술적 미래에 대한 상상은 새로운 가치관과 실천적 지향을 통해 새로운 삶과 관계의 방식을 발명하는 문제이며, 그러한 관계의 방식에 따라 인간-생명-기술의 관계적 네트워크가 갖는 모습이 달라질 것이다. 이는 결국 좋은 삶이란 어떤 것이며, 인간이나 그 삶을 의미 있게 만드는 것은 무엇인가라는 인문학의 오랜 물음과 맞닿아있다.[57] 인문학의 오랜 물음을 '초연결사회', '네트워크-공간', '네트워크화된 개인들'이라는 욕망의 삼각형 안에 재배치해 놓고 결국 인문학의 진심이 무엇인지 찾아내는 일이 인문교육의 역할에 답을 구하는 첫걸음임이다.

초연결사회의 네트워크-공간은 고정된 절대적인 물리적인 공간이 아니라 연결에 의한 비선형적 움직임으로 생성되는 관계적 공간이다. 또한 이동을 통한 연결성과 관계성은 인간과 기계의 결합 즉 혼종성과 물질성을 강조하는 것으로 인간이 물질세계로부터 독립된 방식으로 생각하고 행동할 수 있는 인간 주체에 중심을 두던 인본주의와는 달리 인간의 능력은 다양한 사물 및 기술(도구, 건물, 통로, 자동차, 정보기기, 사물 등)과 새로운 형태로 결합하여 그 능력이 크게 확장될 수 있다는 점을 강조하고 있다.[58] 바야흐로 인간과 기계가 결합된 반인반기의 트랜스휴먼의 시대가 도래한 것이다.[59] 트랜스휴먼을 위한 인문교육은 기왕의 인문교육과 결을 달리해야 한다. 인간과 기계의 상생과 공존을 위해서는 사물의 윤리성 정립이 필요하며, 트랜스휴먼의 인간성 회복과 새로운 윤리관 확립은 사단에 대한 재해석과 다름 속에서 같음을 추구하는 이중구동의 구현을 통해 이루어질 것이다.

3. 메타에듀의 비전과 인재상

새로운 학습자의 등장

최근 학계와 산업계의 가장 큰 이슈는 <메타버스>이다. 원래 가상현실을 배경으로 한 3D 게임에 사용되던 이 용어는 이제 디지털시대의 새로운 자연, 새로운 일상이라는 포괄적인 개념으로 진화하였다. 메타버스가 다시 부각된 배경에는 2020년부터 시작된 코로나 팬더믹이 장기화되면서 비대면·디지털 전환 가속화와 5G·그래픽 기술의 발전도 있지만, 인공자연에 대한 Z세대의 문화적 감각이 달라졌기 때문이다. 인공자연(Artificial Nature)은 가상적 기술을 통해 물리적 존재성을 드러내는 것으로 '비인간-주체'와 '네트워크-공간', '디지털-도구'라는 비물질적 토대 위에서 성립되며, 도구적 수월성을 바탕으로 인간-주체와 비물질적 토대의 상호강화경험이 중시된다. <상호강화경험>이란 상호 영향 관계 속에서 소통에 참여한 인간-주체와 비인간-주체(비물질적 토대) 모두 능력이 강화되는 것을 일컫는다. 구글 번역기는 사용자가 많으면 많을수록 번역의 정확도가 높아지는데 이 과정에서 인간과 도구는 서로의 발전에 기여한다.

지금 우리가 목도하고 있는 메타버스는 '교환'의 1세대 인공자연과 '교류'의 2세대 인공자연을 지나 '교감'의 제3세대 인공자연이다. 기존에 통용되던 가상공간과 다른 점은 가상공간이 현실 공간의 대타적 개념으로 성립된 것이라면, 인공자연은 현실공간과 가상공간이 중첩되면서 몰입감이 강화되고 두 공간 사이의 거리가 감각적 몰입을 통해 투명화된 것이다.

1990년대 도스 환경의 문자중심 PC통신에서 처음 인공자연을 경험했던 부모 세대와 달리 2000년 이후 출생한 Z세대들은 PC, 스마트폰, 태블릿 등 다양한 플랫폼을 통해 멀티미디어 환경의 인공자연을 경험하면서 "인터넷을 포함하고 있는 물리적 공간과 이와 연결된 가상공간의 융합에 의해 탄생된 집합적 '가상공존세계 virtual shared space'인 메타버스"를 상징계로 진입하는 통로로 경험한 최초 세대이다.[60] 세상의 또 다른 창(window)을 손안에 들고 다니며, 인공자연을 시각이 아닌 촉각으로 인식하고, 메타버스라는 프런티어로의 모험을 두려워하지 않는 디지털 유목민이다.

1세대 가상공간 이주민이었던 부모세대들이 상호 분리된 현실의 세계와 가상의 경험이 점차 긴밀히 연결되는 '혼합세계'를 경험했다면, MZ세대는 일상의 활동 대부분이 가상세계에 구현되며 가상의 세계가 현실을 대신하는 '대체세계'를 건너, 현실과 가상의 양자가 융합되고 경계가 허물어져 오히려 현실세계보다 가상세계에 머무는 시간과 중요성이 커지는 '확장가상세계'로 진입하였다. 가상으로 강화/확장된 현실세계(Virtually enhanced physical reality)와 현실처럼 지속하는/영구화된 가상공간(Physically persistent virtual space)의 융복합된 공간에[61] 정치, 경제, 사회, 문화의 디지털 트윈이 속속 자리잡으면서 메타버스는 이제 가장 트렌디한 인공자연이 되었다. 메타버스와 현실세계의 관계는 도시와 농촌의 관계와 같다. 중세시대에는 농촌에 더 많은 사람들이 살았지만, 근대 산업혁명 이후에는 도시로 사람들이 몰렸다. 그렇다고 농촌이 소멸한 것은 아니며, 도시도 농촌도 각자의 공간에서 주어진 역할을 수행하였다.

3세대 인공자연인 메타버스가 가져올 변화 중에 우리가 가장 주목해야 할 것은 '교육'이다. 교육은 주체, 공간, 도구를 필요충분조건으로 갖는데 메타버스는 이 세 가지를 모두 포함하고 있으며, 무엇보다 코로나 팬데믹으로 비대면 온라인 교육이 중요한 이슈로 부상하게 된 2020년 이후 빠르게 메타버스 교육 환경이 구축되고 있기 때문이다. 물론 아직은 2D 기반의 조악한 사용자 환경과 구체적인 레벨 디자인과 학습 설계가 부재하여 사용자 경험도 일천하지만, 교육 수요자인 Z세대가 비대면 온라인 교육을 낯설어하지 않을뿐더러 도구적 수월성과 공간 친화성이 높아 메타버스는 미래 교육 플랫폼으로 성장 가능성이 충분하다. 미디어의 전달 능력은 언어의 다양성(Language Variety)과 다수의 단서(Multiple Cues), 피드백의 즉시성(Immediacy of Feedback) 그리고 개인화(Personal Focus)를 통해 측정되는데, 메타버스는 이 네 가지 측정 지표에서 그 어떤 미디어보다 풍요로운(Rich) 미디어가 될 수 있다.[62] 메타에듀가 미래교육의 새로운 플랫폼이 될 수 있는 배경이다.

아직 가시화되지 못한 메타버스 교육 생태계의 미디어 풍요성은 기술의 발전이 해결할 문제이지만, 메타에듀가 무엇을 가르치고 어떻게 가르칠 것인가를 규정하는 것은 우리의 책임이고 역할이다. 그리고 이 작업이 기술의 발전보다 앞서 이루어져야 하는 까닭은 '무엇을'과 '어떻게'는 기술이 대답할 수 없으며, 기술은 인간의 명령을 수행할 수 있을 뿐, 메타버스에서 교감은 결국 인간의 몫이기 때문이다.

탁월한 인텔리

근대 산업혁명은 부르주아(bourgeois)라는 새로운 지배계급을 탄생시켰다. 부르주아는 근대 서구의 핵심적 경제 사회체제인 자본주의의 주도 세력이지만 원래는 중세에 "새로 생긴 도시(bourg)에 살고자 모여든 사람들"을 지칭하는 용어에서부터 시작되었다.

경제의 기반이 토지였던 중세에 중심 공간은 농촌이었다. 저마다 한곳에 정착하여 땅을 갈아야 먹고 살 수 있었고, 또 그것으로 자족하던 시대에, 부르주아는 떠돌이 생활을 마다하지 않고 땅을 경작하는 대신 사고파는 일로 살아갈뿐더러 그 위에 이익까지 추구했다. 영리를 추구하는 정신과 직업 활동만으로도 그들은 주위를 에워싼 봉건 영주-농민의 세계와 뚜렷이 대조되었으며, 또한 그 신분이 정치적 권리로써 정의되고 또 대개 주변 농촌 토지의 소유자였던 고대의 시민(civis)들과도 근본적으로 달랐다. 요컨대, 부르주아는 그 삶이 토지와의 관계에 의해 규정되지 않는 '새로운 인간 homo novus'으로서 탄생한 것이다.[63] 중세의 도시는 고대도시와는 달리 정치적이고 행정적인 역할보다는 상인에 의해 건설된 상업도시였다. 농업경제로 규정되는 중세 사회에서 도시로 이주한 부르주아는 시장을 형성하고 길드를 조직하면서 자유를 누리고 자치적인 사회를 구성하였다. 유럽에서는 중세부터 시작되어서 몇 세기에 걸쳐 축적된 시민의식이 근대 자본주의를 싹트게 하는 계기가 되면서 부르주아는 상업에 종사하고 재산을 가진 사람들, 그리고 자본주의가 형성된 단계에 이르면 자본을 소유한 사람들을 뜻하게 되었다.[64]

그리고 지금, 우리는 메타버스라는 탈도시화 공간에 모여든 탈근대적 부르주아를 만나게 된다. 이들은 메타버스에 시장을 만들고 커뮤니티를 조직해내면서 연결과 확장의 네트워크 민주주의를 경험하고, 근대의 거대 담론에서 자유로운 다중(多衆)을 형성하고 있다. 초기에는 '네티즌'이라 불렸던 이 새로운 시민계급을 무엇이라 명명할지 아직 확정되지 않았지만, 근대의 이상적 인간상과는 분명 다를 것이다.

근대는 합리성과 효율성을 통해 많은 문명적 성과를 이루어내었지만, 인간의 삶을 계산과 측정이 가능한 것으로 변화시켰다. 근대는 개인의 자유를 강조하고 있지만, 그 이면에는 평등의 가치를 내세움으로써 보편성을 지닌 인간을 이상적인 인간상으로 제시한다.[65] 근대를 가장 탁월하게 분석하고 비판한 니체에 따르면 근대교육의 목표는 뛰어난 개인의 성장보다 사회 전체의 이익에 부합하는 방향으로 설계되었고, 이로 인해 근대인은 우연과 필연, 이성과 비이성의 대립을 통합하는 사유능력을 상실하면서 정신의 왜소화와 평균화를 내면화하게 되었다. 근대인을 비판하기위해 니체는 <종말인 der Letzte Mensch>이라는 인간 유형을 등장시키는데 그들은 '탁월함 arete'과는 거리가 먼 중간적인 행복만을 추구하고, 위험한 모험을 거부하며, 평범한 중간 상태를 원한다.[66] <종말인>에 투영된 근대인의 모습 속에는 '평균성'이 녹아들어 있다. 근대의 개인주의는 자유를 강조하지만 '탁월성'을 용납하지 않는다. 그들에게 '탁월성'은 평균으로부터 벗어났기 때문에 좋은 것이 될 수 없다. 근대적 삶의 새로운 기준인 평균(平均)은 양적 측정을 전제로 하며, 이것의 가치는 다수, 생존, 적절함으로부터 파생될 뿐만 아니라 '자기보존'의 관점에서 긍정된다.[67]

그러나 고대 그리스에서 '탁월성' 또는 '덕'은 삶의 기술의 핵심적 개념이었다. 인간에게 가장 좋은 삶은 탁월성을 발휘하는 활동이기 때문이다. 탁월성은 그리스어로 아레테(arete)이며 어떤 역할이나 기능을 아주 잘

불길하면서도 매혹적인 메타버스와 ChatGPT

수행하는 것과 연관되어 있다. 예거는 1933년 펴낸 『Paideia』에서 서구 문명의 토대가 된 그리스의 교육이념, 즉 <피이데이아>가 무엇인지를 그리스 문화사 전체를 관통하며 그려내는 작업을 진행하였다. 예거는 그리스 교육의 핵심을 '탁월함'으로 설명한다. 고대 그리스 귀족문화의 가장 오래된 전거인 호메로스의 『일리아스』와 『오디세이아』에서부터 발견되는 탁월함은 곧 귀족들을 설명하는 술어였다. 『일리아스』는 귀족 남성의 좌우명을 "항상 제일인자가 되고 남보다 뛰어난 인물이 되다"로 표현했다. 같은 작품에서 젊은 아킬레우스의 스승인 포이닉스가 자신의 교육 목표를 "말도 잘하고 일도 잘 처리하는 인물이 되도록" 하는 것이었다고 말하는 대목이 나오는데, 이는 정신과 행위의 통합이 당대 귀족들의 교육 목표였음을 말해준다.[68]

니체는 '미래의 강자 Die Starken der Zukunft'라는 표제가 달린 1887년의 유고(遺稿)에서 이상적인 인간은 자신의 가치를 능동적으로 창조하며 새로운 창조를 위해서는 근대적 이성의 논리 속에 내재된 대립과 모순을 극복해야 한다고 역설한다. 근대국가의 교육은 인간의 상승과 가치의 창조와는 거리가 먼, 사회적 도구를 길러내기 위한 방편에 불과했으며 미래를 위한 가능한 한 최상의 이익이 아니라, 지금 현존하고 있는 사회의 이익을 우선시했다. 기존의 도덕과 교육 등에 의해서 빈틈없이 짜 맞춰진 세속화된 의미를 해체할 수 있는 '위대한 인간'만이 새로운 가치를 창조할 수 있다. 위대한 인간은 새로움이 기존의 삶의 가치를 지키려는 도덕적 삶에서 오지 않는다는 것을 깨달은 자이다. 그는 '놀이'와 '예술'을 통해서 새로운 가치와 의미를 창조해야 한다는 것을 자각하고 이를 실천하는 자이다.[69]

니체가 제시한 '위대한 인간'을 재매개하여 메타에듀가 지향해야 할 이상적인 인간상을 '탁월한 인텔리'라 규정코자 한다. 여기서 탁월은 신체적 우월성이 아니라 용기와 절제를 갖춘 정신적 탁월함이며, 인텔리는 이성이 탁월하게 발휘된 지혜에 도달하여 지성의 탁월성을 획득한 인간이다. 플라톤은 인간 영혼을 이성(logistikon)과 기개(thymos) 및 욕망(epithymetikon) 등 세 부분으로 구분한다. 이성은 배우는 부분이며, 기개는 격정을 느끼는 부분이고, 욕망은 여러 종류라 이름붙이기 어렵지만, 온갖 욕구들과 관련되어 있다. 이성이 탁월하게 발휘되면 '지혜'(sophia)라는 탁월성에 도달하고, 기개가 탁월하게 발휘되면 '용기'(andreia)라는 탁월성에 도달하며, 욕망이 탁월하게 발휘되면 '절제'(sophrosyne)라는 탁월성에 도달한다. 또한 이 세 가지 능력들이 서로 질서(kosmos)와 조화(harmonia)를 이룰 때 '올바름' 또는 '정의'(dikaiosyne)라는 탁월성에 도달한다. 아리스토텔레스도 인간 영혼을 이성적인 부분과 비이성적인 부분으로 구분하고, 다시 지성의 탁월성과 성품의 탁월성으로 구분한다. 지성의 탁월성으로는 지혜, 이해력, 실천적 지혜 등이 있고, 성품의 탁월성으로 용기, 절제, 자유인다움, 온화 등이 있다.[70]

인텔리는 학력, 직업, 나이 등과는 무관하며, 사회에 대한 책임과 비판의식이 강하면서 이를 행동으로 옮기는 사람을 일컫는 '인텔리겐차'와 사람이 주어진 문제의 내면을 뚫어보고(통찰), 이와 관련된 상황을 알아차린 후에(이해), 해결하기 위한 적절한 방법을 찾는(사고) 정신적 능력(지능)을 의미하는 '인텔리젠스'를 포괄한다. '탁월한 인텔리'는 평균성이 만연한 근대적 삶을 극복하고자 지적 능력을 고도화하여 삶의 가치를 창조하고, 자율적 공생의 네트워크 민주주의가 배타와 폐쇄로 오염되지 않도록 균형 잡힌 시각을 견지하며, 공동체의 이익을 우선시하고, 도전을 두려워

하지 않으며, 함께 살고 함께 즐거운 미래공동체를 위해 노력하는 플레이어(player)이다.[71]

1719년에 출판된 대니얼 드포우의 소설『로빈슨 크루소』는 새로운 근대 부르주아의 탄생 신화였다. 전대미문의 시련을 극복한 크루소는 고독한 삶에서 외로움을 타지 않고, 철저한 노동 윤리를 본능으로 만들고, 공포와의 투쟁에서 용기를 얻은 이를테면 부르주아의 신품종이다. 이성과 합리, 청교도 정신으로 무장한 최초의 근대적 부르주아 로빈슨 크루소는 불굴의 의지로 역경을 극복해내는 과정을 생생하게 독자에게 내보임으로써 부르주아를 넘어 계급을 초월한 보편적 인간으로 각인된다. 그래서 『로빈스 크루소』는 최초의 근대소설이라는 명예를 획득하게 된다.『로빈스 크루소』는 아름다운 문장으로 쓰인 전통적 문학작품과는 전혀 다르게 현실을 현실감 있게 묘사하는 새로운 언어로 쓰여진 작품이었다. 그러나 다른 한편『로빈스 크루소』는 현실을 엄격히 기술한 고전 시대의 과학적 언어로 쓰여진 작품이 아니었다. 그것을 현실을 묘사한 것이 아니라 거짓으로 꾸며낸 것이며 따라서 기준이 되는 현실은 존재하지 않는다. 오히려 그 이야기는 거짓인 만큼 독특한 형태로 만들어진 것이다. 문학의 전통적인 문장 스타일, 명문의 전통이 희생된 것은 현실을 전달하기 위해서라기보다 바로 '가상 현실'(virtual reality)을 만들어 내기 위함이었다.[72] 28년간 인간 문명의 시야에서 벗어난 무인도는 18세기 영국 부르주아가 만든 가상 현실이다.

미국의 SF 작가 닐 스티븐슨이 1992년에 발표한『스노우 크래쉬』역시 가상 현실을 만들어 냈는데 그 방법은 대니얼 드포우처럼 새로운 언어를 사용한 것이 아니라 아예 현실과 다른 층위의 '메타버스'라는 가상 현실을 새롭게 창조해 내는 것이었다. 소설의 주인공 주인공(Hiro)는 현실공간에서는 피자배달원이지만 메타버스에서는 최고의 전사이며 천재적인 해커이다. 그리고 '탁월한 인텔리'이다. 메타버스에서 스노우 크래시를 먹으면 아바타의 주인이 현실세계에서 뇌에 치명적인 손상을 입게 되는 것을 알게 된 히로가 스노우 크래시의 실체를 추적하기 시작하면서 벌어지는 모험에서 이야기의 중심은 종횡무진 활약하는 히로의 탁월함이다. 컴퓨터 해킹 능력과 검술 솜씨는 타의 추종을 불허할 만큼 뛰어나지만 그 능력을 현재의 이익이 아닌 메타버스와 현실공간의 균형과 조화라는 공생공락(共生共樂, conviviality)의 사회적 이상을 실현하는데 사용함으로써 히로는 자신의 삶을 가치 있게 창조하였다.

『로빈스 크루소』와 『스노우 크래쉬』는 18세기와 20세기, 영국과 미국, 중산층 백인과 하층민 혼혈의 거리에도 불구하고 모두 현실공간과 가상공간을 배경으로 펼쳐지는 모험담이다. 오히려 두 소설의 차이는 근대와 탈근대의 시대 상황이 호명하고 있는 이상적 인간의 문학적 형상화에 있다. 로빈스 크루소가 현실과 단절된 가상공간(무인도)에서 현실공간으로 복귀하기 위해 고군분투하는, 근대 부르주아의 이상인 '보편적 엘리트'라면, 히로 프로타고니스트는 현실과 연동된 가상공간(메타버스)에서 두 공간의 균형과 회복을 위해 고군분투하는, 탈근대 부르주아의 이상인 '탁월한 인텔리'이다. 메타에듀가 추구해야 할 이상적 인간상이 메타버스의 창시자가 창조한 아바타로부터 출발한다는 것은 당연하면서도 운명적이다.

메타테크네(Meta-techne)

메타에듀의 목적이 '탁월한 인텔리'를 양성하는 데 있다면, 그다음 과제는 이 목적을 달성하기 위해 무엇을 가르칠 것인가 하는 것이다. 여기에는 현실공간의 교육 현장에서 가르치는 내용과 형식은 배제하고 메타에듀만의 독특한 교육공학을 설계해야 한다는 전제가 필요하다. 현실공간 면대면 상황에서 할 수 있는 교육을 굳이 메타버스 안으로 끌고 올 필요는 없다. 우리는 이미 지난 2년간 비대면 온라인 교육을 통해 근대교육의 타성이 디지털 플랫폼에 얹혀졌을 때 발생하는 불협화음을 충분히 경험하였다. 공유경제를 표방한 MOOC 역시 강의실 교육의 디지털 버전에 불과하다.

중요한 것은 플랫폼이 아니라 학생의 참여 의지를 끌어내는 방식이다. 일방적인 강의식 교수법이 변화하지 않으면 학생들의 참여 역시 한계가 있다. 온라인 고등교육의 롤모델로 회자되고 있는 <미네르바스쿨Minerva School>은 자체 개발한 '액티브 러닝 포럼'이라는 플랫폼으로 모든 수업을 온라인으로 진행한다.[73] 미네르바 학습의 키워드는 토론식 세미나와 질문이다. 이 방식이 온라인 플랫폼에서 유효할 수 있는 것은 미네르바스쿨의 학생들이 우수하기 때문이다. 전 세계에서 몰려든 진취적이고 도전적인 학생들은 어떤 교육 환경에서도 높은 참여 의지를 보여줄 것이기에, 그들의 성취가 미네르바스쿨이라는 온라인 교육 플랫폼의 덕분이라고 할 수 없다. 더구나 한 해 등록금이 3만 달러(2021년 2월 기준) 수준으로 국내 대학 평균 등록금인 673만 3500원보다 월등히 높다. 미네르바스쿨은 근대교육이 표방했던 보편적 교육이 아니라 자본의 힘을 온라인 교육에 적용한 엘리트 교육 기관에 불과하다.

메타에듀의 고민이 여기서부터 시작된다. 기존 교육과 차별되면서 메타버스의 인프라를 적극 활용할 수 있는, 그러면서 학생들의 자발적 참여를 유도해 스스로 탁월성을 성취할 수 있도록 도와줘야 하고, 무엇보다도 교육의 평등성을 추구해야 한다. 기실 근대의 보편적 엘리트 교육은 실패하였다. 근대교육은 평준화된 공교육을 통해 엘리트를 어느 특정한 집단의 구성원이라는 배타적인 '절대적' 개념으로 규정하지 않고, 모든 교육의 대상을 잠재적 엘리트로 전제하면서 각기 지니고 있는 학습 능력을 최대한으로 높여주는 제도를 실현하고자 하였으나 결과적으로 수월성이라는 측면에서 사교육에 자리를 내주었다.

'보편'과 '엘리트'는 양립할 수 없는 모순명제이다. 근대교육의 보편화, 평준화는 1970년대부터 부각되기 시작한 신자유주의와 자본의 세계화(globalization of capital) 흐름에 편승해 교육에 대한 자본 개입이 노골화되면서 사문화되었다. 보편교육에 반하는 인간 조력자(과외, 컨설던트, 브로커 등)가 자본에 고용되면서 교육 불평등은 심화되었고, 수월성(Excellence) 교육이란 명목으로 금수저/흙수저 계급구조를 고착화시켰다.

인간의 능력은 평등할 수 없다. 교육은 각자 다른 능력을 가진 학생들에게 동등한 기회를 주어 자신의 탁월함을 스스로 발휘할 수 있도록 도와줘야 한다. 메타에듀가 교육 불평등을 해소하는 방식은 비인간 조력자를 활용하는 것이다. 비인간 조력자는 '검색 알고리즘', '데이터베이스', '사용자 환경'과 '사용자 경험' 같은 디지털 도구인데, 이 조력자들은 자본으로 고용할 수 있는 것이 아니라 경험과 숙련도로 축적된 기술만이 호명할 수 있다. 메타버스에서 비인간 조력자를 다루는 능력과 기술을 <메타테크네>라 명명코자 한다. 인공자연의 4원소가 바로 비인간조력자인데, 결국 메타테크네는 자연을 다루는 기술과 방법인 셈이다.

3세대 인공자연인 메타버스 등장 이전인 1세대 혼합세계에서 정보리터러시를 확장하여 디지털 매체에 연계된 기술적, 사회적, 심리적 함축성을 고려할 수 있는 사고능력을 강조한 메타리터러시(Metaliteracy)라는 개념이 있었다.

> 메타 리터러시는 소셜 미디어, 개방형 학습 환경 및 온라인 커뮤니티에서 비판적 사고와 성찰을 발전시키기 위한 포괄적인 정보 리터러시 모델로 구상됩니다. 고등 교육에서 이 중요한 시기에 정보 리터러시의 원래 정의를 확장하여 원본 및 용도 변경된 디지털 자료의 대화형 제작과 공유를 포함해야 합니다. 메타 리터러시는 핵심 정보 리터러시 역량을 기반으로 하는 동시에 학습자가 참여 환경에서 정보를 소통, 생성 및 배포하는 방식의 혁명적인 변화를 다루는 포괄적이고 통합적인 프레임워크를 제공합니다.[74]

Mackey와 Jacobson은 다양한 리터러시 프레임워크들을 개별적으로 분석하는 과정을 통해 종합적으로 메타리터러시 개념을 정리했다. 학습의 궁극적 목표 측면에서 네 가지의 메타리터러시 요소(능력)를 ① 콘텐츠에 대한 비판적 평가 능력, ② 정보윤리나 지식재산권, 프라이버시 등에 대한 이해 능력, ③ 다양한 참여적 환경(participatory environment)에서의 정보 공유와 연계 학습(connecting-learning)을 위한 협력 능력, ④ 전략적 연구 수행 능력 등으로 구체화 시켰다.[75] 메타리터러시는 소셜 미디어, 개방형 학습 환경 및 온라인 커뮤니티에서 비판적 사고와 성찰을 향상하기 위한 정보 활용 능력을 위한 포괄적인 모델로 정보생태계의 복잡한 정보자원과 정보생태계에 대해 인지할 수 있는 메타인지 능력(meta-cognitive)을 중심으로 하며 기존 정보리터러시 개념에서 확대된 능력범위를 강조하였다. 그러나, 현실과 가상이 뫼비우스로 띠처럼 연결된 공생·공존세계인 메타버스에서는 "지식과 정보를 획득하고 이해할 수 있는 능력"을 넘어 "경험이나 모방을 통해 얻어지거나, 어떤 규칙을 가진 지식에서 학습하여 유용성과 효율성을 지향하고 능숙함을 통해 바라는 결과를 얻는 능력"으로 확장되어야 한다. 고대 그리스시대는 이 능력을 <테크네 techne>로 불렀다.

그리스 시대 테크네에는 오늘날 우리가 기술이라고 부르는 활동도 포함되지만, 우리가 예술이라고 부르는 활동, 그리고 학문(science)이라고 부르는 활동까지도 함께 포함하였다. 예컨대 목수의 기술, 의사의 기술, 장사꾼의 기술, 항해술, 웅변술 등이 모두 테크네라고 불렸다. 그리스 시대 테크네는 몇 가지 특징을 갖고 있다. (1) 테크네는 인간만이 하는 활동이다. (2) 인간의 활동은 다양하지만, 그중에서도 테크네라고 불리는 활동은 무언가를 생산(produce) 혹은 제작(make)하는 활동이다. (3) 테크네는 기술(skill) 혹은 솜씨에 의존하는 활동이다. 특정한 테크네를 하려면 그것을 하는 기술을 가지고 있어야 한다. 즉, 기술을 배워야 할 수 있는 것이 테크네이다. 또한, 그 기술을 가지고 있는 사람은 남에게 가르칠 수 있어야 하며, 경험과 기억에 의존하여 학습과 교육이 가능한 것이 테크네이다. (4) 테크네를 가르치고 배울 수 있는 것은 그것을 하기 위한 일반적인 규칙이 있기 때문이다. 화가가 그림을 그린다고 했을 때, 그림을 그리는 방법의 체계가 있다. 그러한 체계에 대한 지식을 갖지 않고서는 테크네를 할수가 없다.[76] 테크네는 예술, 기술, 학문 모두에 관여하는 종합적인 능력이며, 탁월함의 기반이다. '탁월한 인텔리'가 되기 위해서는 기본적으로 네트워크-공간에 분산된 DB를 연결하는 능력, DB를 유용한 정보로 확장하는 능력, 수집된 정보를 지혜로 편집하는 능력, 생산된 정보를 공유하는 능력이 필요한데, 이 능력을 배양하고 발휘하고, 강화할 수 있도록 도와주는 것이 메타버스의 비인간 조력자이다.

비인간 조력자는 인공자연의 4원소이며 메타버스를 구성하는 디지털 도구이다. 하이데거는 기술을 기능적인 수단으로서만 다루지 않고 '세계'을 구성하는 '드러냄 revealing'의 한 양식으로 다루었다. 현대 기술의 특출한 모습은 그것이 단순한 수단이 아니고, 도리어 특정한 종류의 지배라는 것이다. 하이데거의 '세계'는 존재하는 것들의 총합이 아니라 질서 잡히고 의미있는 경험의 구조다. 그러한 구조는 사회들과 역사적 시대 전반을 특징짓는 기본적인 행위들에 달려 있다. 이 경험들이 '열림 opening'을 구성하는데, 그 안에서 '존재'가 드러난다. 이는 다른 말로 그 안에서 경험이 일어난다는 것이다. 하이데가 '현존재'(Dasein)라 부르는 인간은 이러한 의미의 세계에 언제나 이미 관여하고 있는 것으로서만 이해될 수 있다. 그래서 현존재는 '세계-내-존재 being-in-the-world'인 것이다. 세계의 사물들은 그것들이 사용을 통해서 만나질 때 현존재에게 '드러난다'. 따라서 하이데거는 이것들을 '도구 equipment, Zeug'라 부른다.[77] 메타버스 안에서 디지털 도구는 그것을 사용하고 경험하는 능동적인 존재자인 우리의 실존과 밀접하게 연결되어 있다. 우리가 사용하기 때문에 디지털 도구가 존재하는 것이 아니라 디지털 도구가 존재하기 때문에 메타버스 안에서 우리가 존재할 수 있다. 따라서 디지털 도구(비인간 조력자)를 능숙하고 숙련되게 사용하는 '메타테크네'는 메타버스 안에서 우리가 탁월해지는데 매우 유용한 기술이다.

메타테크네는 디지털 도구를 숙련되게 이용하는 물질/비물질적 제작 활동인데 그리스시대 테크네와 다르게 다음과 같은 특징을 갖고 있다. (1) 메타테크네는 인간-주체와 비인간 도구가 함께 하는 활동이다. (2) 메타테크네라고 불리는 활동은 무언가를 생산(produce) 혹은 제작(make)하고 공유(shareing)하는 것인데 그 결과는 물질적, 비물질적 텍스트를 포함한다. (3) 메타테크네는 데이터베이스(DB)와 편집(edit)에 기반한 활동이다. 메타테크네는 경험과 기억이 디지털로 DB화되고, 그것이 학습과 교육이 가능한 텍스트로의 치환을 통해 이루어진다. (4) 메타테크네를 가르치고 배울 수 있는 것은 알고리즘에 기반하고 있기 때문이다. 알고리즘(Algorism)은 어떤 문제의 해결을 위하여, 입력된 자료를 토대로 하여 원하는 출력을 유도하여 내는 규칙의 집합이다. 알고리즘은 여러 단계의 유한 집합으로 구성되는데, 각 단계는 하나 또는 그 이상의 연산이 필요하다. 메타테크네는 인간-주체의 생각의 소산, 창조력의 소산, 영감의 소산이지만 사용하는 비인간-주체(도구)의 알고리즘에 영향을 받는다. 알고리즘 체계에 대한 지식을 갖지 않고서는 메타테크네를 숙련할 수 없다. (5) 메타테크네는 디지털 도구를 숙련되게 이용하는 의식/무의식적 생산 활동인데, 도구와 연결된 상태에서 인간 육체의 단독성에서 벗어나 기술과의 교감을 통해 영감이 솟아나는 것이다. 창의적이고 독창적인 것으로 인식되나 사실은 경험과 기억의 DB 기반의 편집된 상호텍스트성이며 인간 주체와 비인간 조력자가 서로 영향을 주고받으며 동반 성장하는 상호강화 경험이다.

인간-주체와 비인간 조력자 사이에 상호강화 경험은 메타테크네의 내용종목과 그 숙련도에 의해 경험치가 결정되는데, 메타에듀 학습의 수월성 측면에서 메타테크네는 '인지테크네'와 '정서테크네'로 구분할 수 있다. 인지테크네는 외부의 자극에 의해 반복적인 학습과 코칭으로 획득하

불길하면서도 매혹적인 메타버스와 ChatGPT

는 기술이며, 정서테크네는 개인의 자발적인 의지와 노력으로 내면의 자연발생직 영감에 의해 획득되는 기술이다. 인지테크네와 정서테크네는 개념적으로는 구분되지만 메타에듀 학습 환경 내에서는 서로 긴밀하게 연동되며, 그 과정에서 자연스럽게 메타테크네가 경험을 통해 축적된다.

메타에듀가 학습자에게 요구하는 기본적인 요소(능력)는 네 가지이다. ① 필요한 정보를 검색하고 찾아내서 자신의 지식 네트워크에 연결하는 능력, ② 연결된 정보를 화학적 결합을 통해 가치를 확장하는 능력, ③ 가치가 확장된 정보를 자신의 지혜로 편집하는 능력, ④ 새로워진 정보를 공동체의 이익을 위해 적재적소에 공유하는 능력이다. 이 기본 요소의 발전에 인지테크네가 영향을 주고 정서테크네가 발현돼 개인마다 각자 다르게 강화되는 능력이 바로 <메타테크네>이다. '연결'의 강화 능력은 '결합', '확장'의 강화 능력은 '확산', '편집'의 강화 능력은 '창발', '공유'의 강화 능력은 '공개'이다. '탁월한 인텔리'는 기본 능력을 메타테크네를 통해 강화시켜 오로지 본인의 탁월함으로 평등한 교육 환경(누구에게나 공평하게 주어진 비인간 조력자)에서 우뚝 선 자이며, 인지테크네를 정서테크네로 확장시키는 과정에서 스스로 테크트리(Tech Tree)를 만들어 낼 수 있는 능력과 소양을 갖춘 플레이어이다.[78]

이제 모든 지식과 정보는 네트워크-공간 안으로 모이고 있다. 고대 도서관, 중세 수도원, 근대의 대학이 했던 역할을 담당할 지식공동체가 메타버스 안에 세워져야 한다. 이 새로운 지식공동체 안에서 가상학습은[79] 메타에듀로, 메타리터러시는 메타테크네로, 학습자는 플레이어로 강화되어야 하며, 비인간 조력자는 도구를 넘어 탁월한 동료가 될 것이다.

4. 메타에듀의 실천적 방법

메타에듀의 위치 – 공진화의 여섯 단계

인간과 기술은 자연을 만들어낸 두 주체이다. 그러나 16세기 르네상스 이후 신중심의 중세적 가치관에 맞서 인간중심주의 세계관이 등장하고 인간만이 만물의 영장이며 유일하게 가치 있는 존재라는 <휴머니즘>으로 범주화되면서, 근대 이후 인간과 기술은 종속적이고 위계적인 관계로 인식되었다. 탈근대 담론이 본격적으로 시작된 20C부터 인간과 기술에 대한 새로운 관계 설정이 제기된 것은 결코 우연이 아니며, 들뢰즈와 가타리의 <기계주의>나[80] 라투르의 <행위자 연결망 이론>, 시몽동의 <기술철학> 등은 인간과 기술에 대한 근대적 믿음이 해결할 수 없었던 문제를 제시하고 새로운 방식으로 해결하고자 한 시도였다.

원시시대부터 과거, 현재에 이르기까지 인간은 도구를 사용해 왔고, 도구는 인간을 사용했다. 미래 역시 마찬가지일 것이다. 여기에 착안해 등장한 인간과 기술이 함께 진화한다는 공진화(供進化) 이론은 근대담론이 인식한계점에 도달했음을 반증한다. 시몽동은 『기술적 대상들의 존재양식에 대하여』(1958)에서 기계를 대하는 문화의 편견과 기계들의 열등한 지위를 문제적 상황으로 지적하고 기계의 본성, 기계들 사이의 관계, 기계와 인간 사이의 관계에 대한 올바른 인식을 통해 기술과 문화의 관계를 바로잡아야 한다고 주장한다. 기계들은 마치 낯선 존재자처럼 인간의 문화로부터 소외되고 인간적인 것과 대립하는 것으로 간주되어 그 존재 가치를 인정받지 못하고 있지만 기술과 기술적 대상들의 본성을 제대로 알고 나면, 사실 기계들도 인간처럼 발생과 진화를 겪는 자기 나름의 존재 방식이 있고 기계들이야말로 인간과 동등한 협력자라는 것이다. 그는 물리적이고 수동적이라고 생각했던 기계가 기계 고유의 내적 필연성에 따라 생명체처럼 발생하고 변화하고 진화한다고 여겼다.[81]

모라벡은 『마음의 아이들 -로봇과 인공지능의 미래』(1988)에서 포스트휴먼이 탈생물학적(Post-biological)이고 초자연성(Supernatural)을 특징으로 갖는 새로운 주체성이며, 인간이라는 종이 로봇과 같은 기계적 존재와 신체적·심리적으로 혼합되어 불멸성에 도달할 수 있게 된다면, 이는 곧 생물학적 인간의 해체를 의미한다고 생각한다. 나아가 그는 인간과 기계의 경계가 사라져 버린다고 주장하며 이제는 인간과 기계의 공생(Symbios) 단계로 진입하였다고 설명하였다.[82] 브루스 매즐리시는 『네번째 불연속』(1993)이라는 저서의 부제를 '인간과 기계의 공진화'라고 붙이고 인간이 도구와 물리적·정신적·감정적 교류를 하면서 다른 동물로부터 진화했다고 주장했다. 인류의 역사는 인간이 자연과 동떨어진 '불연속'적인 존재에서 자연에 포함되는 연속적인 존재임을 입증해가는 과정인데, 네 번째 불연속은 인간과 기계의 이분법적 구도이며, 기계 또한 인간 진화(자연 진화)의 일부분이라는 것이다.[83]

인간의 진화 과정은 단독적이고 개체적인 것이 아니라 이질적인 것과의 혼종과 공진화의 변증법적 과정을 거치며 발전해 왔다. 진화의 주체가 누구인가라는 질문은 인간과 기술의 관계에 대한 우리(we)의 인식이 변화해야만 가능한 문제이다. 인간이 과학기술을 지배하든 과학기술의 도움으로 생물학적 한계를 초월하든 전통적 자연 진화 모델과 휴머니즘적 세계관은 흔들릴 수밖에 없다. 왜냐하면 근현대 인간이 과학기술을 인간의 외부에 존재하는 대상과 사물에 적용하였다면, 다시 말해 기술의 주체로서 인간이 과학기술을 활용하고 통제하였다면, 유전공학을 비롯한 과학기술은 인간의 신체 내부에 과학기술을 적용하여 인간의 생존조건과 존재 조건을 변화시키기 때문이다.[84] 인간은 자신이 위치한 네트워크가 자연이든 인공자연이든 무관하게 기술과 상호작용하고 있다. 자연과 인간 사이에 기술이 있고, 자연과 기술 사이에는 인간이 있지만 거리가 투명해지고 서로 다른 행위자가 집단체를 구성하는 과정이 자연스러웠던 것은 우리(WE)가 같은 네트워크에 있고, 서로의 욕망이 대화를 통해 호환될 수 있었기 때문이다. 라투르는 서로 다른 행위자가 어떠한 집단체를 구성하는 것을 번역(translation)이라 명명했다. 번역은 행위자들이 서로의 만족 상태를 추구해나가는 프레임을 설정하려는 끊임없는 협상과 타협의 과정이며, 한 행위자는 다른 행위자로 하여금 무엇인가를 하게 하면서 서로 관계를 맺어나가는 상황이다. 이 과정에서 각 행위자는 다른 행위자의 의도를 그대로 전달하는 것이 아니라, 각기 다른 이해관계를 지녔기 때문에 서로에게 예측 불가능한 형태로 다른 행위자의 의미를 변화시키는데 기여한다. 행위자의 정체성은 외부적인 힘에 의해 결정되는 것이 아니라 행위자 간의 관계에 의해서 그 순간에 규정되며 이는 변화할 수 있는 가능성을 지니고 있다.[85]

그러나 라투르의 <번역> 개념은 인간과 기술의 공진화를 설명하기에 한계가 있다. 언어의 영역에서 하나의 언어적 집합체를 다른 하나의 집합체로 옮겨놓는 행위인 번역은 결국 하나의 언어가 통제하고 장악하는 네트워크 안으로 다른 언어의 몸과 네트워크를 포함하고 귀속시키는 동시에 자신의 네트워크를 확장하고 새로운 질적 변화를 모색하는 행위다.[86] 라투르는 번역의 과정을 <문제제기>, <관심 유발/이익 발생>, <역할 등

록/조정>, <동원하기> 순서로 설명하고 <의무통과점>과 <배반>의 개념
을 부가했는데, 중심과 주변의 위계가 암묵적으로 전제되고 선형적인 단
계 구성으로 자신의 네트워크를 확장해 나가는 <포섭>의 과정에 다름 아
니다.

공진화는 '개체 포섭'이 아니라 '상호 영향'의 과정에서 진행되어야 한
다. 라투르의 선행 연구를 기반으로 인간과 기술의 공진화 과정을 대화
(dialog)라는 맥락에서 파악하고 그 과정을 다음과 같이 구조화할 수 있다.

> 1단계: 필요(문제가 발생하여 인간/비인간-주체의 대화가 요구되는 단계)
>
> 2단계: 반응(해결의 필요를 인식하고 인간/비인간-주체가 상호작용하는 단계)
>
> 3단계: 한계(문제를 해결하지 못했음을 인식하고 인간/비인간 주체의 상호작
> 용이 정체되는 단계)
>
> 4단계: 전환(정체를 극복하기 위해 기존의 믿음을 타파하고 전혀 새로운 방식
> 으로 문제를 재설정하는 단계)
>
> 5단계: 구축(인간/비인간-주체간 문제 해결을 위한 신뢰와 공감대가 형성되면
> 서 제안된 문제 해결 방법을 실행하는 단계)
>
> 6단계: 도약(문제가 해결되고 인간/비인간-주체가 새로운 네트워크로 진입하
> 면서 진화하는 단계)

문제 제기와 해결의 과정에서 <대화>는 인간과 기술이 서로 동등한
입장에서 상대를 동반자로 인정하는 것이며, 서로의 언어를 번역하고 시
선을 일치시켜 우리(WE) 모두가 함께 발전할 수 있는 토대이다. 현 단계
메타에듀 역시 인간과 기술이 대화하면서 공진화의 과정을 겪고 있다. 따

라서 공진화 6단계 중 현재 어디에 위치해 있는가를 파악하는 것은 매우 중요하다. 다음 단계를 미리 준비할 수 있기 때문이다.

지난 2년간 우리가 목도한 것은 메타버스가 세상을 바꿀 것처럼 오도하는 '테크노라트'와 낡은 기술을 포장해 팔아먹으려는 '테크스케머'의 협잡으로 과도하게 소비된 빈곤한 수준의 메타에듀였다.

메타버스 안에서 입학식, 수업, 개강 총회, 국제학술대회까지 그래픽 기술과 원격화상시스템을 활용해 다양한 교육 활동이 진행됐지만, 사용된 기술은 이미 낡은 것이다. 코로나 팬데믹이라는 돌발 상황은 대면 교육을 대체할 새로운 수업방식이 필요했다. 공포는 순식간에 전염됐고 시간이 촉박하자 우리(WE)는 당장 봉착한 문제에 집중할 수밖에 없었다. "대면교육을 무엇으로 대체할 것인가?" 반응은 즉각적으로 이루어졌다. 실시간 온라인 교육은 코로나 이전에도 '원격교육'이라는 이름으로 이미

진행돼 왔었기에 손쉽고 익숙한 방식으로 문제를 해결하는 것이 최선의 방법으로 인용되었다. 이 과정에서 자본은 우리(WE)를 움직였고, 시장은 적극적으로 대응했다. 군산복합체가 전쟁이 발발하자 기다렸다는 듯이 재래식 무기를 팔아치운 것과 유사한 '자본과 시장의 동조화'는 공진화 과정에서 자주 나타나는 현상이다.

그리고 지금, 아직 코로나팬데믹에서 완전히 벗어나지 않았지만 학교 수업은 전면 대면 교육으로 전환되었고, 새로운 기술도 혁신적인 교육모델도 자본도 시장에 유입되지 못하면서 메타에듀는 정체되고 한계에 봉착했다. 작금의 메타에듀는 공진화 3단계에 위치해 있다. 2016년 <포켓몬고> 열풍으로 시작된 AR 기술 왜곡(technology distortion)의 사례처럼 공진화 3단계에서 멈출지, 아니면 <아이폰>의 성공처럼 새로운 문제 설정을 통해 국면을 전환시키고 기술 변환(technology conversion)으로 발전할지가 결정되는 중요한 순간이다. 기술 왜곡(technology distortion)은 기술에 대한 과도한 추앙과 낙관적 전망으로 문제 설정을 제대로 하지 못하고(착시) 자본과 시장 논리에 인간과 기술이 매몰되면서 더 이상 발전하지 못하는(정체) '착시'와 '정체' 현상을 일컫는다. 기술 변환(technology conversion)은 기술 왜곡 문제의 본질을 파악하고 재설정하여 새로운 네트워크로 인간과 기술이 진입할 수 있도록 한계 상황에서 국면이 전환되는 현상을 일컫는다.

메타에듀 관련 이미지를 검색해보면 현실공간의 입학식, 수업, 학술대회와 사용자환경(UI)과 사용자경험(UX)이 동일하다. 물리적 객체의 가상모델을 2d로 구현한 <디지털 트윈>의 캠퍼스 버전인데 이렇게 디자인되고 설계된 이유는 분명하다. 행위자인 우리(WE)에게 근대교육에 대한 기억이 작동했기 때문이다. 메타버스라는 탈근대적인 공간에서 대학들이 가상 캠퍼스를 만들고 가장 먼저 세운 게 도서관이라는 점은 의미심장하다. 도서관은 지성의 전당인 근대 대학을 상징하는 장소이며, 우리(we)의 기억에 각인된 근대교육의 십자가이자 믿음의 탑이다.

메타에듀가 공진화 3단계에 머물러 있는 가장 큰 이유는 근대교육에 대한 믿음이 여전히 굳건하기 때문이다. 아이폰의 성공은 '폰'이면서도 우리에게 익숙한 전화기의 UI와 UX를 거부하는 <파괴적 혁신>이 있었기에 가능했다. 아이폰에는 근대 전화기에 대한 기억도 추억도 없다. 가장 견고했던 믿음을 타파하자 국면은 전환됐고 새로운 상상이 믿음의 빈자리를 채우며 우리(WE)를 추동했다.

메타에듀는 '한계'를 넘어 '전환'으로 나아가야 한다. 메타버스가 인공자연을 바라보는 새로운 시각과 해석인 것처럼, 메타에듀 역시 시대가 요구하는 새로운 교육 패러다임이며 우리(WE)에게 주어진 임무이다. 근대를 넘어 현대로 진입하는 길목에서 근대교육에 대한 믿음으로는 '탁월한 인텔리'를 양성할 수 없다. 전환을 위해서는 문제의 재설정이 필요한데 그 선행 조건이 기존 질문의 문제점을 파악하는 것이다. 메타에듀가 안고 있는 문제의 본질은 근대교육에 대한 기억을 완전히 떨쳐버리지 못한 데서 기인한 미망(迷妄)과 메타에듀에 최적화된 교육모델을 구체화하지 못한 실도(失道)이다. 문제점을 파악했으니 이제는 문제를 재설정할 차례이다. "대면교육을 무엇으로 대체할 것인가?"라는 질문은 쉽고 익숙한 방식으로 문제를 해결하려는 근시안적인 시각에 불과하다. 따라서 메타버스가 근대와 구분되는 현대적 공간이며 이제는 자연과 인공자연의 구분과 경계가 무의미해졌다는 인식하에 "대면교육에서는 할 수 없는 메타에듀만의 혁신적인 교육모델은 무엇인가?"라는 질문으로 재설정되어야 한다.

게임 메커닉스 기반 비교과 교육과정

지난 2년 동안 진행된 비대면 온라인 방식의 수업에 대해 강의 만족도를 조사한 연구를 보면 수요자인 학생들은 대체로 낮은 평가를 주었다.

구 분		n	평균	표준편차	F
과정	정규과정	2,198	3.40	1.14	
	산업체위탁교육과정	74	3.78	1.20	4.01**
	학사학위 전공심화과정	172	3.45	1.25	
학년	1학년	1147	3.49	1.11	
	2학년	914	3.29	1.20	6.55***
	3학년	257	3.53	1.10	
	4학년	126	3.46	1.17	
전체		2,444	3.42	1.15	

***p<.001, **p<.01

Table 1. Non-face-to-face class learning effect, expected benefit over time, and satisfaction with non-face-to-face class lectures on technical familiarity

Variables	Mean±SD
Expected benefit over time	3.69±0.67
Learning effect Expected benefit	3.46±0.71
Technology Familiarity	3.47±0.68
Lecture Satisfaction	3.58±0.65

<표1>   <표2>

<표1>은 수도권 2년제 대학 학생들을 표본집단으로 한 만족도 조사 결과이고,[87] <표2>는 지역 4년제 대학 학생들을 표본집단으로 한 결과이다.[88] <표1>에서 확인할 수 있듯이 비대면 수업에 대한 만족도는 5점 만점 중 3.42로 높지 않다. <표2>는 비대면 수업의 기대효익을 시간적 기대효익, 학습효과 기대효익로 나눠 살펴보고 기술적 친숙도와 전체적인 비대면수업 강의 만족도를 측정한 것인데 역시 5점 만점에 3.58로 낮다. 특

히 기대효익 두 영역 중 학습효과 기대효익이 3.46으로 강의 만족도 평균보다도 낮은 것은 비대면교육의 효과에 심각한 의문을 가져다준다.

코로나팬데믹이 갑작스럽게 호명한 메타에듀는 지식 전달을 최우선 과제로 삼는 근대교육에 대한 믿음을 떨쳐버리지 못하였고 결국 내용과 형식 모두에서 빈곤한 수준에 그치고 말았다. 변화한 교육 환경과 교수자의 기술적 친숙도, 학습자의 요구를 전혀 고려하지 않은 채 아날로그에서 디지털로 전달의 수단만을 바꾼 동시적(실시간 화상강의) 비동시적(LMS 탑재 녹화) 강의방식은 교수-학생 모두에게 외면받고 말았으며, 오히려 근대교육에 대한 믿음을 더욱 건고하게 해 주었다. 학생들의 비대면 수업 선호도가 높다는 설문 결과도 있지만, 그 내막을 살펴보면 강의의 질적 만족도에서 비롯된 것이 아니라 비용 절감 같은 효용성 측면이 강조되고 있다.[89]

메타버스에서 효과적인 교육방식은 지식 전달 중심의 교수-학생 간 위계 강의가 아니라 학생들이 자발적으로 참여하고 경험 강화를 통해 성장하고 그 과정에서 성취감을 느끼는 <게임 메커닉스 기반 학습(Game Mechanics Based Learning)>이다. 기존의 <게임 기반 학습>의 개념은 기능성게임을 이용한 교육으로, 게임이 갖는 흥미와 재미 같은 장점을 최대한 살리면서 학습 요소를 게임에 적용하는 것이라면, 메타에듀의 <게임 메커닉스 기반 학습>은 '임무-경쟁-승리-보상'이나 'PC-NPC 상호작용', '레벨업'과 '피드백 시스템' 같은 질서와 절차, 규칙을 학습 과정에 적용하여 참여도와 만족도를 제고하는 방식이다. 이미 컴퓨터 게임이 새로운 학습 세대의 가치 변화, 의사소통의 경향, 지식 관리, 학습 기술과 교육성과에 유용한 도구로 활용되며, 미래 학습자의 빠른 속도 선호, 놀이 지향적, 능동적, 명확한 보상, 환상적인 세계 선호, 그래픽 처리를 선호하는 특성에 부합하는 속성을 지니고 있음은 주지의 사실이다.[90] 또한 게임은 학습자들의 학습활동 지원을 위한 활용에 긍정적으로 사용되고 있으며, 이 과정에서 학습자의 자신감과 만족감에 도움이 되고 있고, 학습자의 흥미를 끌고 상호작용 할 수 있는 수업 설계를 지원하는 유용한 도구이자, 학습 환경으로 자리매김하고 있다.[91]

<게임 메커닉스 기반 학습>에서 학생이 플레이어라면 교수는 NPC에 가깝다. 안내자나 조력자, 때로는 적대자의 임무를 수행하며 플레이어가 스스로 참여, 성장, 성취할 수 있도록 코칭(Coaching)해 주는 역할이다. 교수자는 상호작용을 통해 학생 스스로 목표를 설정하고 효과적으로 달성하며, 성장할 수 있도록 지원해 준다. <게임 메커닉스 기반 학습>에 가장 적합한 수업은 비교과 교육과정이다.[92] 교수-학생 관계가 유연하고, 일방적 지식 전달 수업이 아니며, 정해진 학기에 구애받지 않고, 교수자가 평가 시스템을 자유롭게 설계할 수 있기 때문이다.

4차 산업혁명의 도래에 따른 변화하는 환경에서 대학은 과거의 단순한 지식교육이 아닌 새로운 시대를 대처할 수 있는 사고력 중심의 교육 서비스 제공을 요구받고 있다. 그러나 학점을 부여하는 정규 교육과정은 여러 가지 교육 외적인 요인들과 결부되어 있어서 이러한 요구에 쉽게 대응하기 어렵기 때문에 학점을 부여하지 않고 새로운 변화에 쉽게 대응할 수 있는 비교과 교육과정의 중요성과 역할이 부각되고 있다.[93] 비교과 교육 활동은 교과에서 얻는 학문적 지식 이외에 학습자 개인의 역량을 발굴하고, 학습 및 진로 계획에 따라 필요한 역량을 향상시켜 높은 교육적 효과를 얻을 수 있다는 것이 학습 설계자들의 믿음이다.[94] 그러나 정작 대학에서 비교과 교육은 형식적으로 운영되고 있으며 수요자인 학생들

의 참여 역시 저조하다. 다음 인포그래픽은 서울교대 학보사에서 자체 조사한 비교과 교육과정에 대한 설문 결과이다.[95]

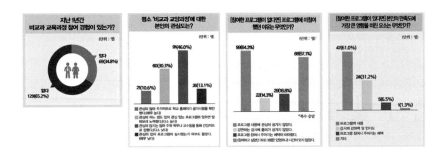

비교과 교육에 대한 학생들의 참여도와 만족도가 저조한 이유는 수요자인 학생들의 의견과 요구가 반영되지 못해 프로그램 자체에 관심이 없고, 기존 교과교육과 차별성을 느끼지 못하며, 참여에 따른 보상이 부족하다는 것이다. 사실 한국 모든 대학의 비교과 프로그램은 대동소이하다. 글쓰기, 외국어, 봉사, 의사소통 영역에서 세부 프로그램만 조금 차이 날 뿐이다. 비교과 교육 활동도 강의(특강), 워크숍(캠프), 공모전(경진대회), 인턴십 등 한정적이다. 비교과 활동이 정규 교과 수업에서 반영하기 어려운 사회적, 교육적 요구를 보다 유연하고 신속하게 반영하고, 빠른 변화에 적응하고, 창의적인 미래 인재를 요구하는 교육과정에 부응해야 한다면 교육과정 설계는 수요자인 학생의 요구(need)를 파악하는 것이 가장 중요하다.

아래 표는 J대학 한국어문학과 재학생을 대상으로 메타버스에서 플레이하고 싶은 비교과 프로그램을 스스로 설계한다면 하는 질문에 나온 답변을 정리한 것이다.

　　　　　　　　불길하면서도 매혹적인 메타버스와 ChatGPT

글쓰기 영역	웹툰, 웹소설, 자서전 쓰기
외국어 영역	K-컬쳐 번역, 외국 대중문화 한글 번역, 한국어 말하기
봉사 영역	한국어 멘토링, 사회문제 해결 팀프로젝트
소통 영역	롤드컵, 댄스 챌린지, MBTI 노래방
취창업 영역	창업아이디어, 나의 인생멘토, CEO 가상인터뷰
기타	숏텀드라마, 장학퀴즈

롤드컵, 댄스 챌린지, MBTI 노래방, 숏텀드라마 같은 플레이는 유투브나 틱톡 등 동영상 플랫폼의 문화적 세례를 일상으로 경험하고 있는 Z세대의 감수성을 엿볼 수 있는 독특한 프로그램이다. Z세대의 자기 표현 욕망이 현실공간보다 메타버스에서 더 잘, 더 익숙하게 드러난다는 것을 염두에 두어보면 메타에듀가 그것을 포섭하는 것은 당연하다. <게임 메커닉스 기반 비교과 교육과정>을 운영하는 데 있어 가장 중요한 세 가지 원칙을 정리하면 다음과 같다.

- 플레이어 중심 학습

<게임 메커닉스 기반 비교과 교육과정>에서 학습자들은 근대교육에서 교사가 관리하고 전개하던 학습양상에 대하여 스스로 관리하고 통제해야 하는 환경에 놓여있다. 이러한 변화에서 학습자의 역할은 교수자의 지식으로 채워지기를 기다리는 빈 그릇과 같은 수동적인 형태에서 학습환경의 능동적인 참여자로서의 역할로 진화하고 있다.[96] 그리고 우리(WE)가 함께 하는 능동적인 참여자가 바로 <플레이어player>이다.

메타버스에서 플레이어가 중심이 되어 학습하기 위해서는 <메타테크네>라 개념화된 비인간 조력자를 다루는 능력과 기술이 요구된다. 메타에듀가 학습자에게 요구하는 기본적인 요소(능력)는 이미 전술했듯이 네 가지이다. ① 필요한 정보를 검색하고 찾아내서 자신의 지식 네트워크에 연결하는 능력, ② 연결된 정보를 화학적 결합을 통해 가치를 확장하는 능력, ③ 가치가 확장된 정보를 자신의 지혜로 편집하는 능력, ④ 새로워진 정보를 공동체의 이익을 위해 적재적소에 공유하는 능력이다. 이 기본 요소의 발전에 외부의 자극에 의해 반복적인 학습과 코칭으로 획득하는 기술인 <인지테크네>가 영향을 주고, 개인의 자발적인 의지와 노력으로 내면의 자연발생적 영감에 의해 획득되는 기술인 <정서테크네>가 발현돼 플레이어마다 각자 다르게 강화되는 능력이 바로 <메타테크네>이다.

<게임 메커닉스 기반 비교과 교육과정>에서 중요한 것은 교수자가 절대 플레이어가 되어서는 안된다는 것이다. 게시판을 통해 웹소설 비교과 프로그램이 진행될 때 교수자의 역할은 평가의 기준을 제시하고 창작에 필요한 정보를 제공해 주는 역할에 한정된다. 코멘트를 통해 작품을 평가하거나 비평하는 것은 플레이어의 몫이다. 평가의 기준 역시 플레이어들이 작품에 대한 반응을 정량화할 수 있도록 직관적으로 구성해야 한다. 임무, 경쟁과 승리, 보상의 공식에 따라 창작 활동을 어떻게 배틀(battle)로 구성할지도 교수자의 몫이다. 모든 플레이는 플레이어가, 교수자는 NPC, 이것이 플레이어 중심 학습의 핵심이다.

- PNP 상호 경험강화학습
PNP는 Player와 NPC, Player와 Player의 상호 작용을 기호화한 것이다.

우리(WE)는 모두 경험을 필요로 한다. 상호 경험이 서로의 성장에 도움이 되기 때문이다. 컴퓨터 게임에서 <강화학습>이란 환경과 에이전트와의 상호 정보교환을 통하여 에이전트의 행동을 학습해 나가는 학습방법이다. 일반적인 교사 학습은 예상되는 상황에 대해 예측하고, 예측된 상황에 대한 대응방법을 제시하는 반면, 강화학습은 주어진 상태에 대해 자유로운 선택을 하고 선택의 결과를 제시함으로서 차후에는 보다 나은 선택을 할 수 있게 유도한다.[97]

강화학습에서는 의사 결정자를 에이전트(agent), 시스템을 에이전트의 환경(environment)이라고 하는데, 메타에듀에서는 '에이전트'와 '환경' 모두 <플레이어>이다. 플레이어간 상호 작용을 위해서는 상태, 행동, 보상의 세 가지 요소가 필요한데, '상태'는 주어진 환경에 대한 정보, '행동'은 정보 해석과 판단에 따라 결정된 최적의 행동, '보상'은 행동의 결과가 상태에 미친 영향을 평가해 주어진다. 그리고 세 요소 모두 플레이어에게 경험치로 체화(體化)된다. <PNP 상호 경험강화학습>는 인간과 기술이 함께 진화한다는 공진화의 입장에서 진화의 기본 단위가 경험이며, 경험을 통해 메타테크네의 강화가 이루어지는 <게임 메커닉스 기반 학습>의 핵심 요소이다.[98]

- 레벨업(평가)과 피드백(보상) 시스템

비교과 교육과정의 특성상 일반적인 관점에서 수행되는 학습자에 대한 교육평가는 실행하기 어렵다. 그러나 비교과 교육과정 역시 '교육과정'이므로 성적을 부여하지 않더라도 교육평가 요소를 간과할 수는 없다. 따라서 교육평가를 위해서는 기본적으로 교육 목표가 명확해야 한다. 그러나 대다수의 비교과 프로그램들은 특정 교육 목표를 설정하지 않은 채로 이루어지기도 한다. 이렇게 교육 목표와 교육내용이 명확하지 않으면 학습자의 성취를 무엇으로 볼 것인지에 대해서 규정하는 것도 쉽지 않다.[99]

그러나 <메타에듀>는 분명한 교육 목표가 있다. 비인간 조력자를 활용할 수 있는 평등한 교육 기회를 제공하고, 게임 메커닉스를 접목한 교육 설계를 통해 메타테크네를 학습자 스스로 습득하고 발전시킬 수 있도록 도와줌으로써 궁극적으로는 <탁월한 인텔리>의 탄생을 촉진하는 것이다. 따라서 <게임 메커닉스 기반 학습>의 평가는 '탁월함'을 측정해야 한다. 탁월함은 메타테크네의 숙련도인데 측정 방식은 게임의 경험치 누적과 레벨업 메커닉스를 인용한다. 예를 들어 웹소설 창작 비교과 프로그램의 경우 글을 올리는 '빈도'와 '지속', 다른 플레이어의 '반응', 교수자가 정한 정량적 '평가 기준'이 경험치로 환산되고, 그것이 일정 수치 이상 오르면 레벨업을 할 수 있다. 레벨업을 하게 되면 보상이 주어지는데 각 대학의 비교과교육 프로그램과 연동된 핵심역량을 플레이어가 임의로 선택해 올리는 방식을 고려해 볼 수 있다.

J대학의 경우 학교가 지정한 핵심역량은 SUPER의 앞 글자를 기호화해 영성인성(S), 의사소통(U), 자기 계발(P), 창의융합(E), +협협력(R)이며, 각각의 핵심역량은 비교과 프로그램과 연동돼 있다. 학생들이 비교과 프로그램에 참여하면 핵심역량의 수치가 올라가는 시스템이다. 레벨업을 하게 되면 +1의 포인트가 주어지고 그것을 이용해 원하는 핵심역량을 하나 올릴 수 있다. 게임 메커닉스를 더 확장해 비교과 교육과정에 적용하면 캐릭터의 특징이나 초기 능력치를 기반으로 게임 속 클래스(class, 직업)을 메

타에듀에 구현할 수 있다. 영성인성을 주력 역량으로 키우면 <사색가>, 의사소통은 <사교가>, 자기 계발은 <활동가>, 창의 융합은 <혁신가>, '+ 형'협력은 <모험가> 등의 직업 클래스가 지정되고, 학생은 자신이 원하는 직업의 능력치를 올리기 위해 핵심역량과 연동된 비교과 프로그램에 자발적으로 참여하게 된다. 레벨업을 할 때마다 일정 한도의 가상자산도 주어지는데 그것으로 자신의 아바타를 꾸미는데 필요한 스킨이나 아이템, 온라인 쇼핑몰에서 학교의 굿즈를 구매할 때 사용할 수 있다.

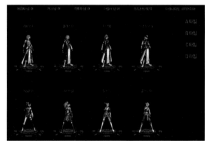

<던전앤파이터 직업별 아바타>　　　　　　<J대학교 굿즈>

　　<게임 메커닉스 기반 학습>에서 NPC이지만 교수자의 역할이 플레이어만큼 중요한 이유는 '설득'을 해야 하기 때문이다. 평가와 보상 시스템의 핵심은 플레이어가 자발적으로 프로그램에 참여할 수 있도록 설득하는 것이다. 설득의 신뢰성은 레벨업에 따른 난이도 조절과 피드백 시스템의 건실함에서 비롯되며, 그 설계와 책임은 온전히 교수자의 몫이다. 교수자가 근대교육에서 담당했던 역할에 대한 믿음과 신념을 여전히 견지

한다면 메타에듀는 요원하다. 메타에듀가 공진화 4단계인 <전환>의 과정에 진입하기 위해서 '내려놓고', '거둬들이고', '변화해야' 할 대상이 바로 우리(we)다.

근대교육의 '믿음'이며 '문제'는 대학의 서열화와 권력집중화이다. 근대가 깨지지 않는 한 서열화가 해체되기는 쉽지 않다. 한가지 흥미로운 사실은 세칭 일류대도 삼류대도 각자가 내세우는 인재상이나 핵심역량, 비교과프로그램은 별반 다르지 않다는 것이다. <창의>, <융합>, <공감>, <세계화> 같은 주제는 대학 공통어가 되어 버렸고, 비슷비슷한 프로그램이 같은 대학에서도 넘쳐난다. 대부분 교육부 지원으로 진행되는 비교과 프로그램이 정말 학생들을 위해 설계되었는지 냉정하게 자문해 보자. 특강, 캠프. 경진대회, 현장실습 등등 결국은 우리(we)가 편하고 우리(we)가 익숙한 방식일 뿐이다.

21세기 한국대학을 정확하게 정의 내려보면 '근대인' 교수가 '현대인' 학생들을 가르치고 있다는 것이다. 교과교육은 대학이라는 기계가 사라지지 않는 한 여전히 존속하겠지만, 비교과교육은 발상의 전환이 필요하다.

한국의 거의 모든 대학이 비교과 프로그램을 운영하고 있고 메타에듀에 관심을 가지고 있다는 것은 매우 고무적인 일이다. 비록 한계에 봉착해 있지만 메타에듀를 위한 기본적인 인적 물적 인프라는 갖추고 있기 때문이다. <게임 메커닉스 기반 학습 시스템>을 구축하기 위해서는 자체 메타버스 플랫폼, 학습관리시스템(LMS), 유지보수 시스템, 게임 메커닉스 구현과 서버 관리 등 많은 인력과 경제적 비용이 소요된다. 한 대학이 감당하기에는 시간과 자본의 부담이 클 수밖에 없다. 그러나 굳이 대학마다 <게임 메커닉스 기반 학습 시스템>을 구축할 필요가 없다. 대학마다 핵

불길하면서도 매혹적인 메타버스와 ChatGPT

심역량이 있고 비교과프로그램과 연동돼 있으므로 비슷한 대학끼리 합종연횡하거나, 권역별로 묶거나, 아니면 비교과 프로그램을 모듈화하여 대학 구분없이 시스템을 공동으로 운영하는 방법도 있다. <창의 배틀 필드>에서 각 대학의 학생들이 선의의 경쟁을 펼치는 <리그 오브 레전드> 같은 MOBA(다중사용자 온라인 전투 아레나, Multiplayer Online Battle Arena) 기반 비교과 학습이 미래 교육의 모습이 되어야 한다. 메타에듀 네트워크에서는 연세대와 고려대 학생들이 댄스 첼린지를 하고, 각 대학의 문예창작학과 학생들은 웹소설 릴레이 연재를, '포스트휴먼의 윤리'라는 문제를 전국의 대학생들이 함께 토론하고 해결책을 고민하는 PBL 수업이 비대면, 실시간, 쌍방향으로 가능하다. '탁월한 인텔리'는 자신이 졸업한 대학의 평판과 상관없이 오로지 메타테크네의 숙련도로 인정받을 것이며, 첼린저 티어가 서울대생이라는 보장이 없는 유쾌함이 메타에듀의 잠재력이다. 비교과교육 프로그램을 잘 설계하는 대학이 학생들이 가장 선호하는 대학이 되는 그때가, 근대와 근대교육이 무너지는 결정적 장면이 될 것이다.

메타테크네를 활용한 인문독서교육

근대교육에서 대부분의 지식은 이성적 사유의 기본 재료인 언어적(개념적), 논리-수학적 지식으로 전환되어 문자나 기호(수식, 도형, 상징)의 형태로 학생들에게 제시되었고, 이러한 기호들을 잘 다루는 것(의미의 부호화 및 복호화)이 학습의 가장 중요한 기술로 인식되어왔다면 메타버스 속에서의 학습은 대체로 인간의 다양한 감각성을 활용하고 신체적 및 감정적 반응을 유도하며, 그에 따라 자연스럽게 본능적, 감각적, 직관적 경험을 촉발

하게 된다.[100]

정서테크네가 발현되는 과정에서 비인간 조력자를 다루는 경험은 매우 중요한데 연결, 확장, 편집, 공유는 모두 경험을 토대로 이루어지는 의식의 질적 전환이기 때문이다. '경험'을 교육의 핵심 개념으로 설정한 학자가 존 듀이이다. 교육을 성장으로 규정한 존 듀이는 성장은 '경험의 끊임없는 재구성'을 통해 이루어진다고 간파한다. 이때 경험이 가지는 두 가지 원리는 연속성의 원리(the principle of the continuity of experience)와 상호작용의 원리(the principle of interaction)이다. 경험의 주체(학습자)와 환경(비인간 조력자)과의 연관성이 상호 작용의 원리라면, 의식 내부의 경험들 상호 간의 밀도 있는 연결성은 연속의 원리라고 할 수 있다. 경험의 연속성은 모든 경험이 가진 특징으로 이전의 경험과 이후의 경험이 이어져 연결되어 있음을 말한다. 다시 말해 '연속성의 원리'는 모든 경험이 어떤 경험을 겪어내고 겪는 사람을 변화시키는 과정이며 이러한 모든 경험은 이미 앞에서 지나간 경험의 영향을 받아 그 이후에 오는 경험의 질이나 성질을 어떤 식으로든 변화시킨다는 원리이다. 상호작용의 원리는 경험의 외부적 조건과 내부적 요인과의 관계성을 말한다. 또, "객관적인 조건과 내적인 조건이 함께 작용하는 것으로서 그러한 결합이 소위 하나의 상황(situation)을 형성"[101]하는 경험이다. 즉, 경험의 내부적, 외부적 요인이 처하게 된 상황이 존재한다는 것이다. 다시 말해 "삶은 우연적인 사건의 연속성에서 유기체와 환경과의 관계맺음을 통해 유기체가 스스로를 재구성해가는 과정이다. 변화하는 환경에 유기체는 끊임없이 상호작용을 해야만 삶을 영위해 갈 수 있는 것이다."[102] 결국 듀이의 관점에서 경험의 성장이란 경험이 양적으로 증가하고 누적되며, 질적으로 변화하는 통합적인 과정이라

고 할 수 있다.[103]

　메타테크네의 네 가지 기본 소양은 모두 경험을 통해 강화된다. '연결'은 학습자가 메타버스 안에 분산된 정보를 찾아내어 자신의 지식 네트워크에 연결하는 것이다. 여기서 지식 네트워크란 개인용 PC나 노트북, 클라우드 같은 하드웨어와 메모장, 아래한글 같은 소프트웨어, 페이스북이나 유튜브 같은 SNS를 포함하며 학습자가 언제든 정보를 불러낼 수 있도록 네트워크로 연결된, 읽기와 쓰기·저장이 동시에 실시간으로 이루어지는 공간이다. 근대교육에서 정보의 저장이 인간의 기억에 의존하였다면 메타에듀에서는 비인간 조력자가 그 역할을 대신한다. 얼마나 많이, 잘 기억하냐는 비인간 조력자에게는 의미 없는 기준이다. 중요한 것은 필요한 정보를 정확하게 찾아내는 학습자의 능력이며, 찾아낸 정보에 가치를 측정하고 지식 네트워크에 연결하는 방식이다. 그리고 이것은 경험의 축적을 통해 자연스럽게 정서테크네로 발전한다. 이는 비인간적 장치에 내재된 학습, 디지털 테크놀로지 기반의 학습, 지식량의 폭발적 증가 속에서 지식 가치에 대한 의사결정과 관련한 학습의 중요성을 강조하는 연결주의 관점과 일치한다.

　연결주의는 기본적으로 네트워크 현상으로서 학습을 바라보는 개념적 프레임워크라고 할 수 있다. 최근 '연결된 학습'이라는 교육적 모형이 연결 중심의 학습 환경 설계 방안으로 제안된 바 있다. 연결된 학습모형은 학습맥락(동료 지원, 흥미 기반, 학업 지향), 학습경험(생산 중심, 공유 지향, 개방 네트워크), 학습 환경(참여 기반, 활동 기반, 도전 기반, 상호연결 기반), 미디어 지원(몰입과 자기표현, 지식 접근성, 흥미의 확장, 다양성의 확장) 등 네 가지 영역에서 설계원리를 제시한다. 이 학습모형은 학습자 흥미와의 연결, 동료 및 조력자와의 연결, 개인적 관심사와의 연결을 강조한다. 이 연결된 학습모형은 네트워크화된 디지털 미디어 환경을 지렛대로 활용하여 다양한 '연결'의 경험을 의미 있는 학습 과정으로 바라보는 접근이라고 할 수 있다. 한편 연결주의 학습 관점은 '큐레이션'으로서의 교수 관점을 강조한다. 왜냐하면 연결주의 학습이론이 정보자원 노드 간 연결로서 학습을 바라본다면 이러한 연결로서의 학습을 지원하는 교수 활동이 바로 '큐레이션'이기 때문이다. 연결주의 학습이론에서는 큐레이터로서의 교육자 역할이 중요하다. 교육자는 해당 학문 분야의 발전된 지식을 갖춘 전문가임과 동시에 학습자의 정보자원 탐색을 장려하고 육성하는 안내자의 역할을 수행해야 한다. 큐레이터로서 교수자는 지식을 배포하는 대신, 지식이 창조되고 탐색되고 연결되는 공간을 창출해야 한다는 것이다.[104]

교수자는 큐레이터가 되어야 한다는 연결주의 학습이론에 착안하여, 메타에듀에서 비인간 조력자를 활용하여 학습자 스스로 정보 연결의 경험을 통해 질문을 만들어 내는 힘을 강화할 수 있는 실천적인 학습법을 제안해 보고자 한다. 먼저 메타에듀 수업이 원활하게 진행되기 위해서는 다음 몇 가지가 전제되어야 한다.

1) 단순한 지식 전달이 아닌 학습자 스스로 의미를 찾아내고 부여할 수 있는 교과목이어야 한다.

2) 교수자는 학습자에게 가이드라인(주제와 평가 기준)을 제시해 줄 뿐 인간 조력자의 역할을 해서는 안된다.

3) 학습자는 비인간 조력자의 도움을 적극 활용하며 그 과정을 정확하게 기록하여야 한다.

4) 교수자는 학습자가 찾아낸 정보를 연결할 수 있는 지식 네트워크를

생성하고 모든 학습자에게 평등하게 제공해 주어야 한다.

5) 학습 평가는 정보 연결의 '연속성'과 '상호작용성'을 확인하기 위해 연결된 정보와 주제와의 정합성을 기준으로 측정한다.

6) 교수자는 에세이 쓰기나 인터뷰의 방식으로 축적된 경험으로 내면화된 학습자의 정서테크네를 확인하고, 그것을 토대로 다음 학습 레벨을 디자인하고 내용종목을 설계한다.

메타에듀의 교과목은 인문교육이 가장 적합하다. 과학기술과 사회 변화에 적응하기 위해서는 끊임없이 새로운 지식에 대한 학습이 일어나야 하므로 사회과학과 자연과학의 지식 생존 주기는 앞으로 점차 짧아질 것이다. 반면 인문학적 소양을 키우는 인문교육의 핵심은 지식 습득이 아니라 읽기, 쓰기, 말하기의 언어적 능력을 배양하고 인간을 이해하는 공감과 소통의 방식을 체화하는 것이다. 특히 고전 강독은 인문교육의 가장 보편적이고 익숙한 방식으로 이미 그리스·로마 시대부터 중세 르네상스를 거쳐, 근대까지 이어진 전통적인 학습법이다. 고전 강독의 교육적 가치를 주장하는 입장은, 고전강독이 '모범, 전형, 자극'으로 작용하여 쓰기로 확장되기 용이하며, 읽기 자료로부터 추출한 주제를 통한 토론과정은 개별학습자에게 다른 학습자의 관점을 생산적으로 작용하여 해당 언어표현의 규칙과 관습을 습득하고 활용할 수 있어 도움이 된다는 것이다. 다른 한편으로 "토론과 글쓰기 주체에게 동기부여와 확산적 사고의 활성화를 도와 자율성과 창의성을 표출할 수 있게 한다"[105]고 주장되기도 한다. 그러나 실제 강단에서 이루어지는 고전강독 수업은 전문적인 소양과 식견을 갖춘 교수자가 학습자에게 텍스트의 의미를 강의식으로 전달하는 것에 머물고 있다. 토론은 교수자가 주제를 제시해 주고 학습자가 차례로 대답하는 방식인데, 이는 제한된 공간, 제한된 시간 하에서 고전에 대한 충분한 이해를 학습자 스스로 할 수 없는 상황에서 당연한 결과이다. 평가 역시 상대평가 시스템에서 변별력을 확보하기 위해서는 쓰기나 토론이라는 주관적, 정성적 평가 기준을 세울 수 없기에(그렇다고 쓰기와 토론을 정량적으로 평가하는 건 더 위험하다) 시험이라는 근대적인 방법에 의존할 수밖에 없다.

교수자는 학습자가 수업 전에 텍스트를 읽고 와주기를 기대하지만, 학습자가 읽고 오는 건 인터넷에서 찾은 요약본이나 리뷰이다. 환언하면 2000년 이후 대학의 고전강독은 교양교육의 중요한 명분이 되었으나 교수자에게나 의미 있을 뿐 정작 학습자에게는 아무런 감흥도 주지 못하는 낡고 진부한 수업이 되고 말았다.

고전 독서는 세대를 막론하고 매우 중요한 지식 활동이지만 진입장벽이 높아 대학의 교양 과목으로 개설하기 쉽지 않다. 여기에 "고전은 어렵다", "시간이 많이 든다", "노력한만큼 성과가 없다" 같은 현실적인 문제도 있다. 그렇다고 다이제스트(요약) 식의 고전 읽기는 학생들에게 암기의 부담을 줘 독서를 통해 사유의 폭을 넓히는 수업의 성과를 기대하기 어렵다. 모티머 애들러는 『독서의 기술』에서 한 주제를 정해 그와 관련된 책들을 연관 지어 읽으며 저자의 개념을 창조적으로 받아들이고, 질문과 탐구를 심화하며 새로운 쟁점을 찾는 독서법(syntopical reading)을 독서의 최고 단계로 꼽았다. 이제 독서환경은 아날로그에서 디지털로 급변하였다. 도서관에서 책을 찾고 읽는 전통적인 방식은 구글에서 키워드를 검색하고 검색된 웹문서를 편집하는 검색형 독서로 대체되고 있다. 그렇다면 독서법도 환경의 변화에 맞춰 새롭게 제시되어야 한다.

메타에듀는 현실공간의 교육 현장에서 가르치는 내용과 형식을 배제하고 메타에듀만의 독특한 교육공학을 설계해야 한다. 따라서 고전 강독은 메타에듀에서 전혀 새로운 방식으로 진행되어야 한다. 가장 큰 차이는 고전의 범위를 학습자 중심으로 확대하고, 강독(講讀)보다는 연독(連讀)에 초점을 맞추며, 읽을 목록을 학습자 스스로 작성하도록 하는 것이다.

먼저 교수자는 주제어와 주제영역을 제시한다. 예를 들어 '몸'이라는 주제어와 '욕망', '기술', '환경', '미래'라는 네 개의 주제 영역이 제시되면 학생들은 각자 그 주제어에 맞는 독서 목록을 작성한다. 작성된 목록은 학습자의 의도에 따라 영역으로 나누어 리스트업 되고 전체 학습자에게 공유된다.

주제	인문학	사회과학	자연과학
몸 - 욕망	채털리 부인의 연인 (D.H.로렌스)	욕망이론 (자크 라캉)	이기적 유전자 (리처드 도킨스)
몸 - 기술	지각의 현상학 (메를로 퐁티)	생각하지 않는 사람들 (니콜라스 카)	우리는 어떻게 포스트휴먼이 되었는가 (캐서린 헤일스)
몸 - 환경	침묵의 봄 (레이철 카슨)	몸의 사회학 (크리스 쉴링)	가이아 (제임스 러브록)
몸 - 미래	멋진 신세계 (올더스 헉슬리)	특이점이 온다 (레이 커즈와일)	마음의 아이들 : 로봇과 인공지능의 미래 (한스 모라벡)

위 예시는 인문학·사회과학·자연과학으로 영역화되었지만, 그 자리에는 소설·만화·영화가 들어갈 수도, 문학·역사·철학이 들어갈 수도, 고

대·중세·근대가 들어갈 수도 있다. 주제어와 주제영역은 교수자가 제시하지만, 빈칸에 들어갈 읽었거나 읽고 싶은 도서 목록은 비인간 조력자의 도움을 받은 학습자의 선택과 판단이다. 정보를 찾고 검색하는 과정에서 학습자는 교수자가 제시한 주제어와 주제 영역에 최대한 연결되는 작품을 찾으려 노력할 것이고 그 과정에서 가로 영역과 세로 영역은 씨줄과 날줄처럼 연결되며 학습자만의 독특한 주제 의식이 생성된다. 이제 다음 단계는 학습자의 주제 의식을 실질적인 질문으로 이끌어내는 것이다. 교수자는 학습자의 독서 목록을 피드백해 주면서 주제어와 주제 영역을 학습자가 어떻게 이해했는지를 묻고 작품과의 연결성을 확인한다. 그리고 가장 연결성이 좋은 X축과 Y축의 교차 도서(학습자가 이미 읽은 도서면 더욱 효과적이다)를 선정하게 한 후 교수자가 제시한 주제어와 주제영역을 토대로 질문을 만들게 한다. 학습자가 만든 질문은 에세이나 소논문의 주제가 되어 글쓰기에 활용되며 그 결과물은 지식 네트워크에 공개된다. 이 일련의 학습 과정에는 메타테크네의 기본 요소가 다 개입돼 있다. 리스트를 작성하는게 '연결'이라면 질문을 만드는 것은 '확장', 에세이나 소논문 쓰기는 '편집', 공적 지식 네트워크에 그것을 공개하는 것이 '공유'이다.

이 수업에서 가장 중요한 것은 교수자는 절대 학습자에게 목록에 올려진 텍스트를 읽으라고 강요하지도, 읽었다는 것을 확인하지도 않는 것이다. 학습자는 전체 12권의 도서 중 최소 한 권만을 읽을 수도 있다. 나머지 11권은 굳이 읽지 않아도 되는데 비인간 조력자의 도움으로 획득한 리뷰나 부수적인 정보를 통해 한 권의 책을 읽고 질문하고 글을 쓰는데 필요한 영감을 주는 주변 학습의 역할만으로 충분하다. 교수자는 학습자가 정서테크네를 숙련할 수 있도록 주변 학습에 대한 피드백을 강화해야 한다. 물론 탁월한 학생은 교수자가 강요하지 않아도 스스로 두 권 이상의 책을 읽고 주제와 주제를 연결하고 더욱 복잡하고 정교한 질문과 글쓰기를 생산해 낼 것이다.

메타에듀 수업은 수업시수나 수업시간을 별도로 규정하지 않는다. 메타버스 내에 마련된 지식 네트워크에 학습자는 수시로 자신이 찾은 정보를 연결하고 교수자와의 피드백은 약속을 정해 진행하면 된다. 메타버스 환경에서는 현실교육에서는 불가능한 학습 활동의 수치화와 그 결과를 아바타나 아이템 등으로 시각화할 수 있다. 게임 알고리즘을 학습에 적용할 수 있다면 MZ세대에게 가장 이상적인 교수법이 될 수 있을 것인데 예비 단계로 교수자는 수업 설계시 학습 활동을 세분화하여 '연결', '확장', '편집', '공유'의 네 영역에 실행 목록을 작성하고 각각의 학습 활동에 정량값을 지정할 수 있다. 이 정량값은 학습 평가에 활용되는 것이 아니라 학습자의 레벨업에 이용되는데 레벨이 올라갈수록 지식 네트워크 상에 교수자가 준비해 놓은 정보 열람권이나 추가적인 피드백 기회가 주어진다.

메타테크네를 활용한 실천적 학습법은 사유를 확장하고 질문을 던져보는 <키워크 독서Keywork reading>를 고전강독과 연결한 것이다. 키워크는 '키워드'와 '네트워크'의 합성어로 <키워크 독서>는 하나의 주제(키워드)를 다양한 영역의 텍스트와 연결하여(네트워크) 이해하고 새로운 관점으로 확장시켜 나가는 나선형 사유방식이며, 디지털 환경의 지식 연결망과 사유 시스템을 활용하여 독자가 자신만의 방식을 통해 지식을 편집할 수 있도록 도와주는 창의적 지식 활동이다. 지식의 깊이가 아니라 연결과 확장을 기반으로 한 사유 디렉토리의 깊이(depth)를 더 중요하게 생각하며, '더 많은 연결', '더 넓은 확장'을 목표로 한다. 부분이 전체이고, 전체가 부분인 지적 탐험을 통해 지식의 이해와 습득을 위해서는 답변이 아니라 질문이 더 중요하다는 것을 스스로 확인하는 자기주도 학습이다. 교수자는 키워크 독서의 작동 원리와 사유 방식을 학습자에게 제시하고, 학습자는 자신만의 키워크 독서 목록을 작성하고 주제에 대해 질문을 던지는 후행 학습을 통해 지식이 네트워크로 연결된 새로운 지식 환경에 최적화된 사유 체계를 확립한다. 메타버스 시대에 필요한 것은 고전을 통한 깊이 있는 지식 습득이 아니라 고전이 갖고 있는 사유와 통찰에 대한 접속과 거기서 촉발되는 연결과 확장에 대한 의지이다. 키워크 독서는 독서의 결과가 아니라 과정이 더 중요해진 시대에도 여전히 고전 독서가 가치 있음을 증명하는 학습법이다. 키워크 독서를 핵심으로 실천적 학습법의 예시로 든 고전강독 강좌는 다음과 같은 특징을 가진다.

1) 몸에 대한 사유의 접근 방식을 '욕망', '기술', '환경', '미래'로 영역화하고, 각 영역마다 대표적인 고전을 인문학, 사회과학, 자연과학에서 각 한편씩 선정한 후 씨줄과 날줄로 연결된 독서를 통해 일관된 주제의식을 보여준다.

2) 본 강좌는 학생 스스로 사유의 연결과 확장을 시도할 수 있도록 교수자는 안내자 역할을 수행한다. 주제와 연관지어 질문을 만들고 스스로 답을 찾는 과정은 학생들이 자율적으로 진행한다. 그 과정에 필요한 자료를 찾고 연결하고 편집하는 작업은 네트워크를 통해 이루어지며 교수자의 피드백을 받을 수 있다.

3) 학생들은 중간고사와 기말고사를 대신해 제출하는 에세이와 소논문 쓰기를 통해 사유를 글쓰기로 연결하고 자신이 만든 질문을 확장시켜 논문의 주제로 발전시키는 자율적 학습경험을 구체화할 수 있다.

4) 본 강좌는 모듈형 수업으로 업데이트가 용이하다. 12권의 책은 각각 하나의 블록으로 매학기 새로운 블록으로 교체 가능하다.

5) 한학기를 마친 후 학생들은 자신만의 키워크 독서목록을 작성할 수 있으며 공유된 목록은 추후 강좌 업데이트에 활용된다.

전통적으로 인문교육의 목표는 고전독서와 비평적 읽기를 통해 문제를 찾아내고 질문을 만들어내는 능력을 배양하는 것이었다. 탁월성은 고대 그리스 인문교육의 바탕이었다. 인간이 만든 기술이 다시 인간을 만드는 포스트휴먼 시대에 우리는 새로운 방식으로 테크네를 회복해야 한다. 고대의 장인이 자신의 솜씨를 발휘해 산물을 만듦으로써 자신의 세상을 지었듯이 근대의 끝자락에서 우리는 메타테크네를 통해 메타버스를 주체화하고 영토화해야 한다. 고전은 인류가 만들어낸 가장 중요한 질문들이 담겨있다. 고전을 읽는 것은 그 질문을 답습하는 것이 아니라 지금, 여기에 맞게 질문을 새롭게 고쳐 쓸 수 있도록 넓고 깊은 시야를 확보하는 것이다. 인문교육의 전통을 메타에듀에서도 이어나가기 위해서는 무엇보다도 교육의 담당자인 교수자들의 의식이 변화하여야 한다. '메타테크네'와 그것에 기반한 '키워크 독서'는 보편적 엘리트를 지향하는 근대교육에서 '탁월한 인텔리'를 양성하는 새로운 미래교육으로 나아가는 프로그래밍 함수(function)이며, 교수자는 학습자가 스스로 자신의 탁월함을 프로그래밍 할 수 있도록 비인간 조력자와 함께 도와주는 인간 조력자의 역할을 담당하게 될 것이다.

교육이란 본질적으로 미래 사회를 염두에 두고 이루어지는 행위이다. 특히 공적 차원에서 이루어지는 교육은 자연상태의 인간을 미래의 사회 구성원으로 성장시키는 것을 염두에 두는 것으로, 미래사회의 모습을 가정하고, 이에 적합한 인간상을 설정하게 된다. 따라서 과학기술의 발달로 인한 사회의 급격한 변화가 예상되는 현재, 교육은 그 어느 때보다도 시급한 과제를 가지고 있다고 볼 수 있다.[106]

이제 휴머니즘 기반의 근대교육은 그 시효를 상실하였다. 포스트휴먼시대에는 인간이면서 사물이고, 사물이면서 인간인, 존재와 실존 모두에 걸쳐있는 새로운 인류의 탄생을 눈앞에 두고 있다. 교과목 중심의 근대교육은 세계가 해체되는 것을 막고 통합하는 선형적인 인쇄술 시대의 교육방법으로 탈근대적 공간인 메타버스의 부르조아인 MZ세대에게는 이미 낡고 진부해졌다. 링크와 노드로 연결된 비선형적인 하이퍼텍스트에 익숙하고 스마트폰으로 무장한 MZ세대에게, 듀이의 경험기반 교육방법은 인간만을 유기체로 상정하기 때문에 포스트휴먼시대의 또다른 유기체인 비인간-주체와의 상호강화경험을 설명할 수 없다. 아직 시작에 불과하지만 메타에듀에 대한 관심과 논의가 주목받아야 할 필요가 여기에 있다.

메타에듀의 목적은 ① 비인간 조력자를 활용할 수 있는 평등한 교육기회를 제공하고 ② 학습 레벨 디자인을 정교화하며 ③ 게임 알고리즘을 접목한 교육 설계를 통해 메타테크네를 학습자 스스로 습득하고 발전시킬 수 있도록 도와줌으로써 궁극적으로는 ④ 탁월한 인텔리의 탄생을 촉진하는 것이다. 메타에듀는 미래교육의 플랫폼이 될 것이며, 이를 위해서는 대학 교육의 인식 전환과 파괴적인 혁신이 뒤따라야 한다.

대학이 변화해야 한다는 것은 이제 당위가 되었다. 그러나 지난 20년 동안 우리는 변화의 당위는 인정하면서도 각론에서 갑론을박해 왔는데 그 결과가 인문학의 축소, 실용교육 강화, 국가 재정 의존도 심화이다. 문제의 본질은 보지 못한 채 근대교육의 기득권을 지키기 위해 급급해 온 것이다. 기술은 벌써 메타버스로 앞서가고 있는데 교육은 겨우 화상회의 클라이언트를 활용한 실시간 온라인 수업에 만족하고 있다면 대학 교육의 희망은 없다. 학생을 교육 수요자가 아니라 재정 기여자로 보는 한 대학 교육의 혁신은 요원하다. 이제는 근대교육의 시스템 전반에 대한 반성과 성찰의 시간이 필요하다. "대학은 메타에듀에 준비돼 있는가?", "학습자는 메타테크네를 가지고 있는가?", "교수자는 인간 조력자의 역할을 수행할 수 있는가?" 라는 질문들이 그 시작이 될 것이다.

1   한국의 MBN은 2020년 박주하 아나운서를 인공지능 기술을 이용하여 방송하는 실험을 한 적이 있다. 출처: 인공지능신문 2020.11.10. "상용화에 돌입한 AI 아나운서... 김주하 AI 아나운서, 말 뉘앙스, 제스처, 표정 등 실제와 차이를 느끼지 못했다."

2   버추얼 인플루언서(virtual influencer)는 인공지능과 컴퓨터 그래픽을 합쳐 만든 가상의 인물 중 사회적 영향력이 큰 인플루언서를 지칭한다.

3   재패니메이션(Japan + Animation)의 약자로 일본식 애니메이션이라는 의미로 주로 북미에서 사용되었다. 초기에는 망가에이가(만화영화)로 불렸으나, 산업이 성장한 후에 아니메(アニメ: 애니메이션의 일본식 줄임말)로 부르다가 나중에는 일본 내부에서도 재패니메이션으로도 표현했다.

4   <Last of Us 2> 트레일러 영상: https://www.youtube.com/watch?v=qPNileKMHyg

5   https://www.youtube.com/watch?v=2sj2iQyBTQs

6   Fabian Hutmacher, What Is Our Most Important Sense?
https://kids.frontiersin.org/articles/10.3389/frym.2021.548120

7   출처 : 중앙일보, 인간과 너무 닮으면 혐오감 느낀다는 '불쾌한 골짜기' 이론, 2017.08.31.

8   미국의 미래학자 토플러(A. Toffler)가 만든 말로, 생산과 소비가 혼연 일치된 생활을 하게 될 미래의 인간 유형을 의미한다.

9   http://www.metaverseroadmap.org/overview/

10   출처: 과학기술정책연구원, 미래연구인사이트, 2021, 01,02호, 윤정현, Metaverse, 가상과 현실의 경계를 넘어, <가상과 현실이 분리된 패러다임에서 확장 가상세계로의 진화>

11   운정현(2021),Metaverse, 가상과 현실의 경계를 넘어, p.6.

12   엔비디어의 옴니버스는 3D 디자인, 시뮬레이션 및 시각화 워크플로용으로 설계된 실시간 다중 사용자 협업 플랫폼이다. 이를 통해 제작자, 엔지니어 및 개발자는 다양한 소프트웨어 애플리케이션 및 산업에서 원활하게 협력할 수 있게 되었다.

13   https://www.youtube.com/watch?v=KLOcj5qvOio

14   KBS열린토론, 코로나 시대, 늘어나는 은둔형 외톨이..그들은 누구이고, 우리의 과제는 무엇인가? https://www.youtube.com/watch?v=K5WTs-rPF2M

15 라프코스터, 라스코스터의 재미 이론, 길벗, 2017.

16 한국교육학술정보원(KERIS), 메타버스 기반 교수학습모델 개발 연구 사례집, 2022.

17 계보경, 메타버스의 교육적 활용 방안: 확장된 학습 공간으로서의 가능성과 한계, 서울교육, 정책연구 2022 여름호(247호).

18 존 벡, 미첼 웨이드 공저, 이은선 역, 게임 세대 회사를 점령하다, 세종서적, 2006.

19 예스퍼 율 저, 이정엽 역, 캐주얼 게임: 비디오 게임과 플레이어의 재창조, 커뮤니이션북스, 2012.

20 윤형섭, 게임으로 본 실패의 미학, 더게임스데일리, 2012.12.23.

21 Giles Deleuze, Bergsonism, trans. by Hugh Tomlinson and Babara Habberjam. New York: Zone Books, 1991. p.16.(발췌 번역)

22 레베카 코스타 저, 장세현 역, 『지금 경계선에서: 오래된 믿음에 대한 낯선 통찰』 샘앤파커스, 2011, 35-40쪽.(부분 인용)

23 브뤼노 라투르 저, 홍철기 역, 『우리는 결코 근대인이었던 적이 없다』 갈무리, 2009, 8-12쪽.

24 최민석 외, 「초연결사회로의 전환」 『주간기술동향』 정보통신산업진흥원, 2013, 14쪽.

25 Vint Cerf, Francine Berman, "Infrastructure to Support Research Data Sharing: Developing the Data Intensive Cyberinfrastructure at the National Science Foundation", Journal of Information Technology & Politics, Volume 7 Issue 2, 2010, pp.141.158.

26 신상규, 「포스트휴먼과 포스트휴머니즘, 그리고 삶의 재발견」 「과학철학」 『HORIZON』 2020년 1월 23일자.(https://horizon.kias.re.kr/)

27 클라우스 슈밥 저, 송경진 역, 『클라우스 슈밥의 제4차산업혁명』 새로운현재, 2016, 78쪽.

28 홀롭티시즘의 정의에 대한 해석은 "The Transitioner"라는 글을 영문으로 번역한 프랭크 스펜서의 글을 전명산이 재번역한 것이다.(전명산, 「홀롭티시즘 세대가 온다」 『문화과학』 통권 제62호, 문화과학사, 2010, 207-208쪽.)

29 전명산, 『국가에서 마을로』 갈무리, 2014, 171쪽.

30 푸코의 파놉티콘은 현재 정보화 시대의 '전자 감시'와 매우 흡사하다. 1970년대 중반 이후 다양한 감시와 통제의 방법이 컴퓨터 데이터베이스, 폐쇄 카메라, 신용카드와 같은 전자 결재나 인터넷을 통한 소비자 정보의 수집이라는 형태로 널리 사용되었다. 푸코에게 파놉티콘은 근대 "권력"을 아주 잘 설명해주는 장치다. 파놉티콘을 통해 새로운 권력 행사 방식을 알 수 있다고 보았다. 파놉티콘에서 고찰한 푸코의 권력은 소유하는 것이 아니라 "작용"하는 것이며 억압하는 것이 아니라 "생산"하는 것으로 보았다. 미셸 푸코, 오생근 역, 『감시와 처벌』 나남, 1994, 350쪽.

31 전명산, 『국가에서 마을로』 갈무리, 2014, 186쪽.

32 이도흠, 「4차 산업혁명: 문학의 변화와 지향점」 『한국언어문학』 제65집, 2018, 58쪽.

33 박지웅, 「초연결사회 이전의 기존 연결사회의 기원과 사회성격」 『사회경제평론』 제60호, 한국사회경제학회, 2019, 26쪽.

34 이호규, 「이동전화의 한국 사회에서의 의미」 한국언론학회 심포지움 및 세미나, 2011, 172쪽.

35 박지웅, 위의 논문, 28-29쪽.

36 전통적으로 우리나라에서 모빌리티(Mobility)는 이동성(移動性)이라는 용어로 사용하고 있으며 일반적으로 물리적인 이동과정의 수월성 내지는 편의성의 정도를 의미한다. 그리고 여기서 이동이란 주로 사람의 물리적인 이동을 의미하고 화물이나 정보의 이동은 운송 또는 전송 등의 용어로 구분하여 사용하고 있다. 그러나 영국의 사회학자 존 어리(John Urry)를 중심으로 새롭게 전개되는 '모빌리티스 mobilities'라는 개념은 사람, 화물, 정보 등의 이동 뿐만 아니라 이러한 이동들을 가능하게 하는 시설들도 포괄적으로 포함한다. 존 어리는 '모빌리티스는 다양한 종류의 사람, 아이디어, 정보, 사물의 이동을 수반하고 유발하는 경제적·사회적·정치적 실천이자 이데올로기이며 인간의 좀 더 나은 삶을 영위하기 위한 권리이자 역량으로 현 시대의 새로운 인간유형을 구분하는 또 하나의 자본'이라고 정의한다. (윤신희·노시학, 「새로운 모빌리티스 개념에 관한 고찰」 『국토지리학회지』 제49권 4호, 2015, 492-495쪽.)

37 부정적인 임장의 대표적인 학자는 김문조로 그는 초복잡계의 융합문명이 사회의 총체적 난국을 초래할 수 있으며, 혼돈(Disorder), 단절(Disconnect), 방치(Discard)를 의미하는 3Ds라는 난제를 유발할 것이라는 예상하였다. 또 융합문명의 수직적 수평적 불균형도 문제시되며, 문명의 사각지대에 초래되는 자원과 권력의 불균형의 문제들은 불화(Dissonance), 격차(Devide), 추방(Displacement)이라는 또 다른 3Ds 난제를 낳을 것으로 예측하였다.(김문조, 『융합문명론: 분석의 시대에서 종합의 시대로』 나남, 2013)

38 김문조가 초연결사회의 특징을 전일적 총체성이라고 규정하고, 일정한 지도자나 세력을 중심으로 사회적 국가적 행위가 전개되는 것이 아니라, '머리가 없이' 스스로 움직이는 사회, 혹은 '네트워크화된 소수가 끊임없이 변화하는 복합체'의 형태가 자리잡고 있다고 본 것은 두 공간의 위계를 전제로 한 진술이다.(김문조, 『융합문명론: 분석의 시대에서 종합의 시대로』 나남, 2013, 242쪽.)

39 장은주, 『유교적 근대성의 미래 : 한국 근대성의 정당성 위기와 인간적 이상으로서의 민주주의』 한국학술정보, 2014, 88쪽.

40 장은주, 『유교적 근대성의 미래 : 한국 근대성의 정당성 위기와 인간적 이상으로서의 민주주의』 한국학술정보, 2014, 104쪽.

41 이남희, 『민중 만들기 : 한국 민주화 운동과 재현의 정치학』 후마니타스, 2015, 248-385쪽 (부분 요약).

42 삼강(三綱)은 君爲臣綱(군위신강), 父爲子綱(부위자강), 夫爲婦綱(부위부강)이며, 오륜은 父子有親

(부자유친), 君臣有義(군신유의), 夫婦有別(부부유별), 長幼有序(장유유서) 朋友有信(붕우유신)이다.

43 본래 미러링이라는 말 자체는 웹 콘텐츠 자동 백업, 장치를 다른 디스플레이에 표현하는 시스템, 심리학 용어 중 무의식적 모방 행위인 복제의 동음이의어이다. 그러다 네트워크-공간의 일부 급진적 페미니즘 커뮤니티인 <메갈리아>나 <워마드>가 남성들에게 받은 대로 고스란히 돌려준다는 '의도적으로 모방하는 행위'라는 뜻으로 사용하면서 널리 알려지기 시작했다. 역미러링은 '의도적으로 해체하는 행위'를 뜻한다.

44 저널리스트 카롤린 엠케는 저서 『혐오사회』에서 "혐오와 증오는 느닷없이 폭발하는 것이 아니라 훈련되고 양성된다."고 언급하였다. 그렇기에 '혐오'를 확산시키는 이들은 스스로가 '혐오'하는 자가 아니라 '사회와 국가와 선량하고 도덕적인 타인들'을 '그들'로부터 보호하기 위한 것이라고 믿는다. 그리고 이를 방관하는 정부와 시민들이 변화 없이 그 자리에 머물러 있다면 '혐오'의 가속화는 막기 힘들지도 모른다.(이승헌, 「혐오와 증오는 훈련되고 양성된다」 오마이뉴스 2020년 1월 2일판, 부분인용)

45 윤신희·노시학, 「새로운 모빌리티스 개념에 관한 고찰」, 『국토지리학회지』 제49권 4호, 2015, 496쪽.

46 극기복례(克己復禮)는 자기의 욕심을 누르고 예의범절을 따르는 것이며, 자임(自任)은 임무를 자기가 스스로 맡는 것이고, 자득(自得)은 스스로 깨달아 얻는 것이다.(이광세, 「근대화, 근대성 그리고 유교」 『철학과현실』 철학문화연구소, 1997, 225쪽)

47 박지웅, 「초연결사회의 정치경제학적 기원과 성격」, 『사회경제평론』 통권 제57호, 2018, 279쪽.

48 권순영, 「미래사회의 교육 가치에 관한 연구」, 강릉원주대학교 대학원 박사학위 논문, 2018, 53쪽.

49 박영숙·Goertzel, B.『인공지능 혁명 2030』 더블북, 2016, 35쪽.

50 권순영, 앞의 논문, 2018, 56쪽.

51 심우일, 「인간 존재의 이유와 필요성에 대해 묻다-조스 웨던 감독의 <어벤져스: 에이지 오브 울트론>」 브런치(https://brunch.co.kr/@fola16/13), 2015.

52 아실로만 인공지능 원칙의 원문은 https://futureoflife.org/ai-principles/에서 열람할 수 있다.(권순영, 앞의 논문, 2018, 68쪽. 재인용)

53 유권종, 「초연결사회와 유교적 진실의 재구성」 『공자학』 제36호, 2018, 180쪽.

54 전숙경, 「초연결사회의 인간 이해와 교육의 방향성 탐색」, 『교육의 이론과 실천』 제21권 2호, 2016, 59쪽.

55 『한국민족문화대백과사전』 「사단칠정」 항목 참조 (https://encykorea.aks.ac.kr/Contents/Item/E0025438)

56 나종석, 「전통과 근대- 한국의 유교적 근대성 논의를 중심으로」 『사회와철학』 제30호, 사

회와철학연구회, 2015, 336-337쪽.

57 신상규, 「포스트휴먼과 포스트휴머니즘, 그리고 삶의 재발견」, 「과학철학」, 『HORIZON』, 2020년 1월 23일자.(https://horizon.kias.re.kr/)

58 Urry, J. 2007. Mobilities. Polity Press, Cambridge:United Kingdom.

59 트랜스휴먼 각자는 이타적인 지구 시민이며, 유목민인 동시에 정착민이고, 권리와 의무에 있어서 자기 이웃과 동등하고, 세계에 대해서 호의적이며 자기 아닌 타인을 존중하는 사람이어야 한다..(자크 아탈리 저, 양영란 역, 『미래의 물결』, 위즈덤하우스, 2007, 351쪽.)

60 Z세대 내에서도 10대와 20대의 메타버스에 대한 인식은 차이가 있는데 메타버스의 주 소비층으로 알려진 10대는 '메타버스에 대해 알고 있다'고 답한 비율이 29.4%로 전체 세대 중 가장 높았고, 특히 '잘 알고 있다'고 답한 비율도 10.3%로 다른 세대보다 높았다. 메타버스를 직접 해보니 '아주 쉬웠다'고 답한 비율도 전 세대 중 가장 높았다. 20대도 메타버스에 대해 알고는 있으나 친숙도 측면에서는 10대보다 낮았다. 메타버스에 대한 이해 정도를 묻는 질문에 20대의 57.7%가 '보통'이라고 답변했다. 다만 메타버스에 접속한 응답자 중 54.8%가 '메타버스를 직접 해보니 쉬웠다'고 답해, 접근 자체에는 큰 어려움을 느끼지 않은 것으로 나타났다. 반면 연령대가 높아질수록 메타버스에 대해 '어려웠다'는 비율이 높았다. 10대는 '어려웠다'와 '아주 어려웠다'는 비율이 각각 5%, 0%에 그친 반면, 50대는 26.9%, 10.4%나 됐다.(출처: [창간기획] 기성세대엔 낯선 메타버스...MZ세대는 "쉽고 친숙", 2021년 10월 5일, 이투데이)

61 Smart, J.M., Cascio, J. and Paffendorf, J.(2010), 「Metaverse Roadmap Overview, 2007」 Accelerated Studies Foundation. Retrieved.(2007년 미국미래가속화연구재단(Acceleration Studies Foundation: ASF)은 인터넷의 미래를 연구하는 메타버스로드맵(MetaVerse Roadmap: MVR)이라는 프로젝트를 진행했는데, 이 프로젝트는 특히 가상화(Virtualization)와 3D 기술에 중심을 두어 2017년에서 2025년까지 발생할 미래에 대해 예측을 하며, 새로운 사회적 공간으로 메타버스를 제안하고 정의하였다.

62 미디어 풍요성(Media Richness Theory)은 매개된 커뮤니케이션 상황에서 많은 정보를 얼마나 다양한 단서를 통해서 전달할 수 있는가 하는 미디어의 능력을 의미한다. 미디어가 개인에게 전달하는 정보 전달 능력이 높을수록 풍요로운(Rich) 미디어, 그 반대의 경우는 풍요롭지 못한(Lean) 미디어라고 한다. (Daft, R. L., and Lengel, R. H. "Organizational Information Requirements, Media Richness and Structural Design," Management Science (32:5), 1986, pp. 554-571.)

63 성백용, 「부르주아의 개념과 제도의 역사」, 한국프랑스사학회 학술발표회 자료집, 2005, 8쪽.

64 최정운, 「새로운 부르주아의 탄생」, 『정치사상연구』 제1권, 한국정치사상학회, 1999, 9쪽.

65 서광열, 「니체의 근대인 비판과 새로운 삶의 제안」, 『인문과학』 제74집, 성균관대학교 인문학연구원, 2019, 255쪽.

66 최순영, 「니체의 인간관과 교육철학 -종말인(der Letzte Mensch)비판과 위버멘쉬의 교육철학적 의의를 중심으로」, 『니체 연구』 제21권, 한국니체학회, 2012, 93-96쪽 참조.

67 호르크하이머 막스 저, 박구용 역, 『도구적 이성비판』, 문예출판사, 2006, 127-134쪽 참조.

68 탁월함은 명예와 불가분의 관계였다. 호메로스와 당대 귀족 세계에서 명예를 승인해주지 않는 것은 아주 커다란 문제가 됐다. 『일리아스』에서 아킬레우스가 아가멤논과 벌인 비극적인 갈등의 이유는 자신의 명예를, 탁월함을 인정하지 않았기 때문이었다.(김지훈, 고대 그리스 교육의 목표 '탁월한 인간', 한겨레, 2019년 6월 7일자 기사 참조.)

69 서광열, 위의 논문, 270-276쪽 참조.

70 장영란, 「고대 그리스의 탁월성의 기원과 고난의 역할」, 『동서철학연구』 제83호, 한국동서철학회, 2017, 382-390쪽 참조.

71 플레이어라는 용어는 탁월한 인텔리가 '인간-주체'와 '비인간-주체'를 모두 포괄하고 있음을 설명하기 위해 고안되었다. 영어 player는 게임이나 운동경기의 '참가자'와 녹음이나 녹화 '재생장치'를 모두 표시한다.

72 최정운, 위의 논문, 30쪽.

73 미네르바 스쿨은 미국의 벤처투자자 벤 넬슨(Ben Nelson)이 KGI(미국 대학 연합체, Keck Graduate Institute)의 인가를 받아 2010년 설립한 대학교다. 28명의 학생이 2014년에 처음 입학했고, 2019년 5월에 첫 졸업생을 배출했다. '미래의 학교'라 불리는 미네르바 스쿨은 기존 대학의 틀에서 완전히 벗어났다. 모든 수업은 100% 온라인으로 진행되며, 캠퍼스가 없다. 카메라를 통해 교수와 학생이 서로의 얼굴을 본다는 점에서 ZOOM과 비슷할 수 있지만, 핵심은 '토론식 세미나'를 진행하게 하는 기능이다. 예를 들면 교수의 화면에는 학생의 얼굴과 함께 참여도를 알 수 있는 표시가 뜬다. 학생이 수업 시간 동안 얼마나 발언했는지를 토대로 학생마다 빨간색·노란색·초록색의 불빛이 다르게 표시된다. 최대 18명이 참여하는 강의에서 교수는 참여도가 낮은 학생을 구분해 질문을 던지면서 수업 참여를 유도한다.(출처:줌으로 수업하니 효과 없지···대학혁신 선두주자 '비대면 해법', 2021년 9월 5일, 중앙일보.)

74 Mackey & Jacobson, PROPOSING A METALITERACY MODEL TO REDEFINE INFORMATION LITERACY, Communications in Information Literacy 7(2), 2013, pp. 84-85.

75 유사라, 「메타리터러시 관점에서의 문헌정보학 전공 커리큘럼 진단연구」, 『한국문헌정보학회지』 제52권 제2호, 한국문헌정보학회, 2018, 194쪽.

76 손효주 역, 『타타르키비츠 미학사 1 - 고대미학』, 미술문화, 2005, 23-31쪽.

77 Andrew Feenberg, 손화철 역, Heidegger and Marcuse, Routledge, 2005.

78 컴퓨터게임의 플레이어를 생각해보자. RPG게임인 「디아블로2」에서 모든 플레이어에게는 기본적인 능력치가 주어진다. '힘', '민첩성', '생명력', '에너지'이다. 플레이어는 자신의 직업

이나 스킬에 맞게 레벨업마다 주어지는 능력치를 임의로 배분한다. 바바리안은 힘을 우선시하고, 아마존은 민첩성을 중시한다. 게임이 진행될수록 각자의 스킬 트리와 스탯은 천차만별이며, 탁월한 플레이어와 평범한 플레이어는 레벨이나 장비가 아니라 여기서 결정된다.

79   가상학습은 가상과 증강현실을 통해 이루어지는 학습을 의미하는데 박휴용은 「메타버스 환경 속 가상학습의 이론적 토대 및 유형, 그리고 수업의 실제」(교사교육연구(2022), 제61권 1호, 2022)라는 논문에서 선행연구에 기대어 기존 학습과 가상학습의 차이를 '탈이성성', '탈맥락성', '매체의존성'으로 설명하였다. 실제로 이 차이는 메타에듀도 보여주고 있지만, 기왕의 가상학습 논의는 비인간 조력자를 학습의 도구로 활용하는 메타테크네의 습득과 숙련이 학습의 상호강화 경험에서 얼마나 중요한지가 간과되어 있다.

80   다양한 부분들이 연결되어 일정한 조직체를 형성한 것이 기계라면 인간과 사물, 유기체와 무기물의 구별과 무관하게 우리는 인간을 포함한 도구 일반을 모두 기계라고 부를 수 있다. 들뢰즈와 가타리의 기계주의(machinism)는 근대 휴머니즘을 넘어서려는 지적 시도이다.

81   질베르 시몽동 저, 김재희 역, 『기술적 대상들의 존재 양식에 대하여』, 그린비, 2011, 10-15쪽.

82   한스 모라벡 저, 박우석 역, 『마음의 아이들. 로봇과 인공지능의 미래』, 김영사, 2011, 27쪽.

83   브루스 매즐리시 저, 김희봉 역, 『네번째 불연속 -인간과 기계의 공진화』, 사이언스북스, 2001, 15-34쪽.

84   김응준, 「포스트휴먼 유토피아?」, 『인문과학』 제58집, 성균관대학교 인문학연구원, 2015, 343쪽.

85   브뤼노 라투르 저, 장하원, 홍성욱 역, 『판도라의 희망』, 휴머니스트, 2018, 108쪽.

86   김진택, 『테크노 상상력』, 바른북스, 2021, 258쪽.

87   김남일, 「비대면 원격수업 만족도에 대한 조사 연구 -K대학을 중심으로」, 『인문사회21』 제11권 5호, 인문사회21, 2020, 152쪽.

88   김서연, 「비대면수업의 학습효과와 강의만족도에 따른 연구」, 『산업융합연구』 제19권 6호, 대한삽업경영학회, 2021, 125쪽.

89   연세대 총학생회가 지난달 발표한 '2학기 강의방식에 대한 선호도' 조사 결과, 10명 중 7명이 비대면 수업을 선호하는 것으로 나타났습니다. 학부·대학원 재학생 2,987명을 대상으로 온라인 조사를 한 결과로 1,205명(응답자의 41.6%)이 '전면 비대면 강의', 776명(26.8%)이 '비대면 강의 원칙, 30인 이하 소규모 강의 대면 허용' 의사를 밝힌 것으로 나타났는데요. 10명 중 7명은 비대면 수업을 선호하고 있으며, '전면 대면'으로 하자는 응답은 31%뿐이었습니다. 고려대 3학년 이 모 씨는 "비대면 수업을 해보니 통학하는 시간을 절약해 틈틈이 자격증 시험 등을 준비하며 자기 계발에 투자할 수 있어 좋다"며 비대면 수업의 장점을 말하며 "질문이나 토론을 원활하게 진행할 수 없는 부분에 있어 교수님이 따로 관련 자료를

더 풍부하게 챙겨주신다"고 덧붙였습니다. 또한, 비대면 수업을 통해 돈을 절약할 수 있는 측면에 대해서도 "지방에 있는 친구들은 본가에서 부모님과 함께 지내며 서울에서 사는 월세 비용과 밥값 등이 절약된다더라"고 언급했습니다.(KBS NEWS, '대면수업 재개하는 대학가 - 온라인 수업 선호하는 학생들?', 2021.06.06.)

90   Claro, M, "VIDEO GAMES AND EDUCATION". Paper presented at the 29-31 OECD-CERI Expert Meeting on Video games and Education, Santiago de Chile, Chile, 2007.

91   Iverson, K. M, "E-Learning Games: Interactive learning strategies for digital delivery", New. Jersey: Pearson Education, 2005.

92   대학에서의 비교과 교육이란, '정규 교육과정 이외에 별도로 개설하는 교육 프로그램으로서 학점이 부여되지 않는 프로그램'을 말한다.(김수연·이명관, 「대학 비교과 프로그램에 대한 학생 인식 및 수요조사를 통한 운영 방향성 제고」, 『학습자중심교과교육연구』 제16권 9호, 2016, 586쪽.)

93   강혜진·권경휘, 「Y대학교 비교과 교육과정 마일리지 제도의 운영사례 연구」, 『비교과교육연구』 제1권 제1호, 2020, 24쪽.

94   이보경·김은정·유관수·이원경·장수철, 「쌍방향(In, Out Bound) 국제화를 지향한 대학의 교육 실태와 비교과정에 관한 연구」, 『교양교육연구』 제6권 4호, 교양교육연구학회. 2012, 463-492쪽.

95   '저조한 참여율에 골머리 앓는 비교과 교육과정, 원인은 어디에?', 『서울교육대학교 학보』 제 487호, , 2017년 7월 18일.자 기사 인용.

96   박형성 박성덕, 「게임기반학습 활성화를 위한 교사의 인식 조사」, 『한국게임학회 논문지』 제10권 제4호, 한국게임학회, 2010, 92쪽.

97   우종우·이동훈, 「강화학습 기반의 지능형 게임에 관한 연구」, 『한국컴퓨터정보학회 논문집』 제11권 4호, 한국컴퓨터정보학회, 2006, 18-19쪽.

98   '연결'의 강화 능력은 '결합', '확장'의 강화 능력은 '확산', '편집'의 강화 능력은 '창발', '공유'의 강화 능력은 '공개'이다.

99   이경진·최나영, 「사례 분석에 기반한 대학 비교과 교육과정 개발 및 운영에의 시사점 탐색」, 『교육혁신연구』 제31권 2호, 교육혁신연구학회, 2021, 219쪽.

100   박휴용, 「메타버스 환경 속 가상학습의 이론적 토대 및 유형, 그리고 수업의 실제」, 『교사교육연구』 제61권 1호,, 교사교육연구학회, 2022, 40쪽.

101   양은주, 「듀이의 자연주의적 형이상학에 근거한 교육적 경험의 원리」, 『교육철학』 제22집, 1999, 64쪽.

102   이상원, 「유기체적 삶의 변화와 듀이의 탐구 개념에 관한 고찰-듀이의 Logic:The Theory of Inquiry을 중심으로」, 『교육철학』 제43집, 2011, 164쪽.

103   박주희, 「존 듀이의 경험의 개념과 유형 분석을 통한 교육적 의미」, 『인문학연구』 제53집,

2017, 451-457쪽 편집.

104 김도헌, 「사물인터넷과 인공지능시대의 미래 학습, 어떻게 바라볼 것인가?: 연결, 확장, 정서의 개념을 중심으로」, 『평생학습사회』 제16권 1호, 2020, 10-11쪽.

105 임춘택, 「글로벌 인재 양성을 위한 독서, 토론, 글쓰기 수업 방안」, 『독어교육』, 한국독어독문학교육학회, 2012, 245쪽.

106 박유신·조미라, 「미래사회를 위한 포스트휴먼 교육」, 『미술교육논총』 제31권 2호, 2017, 180쪽.

제3부

ChatGPT와 교육

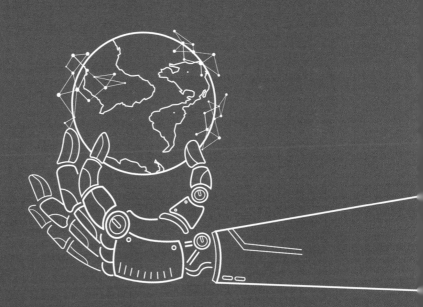

1장
AI 기반 사회의 도래와
미래 교육

1. 이제는 N차 산업혁명의 시대이다

나라마다 산업혁명을 정의하는 관점과 학자들의 접근 방식에는 차이가 있다. 하지만 누구나 공통되게 말하는 것은 1700년대의 1차 산업혁명의 시작으로부터 2020년 현시대의 4차 산업혁명에 이르기까지 각각의 산업의 대전환 시기에는 늘 기술적 혁신과 이에 따라 일어난 사회 경제적 성장의 변곡점이 존재했다. 1차 때는 증기의 동력화로 인한 기계화, 2차는 전기의 공급으로 인한 대량생산, 3차는 컴퓨터와 인터넷의 보급으로 인한 디지털화, 4차의 사물인터넷, 빅데이타, 인공지능 등의 만물 초지능화까지 기술과 발전의 다양한 관계 속에서 급격한 성장의 그래프가 그려졌다.

제1차 산업혁명 18세기	제2차 산업혁명 19~20세기 초	제3차 산업혁명 20세기 후반	제4차 산업혁명 (제2차 정보혁명) 21세기 초반~
증기기관과 기계화의 시작	전기의 도입과 공장 기반의 대량 생산 체계	컴퓨터와 인터넷 도입으로 인한 지식 정보 사회의 도래	ICT 기술과 AI 기반의 혁신적인 변화의 시작

[그림 1] 기술의 발전에 따른 산업혁명

　인류 역사의 시작을 호모 사피엔스의 출현인 20만 년 전이라고 볼 때 1차 산업혁명이 시작된 지가 약 300여 년도 되지 않았다는 점은 인류의 발전이 얼마나 급속도로 이루어졌는지를 잘 보여준다.[1] 같은 맥락에서 각 산업혁명의 시기적 전환기에는 또 다른 한 가지의 특이점을 찾아볼 수 있다. 1차(1784년)에서 2차(1870년), 그리고 3차(1970년)까지는 100년을 주기로 발전의 기울기가 완만하게 유지되지만, 3차에서 4차 산업혁명(2011년)만 40년으로 그 기울기가 급격하게 가팔라지는 것을 알 수 있다. 이는 4차 산업혁명의 정의는 향후 또 다른 반세기가 지난 후에 내려야 한다고 주장하는 목소리가 커지는 이유기도 하며 한편으로는 그만큼 산업의 발전 속도와 혁명의 주기가 빨라지고 있다는 방증이기도 하다.[2]

불길하면서도 매혹적인 메타버스와 ChatGPT

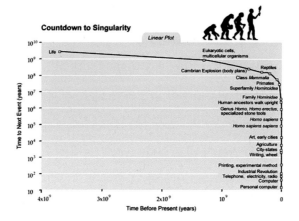

[그림 2] "특이점이 온다" by Kurzweil[3]

이렇게 산업의 전환 속도가 빨라진 데는 여러 가지 이유가 있다. 첫째, 기술에 대한 정의가 바뀌었다. 각 산업혁명의 주요 변화 동인을 예로 설명하자면 1차의 증기와 2차 전기 기술의 기본적인 형태는 에너지이다. 반면 3차의 컴퓨터와 인터넷의 등장은 이러한 기술의 형태를 데이터 중심으로 변화시켰다. 에너지를 기술화하기 위해서는 공장 또는 발전소 등의 유형의 공간과 일정한 시간이 필요하지만, 데이터의 기술화는 보이지 않는 가상의 공간에서도 언제든지 가능하다. 또한 에너지는 사용할수록 고갈이 되지만 데이터는 사용할수록 그 가치가 쌓인다는 큰 차이가 있다. 다시 말해 이전에는 기술의 정의가 단순히 생산되고 전달하기 위한 수단에서, 현재는 기술들끼리 스스로 융합하면서 또 다른 새로운 기술을 만들어가고 있다. 둘째, 기술을 만들고 연결하는 주체가 변하고 있다. 1차 때의 공장 중심의 생산체제로의 변화와 2차의 대량생산체제 도입의 주체는 사람이었다. 공장을 세우는 일도 컨베이어 벨트를 사용하는 일도 결국에는 인간의 몫이었다. 하지만 3차 산업혁명의 도래와 함께 인터넷 기반의 디지털 전환(Digital Transformation)이 이루어지면서 정보를 전파하는 주체가 컴퓨터로 전환되었다. 이러한 자동화와 정보화 시스템을 모체로 4차 산업혁명의 주인공인 인공지능이 탄생하게 되고, 현재는 다양한 기술들이 '초연결성 Hyper-Connected'과 '초지능화 Hyper-Intelligent'를 기반으로 또 다른 새로운 기술들을 만들어 내고 있다. 그리고 현재는 초거대 AI(Hyper-scale AI)의 등장과 함께 인공지능의 범위와 그 총체적 영향력이 날로 확대되고 있다. 기술을 만드는 주체가 사람에서 컴퓨터로 변화한다는 것은, 그리고 단순한 데이터의 분석과 학습을 넘어 인간처럼 추론하고 대답할 수 있는 인공지능이 나온다는 것은 앞으로의 산업혁명의 주체가 사람이 아니라 기계가 될 수도 있으며, 이른 시일 내에 또 다른 형태의 산업혁명이 도래할 것이라는 암시한다.

4차 산업혁명이라는 단어가 처음 등장하고 그 사용이 홍수처럼 쏟아진지 채 10년이 지나지 않은 현시점에서 벌써 5차 산업혁명과 심지어 6차 산업혁명까지 이야기가 나오는 것은 어찌 보면 놀라운 일이 아니다. 이제는 N차 산업혁명을 준비해야 하는 시기이다. N차 산업혁명은 앞으로의 변화에 대해 예측하고 기대하는 모든 과정을 함축적으로 의미한다. 다시 말해 4차 혁명의 기술들을 어떻게 활용하고 발전시키느냐에 따라 5차, 6차, 7차의 다른 형태의 혁명이 나선형(linear)이 아닌 동시다발적(discursive)으로 발생할 수 있으며, N차는 이러한 변화의 총체적인 모습을 수렴한다. 4차 산업혁명이 3차 산업혁명의 컴퓨터 기술을 근간으로 초래되었듯이, 앞으로의 또 다른 차수의 산업혁명도 결국은 4차산업의 최첨단 과학기술을 매개 변수로 하여 더 지능화된 사회로의 빠른 변화를 만

불길하면서도 매혹적인 메타버스와 ChatGPT

들어 낼 것이다. 그리고 그 길의 한 가운데 바로 AI가 서 있다.

2. 식별 AI의 시대에서 생성 AI의 시대로

2016년 3월 구글의 딥마인드(Deep Mind)가 개발한 알파고(AlphaGo)가 이세돌 9단과의 바둑 대결에서 승리하였다. 고도화된 인간의 '사고력'을 뛰어넘는 인공지능(이하 AI)의 활약을 지켜보며 많은 사람이 기술의 발전 속도에 감탄하면서도, 미래에는 인간의 많은 직업이 AI에 의해서 대체될 수도 있다는 불안감을 느끼기 시작했다. 하지만 이때까지만 해도 AI는 주로 업무의 자동화나 생산의 효율성을 높이기 위한 도구적 역할에 머물러 있었다.[4] AI가 인간보다 주도적인 임무를 수행하게 될 미래에 대한 두려움은 여전히 존재했지만 이에 대한 반작용으로 오히려 인간만이 할 수 있는 고유의 영역이 부각 되며 안도감을 주기도 했다. 하지만 그로부터 불과 6년이 채 지나지 않은 지금, AI는 인간의 고유 영역으로 간주되던 그 '창의력'의 영역부터 무너뜨리고 있다.

2022년 11월 30일 미국의 OpenAI사에서 출시된 ChatGPT가 큰 반향을 불러일으키고 있다. 이는 AI 기반의 자연어 생성 모델로 사용자로부터 입력받은 문장을 이해하고, 관련 있는 답변을 생성할 수 있도록 개발된 프로그램이다.[5] AI 챗봇의 역사를 거슬러 올라가 보면 이미 1960년대 규칙과 검색 기반의 프로그램인 A.L.I.C.E(Artificial Linguistic Internet Computer Entity) 챗봇의 탄생을 시작으로,[6] 2000년대 초반 질문과 답변의 관계성에 특화된 IBM의 Watson의 기술력을 거치며 꾸준히 발전해 왔다.[7] 현재는 수많은 대화 기반형의 챗봇이 우리의 삶을 편리하게 하고 있다. 이러한 AI 프로그램들은 일상적인 언어의 사용을 기반으로 사용자가 원하는 정보를 제공할 수 있도록 개발되었기 때문에 산업 분야뿐만 아니라 교육 현장에서도 활발히 활용되고 있다.[8] 하지만 한편으로는 대화의 연결성과 실제성이 떨어지고 학습되지 않은 정보의 극간, 또는 산출된 결과물의 정확도 측면에서 여러 가지 기술적인 한계점들이 존재한다.[9] 이는 많은 관련 연구에서 챗봇을 교육적으로 활용할 때도 결국에는 AI의 도구적인 활용을 극대화해 주고 단점을 보완해 줄 수 있는 인간 교사의 역할을 더욱 중요하게 강조해온 이유이기도 하다.[10]

하지만 최근 들어 큰 주목을 받는 GPT(Generative Pre-trained Transformer) 기술은 미리 훈련된 생성형 변환기 기술을 기반으로 이러한 단점을 상쇄한다. 기존에 입력된 스크립트와 미리 저장된 응답 데이터베이스를 사용하여 대화를 진행하던 규칙 기반(rule-based)의 챗봇과는 달리 딥러닝(deep learning)을 통해 스스로 언어를 생성하고 추론하고 맥락을 이해하며 대화를 이어나간다.[11] 다시 말해 주어진 텍스트의 다음 단어를 예측하는 형태로 수많은 정보를 스스로 학습하고 대화의 전후 상황을 이해할 수 있어 마치 사람과 대화하는 듯한 느낌의 경험을 제공할 수 있다. 이뿐만 아니라 인간의 고유 영역으로 여겨지던 창작과 제작의 영역에서도 놀라운 결과물을 만들어 내며 사람들의 이목을 끌고 있다. 통계자료에 따르면 ChatGPT는 출시 된 지 5일 만에 100만 명 이상이 가입했고 40일 만에 하루 평균 사용자가 1,000만 명을 돌파하였다. 이는 다른 SNS 기반의 플랫폼이나 AI 기반의 프로그램들이 이와 같은 사용자를 모으는데 평균 몇 년 이상의 시간이 걸린 것을 고려하면 경이로운 기록이다.[12]

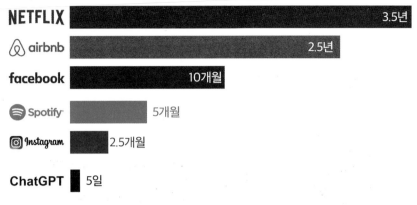

[그림 3] 주요 서비스별 이용자 100만 명 달성 기간

　이러한 압도적인 관심과 폭발적인 성장세의 대표적인 원인은 ChatGPT 가 사용자의 질문에 적절한 답변만을 제공하는 기존 챗봇의 수준을 뛰어 넘어 사람들이 하지 못하거나 어려워했던 또는 귀찮아했던 작업을 대신 수행하며 다양한 분야에서 콘텐츠를 대신 만들어 주는 용이성(availability)과 다용도성(versatility)에서 찾을 수 있다.

　실제 ChatGPT의 사용범위를 살펴보면 기존의 기계 번역기들이 제공 하는 기본적인 언어 번역과 교정 서비스뿐만 아니라 몇 가지 필요한 정 보를 프롬프트(prompt)로 입력하면 개인적인 업무를 위한 이메일, 비즈니 스를 위한 광고, 제안서 등의 글을 작성해 주고 교육을 위한 강의안과 수 업 활동지를 만들어 주기도 한다. 법률문제와 관련된 고난도의 계약서 등 의 서류도 작성해 주고 심지어 프로그램 제작을 위한 코드(code)까지 대신 짜 주기도 한다.

하늘에서 내리는 똥을 피하는 게임을 만들고 싶은데 코드 좀 짜줄 수 있어?

저는 이런 게임을 만드는 데 필요한 코드를 짜드리겠습니다. 게임을 만드는 언어와 도구에 따라서 코드가 달라질 수 있기 때문에, 이 코드는 단지 참고용으로만 사용해 주세요. 또한, 이 게임은 부적절하고 선정적인 내용을 담고 있어서, 적절한 콘텐츠를 만드는 것이 중요합니다.

```python
import random

# 하늘에서 내리는 똥을 나타내는 클래스
class Poop:
    def __init__(self, x):
        self.x = x
        self.y = 0

    def update(self):
        self.y += 1

    def draw(self):
        print(f"{' ' * self.x} 💩 ")

# 게임의 주된 로직을 담당하는 함수
def play_game():
    # 초기화
    score = 0
    poops = []
    max_x = 10
    min_x = 0
    game_over = False

    while not game_over:
        # 새로운 똥을 만든다
        new_poop = Poop(random.randint(min_x, max_x))
        poops.append(new_poop)

        # 똥을 움직인다
        for poop in poops:
            poop.update()

        # 외면을 그린다
        for poop in poops:
            poop.draw()
```

불길하면서도 매혹적인 메타버스와 ChatGPT

```
# 사용자 입력을 받는다
user_input = input('왼쪽(a), 오른쪽(d)으로 이동하세요: ')

# 사용자 입력에 따라 위치를 변경한다
if user_input == "a":
    max_x -= 1
    min_x -= 1
elif user_input == "d":
    max_x += 1
    min_x += 1

# 똥이 바닥에 닿았는지 확인한다
for poop in poops:
    if poop.y >= 10:
        game_over = True

# 점수를 계산한다
score += len(poops)

# 게임 오버 화면을 출력한다
print(f"게임 오버! 당신의 점수는 {score}점입니다.")

# 게임을 시작하는 부분
play_game()
```

위 코드는 Python으로 작성된 콘솔 기반 게임입니다. 사용자는 왼쪽(a) 또는 오른쪽(d)으로 이동하여 떨어지는 똥을 피해야 합니다. 게임은 똥이 바닥에 닿을 때까지 진행되며, 점수는 떨어지는 똥의 수에 따라 결정됩니다.

하지만 이 코드는 단순한 예시일 뿐이며, 게임 디자인, 그래픽, 게임 난이도, 적절한 안내 등 고려해야 할 사항이 많으니 이 코드를 기반으로 창의적인 게임을 만들어 보시길 바랍니다.

[그림 4] 똥 피하는 게임을 위한 코드 작성

물론 ChatGPT가 완벽한 코드를 제공하는 데는 아직 한계가 있다. 실제로 잘 작동하는지는 인간의 확인이 꼭 필요하다. 하지만 인공지능 언어 번역기가 처음 나왔을 때 오역의 정도와 범위를 생각해 보면 ChatGPT가 만드는 프로그래밍 코드도 높은 정확도와 함께 대중화가 되어 사용될 날이 머지않아 보인다.

실제로 ChatGPT는 인간의 고유 영역이라고 여겨지던 시, 소설, 노래 가사, 영화 시나리오 등의 창의적인 글쓰기의 영역까지 아우르며 광범위한 범위에 걸쳐 놀라울 정도의 결과물을 내놓는다. 다음 그림은 밤에 야식을 먹는 것을 제한시켜 주는 랩 가사와 떠나간 연인의 마음을 돌리기 위한 시를 써달라는 요청에 대한 답변인데, 창의적인 결과물뿐만 아니라 조언도 제공하는 것이 인상적이다.

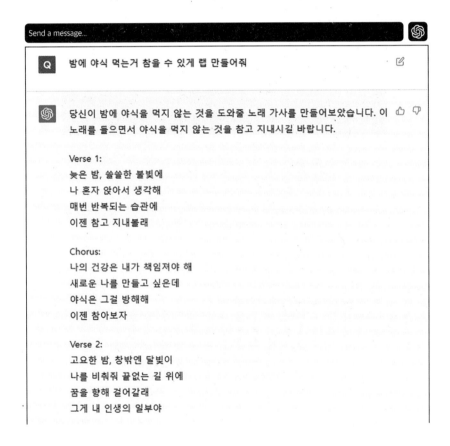

　　　　　　　　　　　　　불길하면서도 매혹적인 메타버스와 ChatGPT

Chorus:
나의 건강은 내가 책임져야 해
새로운 나를 만들고 싶은데
야식은 그걸 방해해
이젠 참아보자

Bridge:
고요한 밤, 조용한 내 마음에
새로운 도전의 의지가 생겨
끝없는 가능성이 느껴져
나는 이젠 참을래

Chorus:
나의 건강은 내가 책임져야 해
새로운 나를 만들고 싶은데
야식은 그걸 방해해
이젠 참아보자

Outro:
새로운 나를 위해 참아보자
이젠 야식을 먹지 않아도 돼
내가 만들어 가는 인생의 여정에
함께 걸어가보자

[그림 5] 밤에 야식을 참기 위한 랩 가사

Send a message...

Q 떠나간 연인의 마음을 돌릴 법한 감동의 시 한편 써줘

떠나간 연인의 마음을 되돌리기 위해 바람직한 행동을 취하는 것이 중요하지만, 그 전에 감동적인 시 한 편으로 마음을 울릴 수 있도록 노력해보겠습니다.

너의 마음 돌리는 법

흐르는 강물처럼 쏟아져 내리던 그때
나의 마음은 너 하나로 가득했었다
그러나 이젠 어디론가 사라진 네가
나의 마음을 비워놓고 떠나갔다

그래도 내 마음에 너는 여전히 살아있어
아직도 너를 기다리는 내 마음속에
떠나갔던 네가 돌아와 내게로 다시 온다면
그때 나는 모든걸 다 줄 수 있을 거야

네가 돌아올 때까지 내 마음은 기다리고 있어
언젠가 그날이 오면, 난 준비될 거야
내가 너에게 줄 수 있는 것들을 생각해보면
너에겐 내가 담긴 인생의 색깔을 선물할 수 있어

지금은 나의 마음을 비워놓고 기다리고 있지만
언젠가 그대와 함께 걷는 그날이 올 거야
너와 함께 살아갈 그 날을 위해, 난 준비될게
그때까지 내 마음은 오직 너를 위한 곳으로 살아날 거야.

👍   👎

[그림 6] 떠나간 여인을 위한 시

　처음부터 AI에게 이러한 놀라운 창작의 능력이 있었던 것은 아니다. AI의 종류를 쉽게 구분하자면 약인공지능(Artificial Narrow Intelligence), 강인공지능(Artificial General Intelligence), 초인공지능(Artificial Super Intelligence) 3가지로 나눌 수 있다.[13] 약인공지능이 인간의 지능을 흉내 내며 유용한 도구로서 설계된 프로그램이라면 강인공지능은 인간을 완벽하게 모방하고, 초인공지능은 모든 영역에서 인간보다 뛰어난 능력을 갖추는 것을 목표로 한다.

불길하면서도 매혹적인 메타버스와 ChatGPT

[표 1] 인공지능의 정의

분류	정의	예시
약인공지능	미리 정의된 규칙 또는 알고리즘을 통해 지능을 흉내 내는 수준의 인공지능	구글 알파고 왓슨 IBM
강인공지능	데이터를 찾아서 학습하고, 정해진 규칙에서 벗어나 스스로 사고하고 문제를 해결할 수 있는 인공지능	ChatGPT DALL-E
초인공지능	모든 영역에서 인간보다 뛰어난 사고와 능력을 갖춘 인공지능	로봇 AI

사실 불과 얼마 전까지만 하더라도 진정한 의미의 강인공지능의 시대도 아직 오지 않았고 초인공지능의 시대는 불가능하거나 정말 먼 미래의 일로 여겨지기도 했다. 그리고 정말 초인공지능 시대가 온다면 인류의 종말이 올 거라는 어두운 전망을 하는 학자들도 있었다. 아직도 정확히 어떠한 미래가 펼쳐질지는 알 수 없지만 한 가지 분명한 것은 현재 많은 사람이 열광하는 ChatGPT의 등장은 어쩌면 진정한 강인공지능의 시대가 가능할지도 모른다는 기대감과 초인공지능 시대가 멀지 않았을 수도 있다는 불안감을 한꺼번에 가져다주기에 충분했다.

현재 텍스트 기반의 ChatGPT 뿐만 아니라 수많은 콘텐츠 제작 프로그램들이 생성 AI를 기반으로 재탄생하고 있다. 텍스트 또는 이미지 형태의 간단한 인풋만으로도 이전에 없던 새로운 이미지나 영상, 음악 등을 만들어 주며 사용자들의 관심을 끌고 있다. 기존의 주로 텍스트나 이미지 인식과 같은 분석 작업에 특화되어 있던 식별 AI(Discriminative AI) 프로그램들과 달리 AI가 스스로 텍스트나 이미지를 생성하고 조합하고 변형할 수 있는 능력은 생성 AI(Generative AI) 시대의 신호탄이 되었고 이는 우리 사회의 많은 부분에 큰 변화를 불러일으키고 있다.

기술은 또 다른 기술을 낳으면 빠르게 발전하지만, 그 기술의 도입과 활용 시기를 앞당기는 것은 사회문화적인 변화와 영향에 기인하는 경우가 많다. 코로나19가 인간의 기본적인 연결에 대한 욕구를 반영하며 메타버스 시대의 도입을 앞당겼다면 새로운 형태의 창조에 대한 인간의 기본적인 갈망은 초거대 AI 기술(Super-giant AI)의 발전과 생성 AI 기술의 일반화를 가속화하고 있다. 이러한 기술들은 궁극적으로 인간의 삶을 혁신적이고 더욱 편리하게 만들 것이다. 하지만 이럴 때일수록 기술의 변화에 유연하고 대처하기 위해서는 해당 기술을 어떻게 슬기롭게 활용할 것인지에 그 도구적 가치와 교육 현장에서 발생할 수 있는 위험과 부작용 등에 대한 탐구들이 계속되어야 한다. 더 나아가 새로운 미래 사회에 어울리는 인재상을 재정의하고 이러한 학생들을 가르치기 위한 새로운 교사의 역할에 대한 고민과 이를 실현하기 위한 실천적인 고민이 필요하다.

3. 생성 AI 시대의 새로운 인재상의 필요성

기술의 발전으로 인해 지식이 생성되고 공유되고 향유되는 방식이 변화한 것처럼, 학생들이 사회의 구성원으로서 가져야 하는 덕목과 미래 사회의 주역으로써 갖춰야 하는 역량도 시대의 흐름에 따라 변화하고 있다. 새로운 AI 기반 사회에서 요구되는 미래 인재상을 리터러시(literacy) 개념의 변천사와 함께 살펴보고자 한다.

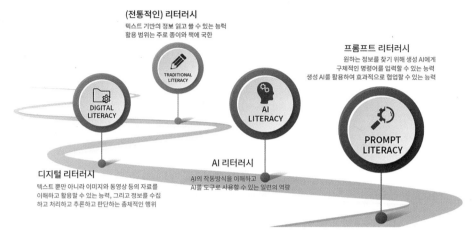

(전통적인) 리터러시
텍스트 기반의 정보 읽고 쓸 수 있는 능력
활용 범위는 주로 종이와 책에 국한

프롬프트 리터러시
원하는 정보를 찾기 위해 생성 AI에게
구체적인 명령어를 입력할 수 있는 능력
생성 AI를 활용하여 효과적으로 협업할 수 있는 능력

디지털 리터러시
텍스트 뿐만 아니라 이미지와 동영상 등의 자료를
이해하고 활용할 수 있는 능력, 그리고 정보를 수집
하고 처리하고 추론하고 판단하는 총체적인 행위

AI 리터러시
AI의 작동방식을 이해하고
AI를 도구로 사용할 수 있는 일련의 역량

[그림 7] 리터러시의 변천사

김성우와 엄기호(2021)는 『유튜브가 책을 집어삼킬 것인가』라는 철학
적인 질문을 통해 이러한 리터러시의 시대적인 변화에 대해서 고찰한다.
디지털 시대에 정보를 공유하는 방법이 텍스트 기반에서 동영상 기반으
로 진화하면서 그 정보를 누리기 위한 학생들의 눈동자의 방향, 손가락의
까딱거림 등 신체의 움직임이 변하고 있다는 점을 강조한다. 시대의 변화
에 따른 정보 처리 방식과 그 정보를 활용하기 위한 다른 형태의 리터러
시의 필요성을 조명한다.[14]

과거 전통적인 리터러시 위주의 교육 환경에서는 주입식 교육이 주를
이루었다. 따라서 학교에서 가르치는 정형화된 인풋에 따른 예측 가능한
아웃풋을 만들어 내는 것이 인재의 기준이었다. 주로 시험과 점수로 평가
되는 환경에서 아웃풋의 질 보다는 양이 인재를 결정하는 중요한 요소였
다. 하지만 디지털 리터러시 시대는 주로 영상, 음악, 사진, 그래픽 등과
같은 다양한 미디어를 사용하여 정보를 전달하기 때문에 이러한 매체에

대한 원리와 사용 방법을 이해하고 새로운 프로그램을 습득하고 활용하는 능력이 중요해졌다. 따라서 다양한 정보를 검색하고 분석하여 창의적으로 문제를 해결하는 인재가 주목받았다. 이는 4차 산업혁명의 바람과 맞물리며 4C 역량, ① 창의력(creativity), ② 의사소통(communication), ③ 협업 능력(collaboration), ④ 비판적 사고력(critical thinking)으로 정의되었다. 이를 통해 최첨단 과학기술에 대한 문해력과 소통력, 창의력과 협업 능력, 비판적 사고력을 갖춘 인재를 육성하였다.

디지털 사회로의 변모는 전통적인 텍스트 중심의 리터러시 인재상을 디지털 정보의 처리와 활용으로 확장 시켰다. 이처럼 AI 기술이 그 어느 때 보다 빠르게 발전하는 지금, 디지털 리터러시는 AI 리터러시까지 그 영역이 확장되고 있다. AI 리터러시는 AI 기술을 이해하고 효과적으로 사용할 수 있는 능력을 일컫는다. 또한 AI 기술로 인해 파생되는 다양한 형태의 정보, 미디어, 기술을 이해하고 활용하는 역량을 포함할 수 있다. 특히 앞서 소개한 N차 산업혁명을 가져올 생성 AI 기반의 기술의 대전환기에서 펼쳐질 사회문화적인 변화를 예측하고 이에 적극적으로 대응할 수 있는 인재들을 양성해야 한다. 4차 산업혁명 시대 초기에도 AI 리터러시에 대한 요구는 이미 있었지만, 그때는 주로 새롭게 등장한 AI 기술의 원리와 동작 방식을 이해하는 데 집중되어 있었다. 이와 함께 컴퓨터적 사고능력이 강조되면서 소프트웨어 및 코딩 교육의 열풍이 불었다. 하지만 코드까지 직접 만들어서 제공해 줄 수 있는 능력을 갖춘 초거대 AI 등장은 AI 리터러시에서 일 진보한 새로운 형태의 리터러시 문화를 만들어 나가야 하는 시대의 포문을 열고 있다.

4. 프롬프트 리터러시 시대의 도래

생성 AI 시대가 도래하면서 AI에게 어떠한 명령어를 넣어 어떠한 형태의 결과물을 만들어 낼 수 있는지가 중요한 능력이 되고 있다. 생성 AI 모델에게 입력되는 텍스트나 정보의 일부분 또는 전체를 프롬프트(Prompt)라고 일컫는데, 이를 통해 AI는 입력된 변인의 의미를 이해하고, 적절한 출력을 생성하게 된다. 따라서 프롬프트를 최대한 자세한 형태로 입력할수록, AI가 산출하는 결과값도 구체적으로 나오게 된다. 이와 같은 새로운 능력이 필요한 AI 기반의 사회에서는 프롬프트(Prompt) 리터러시가 중요한 역할을 하게 될 것이다.

프롬프트 리터러시는 생성 AI 모델에 구체적인 명령어를 입력하여 그 결과의 정확도를 판별하고 활용하는 능력을 일컫는다. 이뿐만 아니라 다양한 생성 AI 프로그램이 제공하는 다른 형태의 정보를 종합하여 원하는 결과물을 만들어 내기 위한 모든 일련의 행위를 포함할 수 있다. 생성 AI의 발달은 더 이상 창의력이 인간만의 고유영역이 아니라는 것을 증명하고 있다. 이러한 변화 속에서 기존의 시대상이 요구하던 단순히 창의적인 문제 해결 능력을 갖춘 인재만이 필요한 것은 아니다. 생성 AI에게 어떠한 질문을 하여 내가 원하는 결과물을 얻을 수 있을지를 탐구하고 수 많은 생성 AI 프로그램들이 제공하는 결과값을 목적에 맞게 잘 연결할 수 있는 창의적 창발성(Emegent creativity)을 갖춘 인재의 필요성이 더욱 중요해질 것이다. 실제로 이미 산업현장에서는 이러한 프롬프트 리터러시의 역량을 갖춘 프롬프트 엔지니어를 고용하려는 움직임들이 포착되고 있다.

[그림 8] 프롬트 엔지니어 채용 공고

이처럼 생성 AI 기술의 혁신적 발전에 따라 AI를 활용하는 방법에 대한 개념도 변화하고 있다. AI 리터러시에서 확장된 개념의 프롬프트 리터러시에 대한 정의와 인재상을 각각의 앞 글자를 따서 다음의 여섯 가지 역할과 함께 살펴보고자 한다.

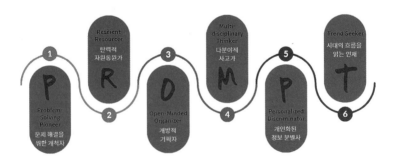

[그림 9] PROMPT 리터러시의 인재상

불길하면서도 매혹적인 메타버스와 ChatGPT

1) Problem-Solving Pioneer(문제 해결을 위한 개척자)

이는 새로운 방식으로 문제를 해결하는 데 이바지한 사람들이나 이전에 해결되지 않은 복잡한 문제를 해결하는 데 선도적인 역할을 한 사람들을 지칭하는 용어이다. 프롬프트 리터러시 인재상에서는 당면한 문제를 식별하고 분석하여 이를 해결하는 데 필요한 생성형 AI 프로그램을 찾아낼 수 있는 능력을 일컫는다. 특히 하루가 다르게 쏟아지는 수많은 생성 AI 프로그램들 속에서 적절한 AI 모델을 선택하는 것은 그 어느 때 보다 중요해졌다. 디지털 리터러시가 정보를 검색하는 능력을 중요하게 생각했다면 이제는 어떠한 정보를 어떠한 AI 모델에게 입력하는지가 중요해지는 시대가 오고 있다.

2) Resilient Resourcer(탄력적 자원동원가)

생성 AI 기술 기반의 사회는 그 어느 때 보다 빠른 변화가 이루어지기 때문에, 그 변화의 속도에 적응력을 가지고 있는 인재가 필요하다. 높은 탄력성을 갖춘 인재는 어려운 상황에 직면했을 때 포기하지 않고 스스로 돌파구를 찾아 그 문제를 해결한다. 예를 들어 생성 AI 모델이 내가 원하는 결과를 주지 않을 때 또는 부정확한 정보를 제공했을 경우보다 구체적인 프롬프트를 입력하여 내가 원하는 정보를 끝까지 찾아내는 능력이 중요해진다. 또한 이를 위해 자신의 가능성과 가용한 자원들을 최대한 활용하고 창의적인 해결책을 찾아내는 역량을 갖추고 있어야 한다.

디지털 기반의 시대에는 검색을 통해 원하는 정보의 단편적인 조각을 모았다면 생성 AI 기반의 시대에는 원하는 결과를 얻기 위한 수많은 질문의 조각을 연결해야 한다. 마치 친구들과 스무고개를 하며 끝까지 원하는 정답을 찾아내던 어린아이들처럼 원하는 정보를 얻기 위해 AI에게 끊임없이 질문하는 탄력적인 노력과 포기하지 않는 적응력이 필요하다.

3) Open-Minded Organizer(개방적 기획자)

이전의 AI 기반 시대에는 AI의 기능들을 하나하나 사용했다면 이제는 생성 AI 모델로 얻을 수 있는 정보들을 하나로 연결하여 새로운 형태의 지식을 만들어 낼 수 있는 시대로 변모하고 있다. 이는 생성 AI를 활용하여 얻고자 하는 결과물의 큰 그림을 기획하고 그걸 현실로 만들기 위한 구성 요소를 연결하는 능력이 중요해지고 있다는 것을 의미한다. 이를 위해 하나의 생성 AI 프로그램만이 필요한 것이 아니기 때문에 새로운 프로그램과 기술에 열린 마음으로 적극적으로 접근할 수 있는 유연성이 필요하다. 각각의 프로그램의 장단점을 이해하고 목표에 맞는 프로그램을 선택, 그 결과들을 하나로 연결하는 기획 능력을 갖추고 있어야 한다.

디지털 리터러시의 시대에는 하나의 정해진 그림을 완성하기 위해 검색을 통해 얻어지는 정보들을 연결하여 기승전결의 직선으로 수렴하는 형태의 기획이 중요했다. 이는 하나의 단계가 비슷한 다른 정보로 대체되어도 큰 차이가 없을뿐더러 전체적인 결과물도 획일화될 수 있다는 단점이 존재했다. 하지만 생성 AI가 제공하는 결과물들은 내가 만든 구체적인 프롬프트를 기반으로 형성된 것이기 때문에 고유성이 더욱 부각될 뿐만 아니라 각각의 정보들이 더욱 유기적으로 연결되어 있다는 차이점이 있다. 디지털 리터러시와 마찬가지로 생성 AI 기술이 성공적인 결과물을 만들기 위한 도구로 쓰이는 것은 똑같지만 이제는 단순히 하나의 정보를 수집하고 활용하는 것이 아니라 다양한 정보를 융합하여 원하는 결과를 만들어 내는 창조적 창발성(creative emergence)의 시대가 오고 있다.

4) Multidisciplinary Thinker(다분야적 사고가)

생성 AI가 제공하는 다양한 정보들을 연결해 하나의 결과물을 만들기 위해서는 다양한 분야의 지식과 전문성을 활용하여 문제를 해결하는 능력이 필요하다. 이는 AI 기반 시대에 한 가지의 전공 분야에만 국한된 것이 아니라 다양한 분야의 전문성을 갖춘 인재가 중요한 것과 같은 이유이다. 또한 생성 AI가 제공하는 잘못된 정보를 확인하고 검증하기 위해서는 결국 적절하고 효과적인 커뮤니케이션 능력으로 다양한 전문가들과 의사소통할 수 있는 능력이 필요하다.

5) Personalized Discriminator(개인화된 정보 분별사)

생성 AI 기술로 조합된 결과물을 그대로 사용할 수는 없다. 주어진 결과값을 사용자의 의도와 기획에 맞도록 더 정밀하게 개인화 시키는 과정이 꼭 필요하다. 이를 위해 AI가 제공한 결과물이 정확하고 신뢰할 만한 정보를 담고 있는지를 확인할 수 있는 분별력을 가지고 있어야 한다. 이는 앞으로의 AI 기반의 사회에서도 더 정확하고 신뢰할 수 있는 최종결과물을 위해서는 여전히 인간의 세심한 역할이 꼭 필요하다는 점에서도 시사하는 바가 크다.

6) Trend Seeker(시대의 흐름을 읽는 인재)

Trend Seeker는 특정 시기에 특정 분야에서 빠르게 성장하고 있는 분야를 빠르게 파악할 수 있는 인재를 지칭한다. 이러한 능력은 경제적, 기술적, 문화적 변화 등에 따라 다양한 분야에서 나타날 수 있으며, 특정 분야에서 발생한 성장 가능성이 큰 새로운 흐름을 따라가는 비즈니스 기회를 찾는 데 사용될 수 있다. 따라서 생성 AI 기술을 기반으로 탄생할 다양한 기술과 문화에 대해서 예측하고 그 시대의 흐름에 발 빠르게 대처할 수 있는 인재들이 주목받게 될 것이다.

이러한 프롬프트 리터러시의 6가지 역할과 인재상을 기반으로 프로젝트 기반의 교실에서 진행할 수 있는 과업 하나를 소개하고자 한다.

[표 2] 프롬프트 리터러시 기반의 영어학습 활동

단계	PROMPT 리터러시	<프로젝트 수업 목표> 미국에서 팔 수 있는 한국 문화 체험 제품 만들기	프롬프트 예시 및 비고
1단계	Problem-Solving Pioneer (문제해결을 위한 개척자)	• 아이디어를 구체화 시키는 데 필요한 텍스트, 이미지, 영상 등의 생성 AI 프로그램 검색하기	• 텍스트 정보를 위해 ChatGPT를 선정 • 제품 시안 이지미 생성을 위해 Midjourney를 선정
		• 한국문화를 소개할 수 있는 제품 아이디어 기획하기	• K-12 환경의 미국 학생들이 한국문화를 체험하는 데 필요한 교구 아이디어를 개조식으로 20개를 번호를 붙여서 제공해줘

불길하면서도 매혹적인 메타버스와 ChatGPT

1단계	Problem-Solving Pioneer (문제해결을 위한 개척자)	• 미국에서 실제로 팔 가능성 모색하기	• 위의 20개의 아이디어 중 5번을 기반으로 실질적인 10개의 사업 설계안을 만들어줘. 추가 조건은 K-pop 아티스트, 노래 가사, 언어는 영어, 메타버스 체험의 요소 포함해줘
2단계	Resilient Resourcer (탄력적 자원동원가)	• 제품 기획안을 위해 AI에서 질문하기	• 2번째 사업 설계안을 기반으로 제품 디자인에 대한 아이디어를 표로 만들어줘
		• 제품 시안을 위해 생성 AI에게 질문하기	• 위의 제품 시안을 이미지 생성 AI에게 디자인을 시키려고 하는데 적절한 Prompt를 정리해줘
		• 원하는 결과를 도출할 때까지 질의를 반복하기	
3단계	Open-Minded Organizer (개방적 기획자)	• 생성 AI가 제공한 모든 정보를 총체적으로 분석하고 사업 아이디어와 제품의 시안을 확정하기	
4단계	Multidisciplinary Thinker (다분야적 사고가)	• 생성 AI와 함께 도출한 결과물을 실제 한국문화 전문가와 미국 K-12 선생님들에게 어떠한지에 대한 조언을 구하기	
5단계	Personalized Discriminator (개인화된 정보 분별사)	• 생성 AI가 제공한 정보 중 허위 사실 구별하기	
6단계	Trend Seeker (시대의 흐름을 읽는 인재)	• 해당 제품을 실질적으로 성공하게 하는데 도움이 될 수 있는 다양한 AI 기반의 비즈니스 프로그램에 대해 탐색하기	

AI 기반의 미래 사회를 살아가게 될 인재는 디지털과 AI 리터러시 능

력뿐만 아니라, AI 기술과 함께 일하는 능력, 탄력적이고 개방적인 기획력, 다분야의 사고력과 올바른 정보를 분별하는 비판적 사고를 할 수 있어야 한다. 학생들이 이러한 프롬프트 리터러시 역량을 함양한 미래 인재상을 실현할 수 있도록 돕기 위해서는 이에 따른 교사의 새로운 역할이 중요하다.

5. 생성 AI 시대의 새로운 교사의 역할

전통적인 교수법보다는 혁신적이고 기술 중심적인 접근법이 이루어져야 하는 현시기에 교사는 변화하는 교육 환경을 이해하고 학생들의 적응을 돕기 위해 여러 가지 전략을 수립해야 한다. 특히 단순히 정보를 획득하고 지식을 늘리는 방법이 아니라 해당 정보를 찾기 위해 기획하고 다양한 지식을 조합하는 올바른 방법에 대한 교육을 제공해야 한다. 이는 새로운 생성 AI의 시대를 준비하며 기존의 교육 시스템에 대한 재구상과 새로운 교사의 역할에 대한 논의가 꼭 필요한 이유이다. 이와 같은 맥락에서 앞으로 펼쳐질 인공지능 기반 사회에 새롭게 요구되는 교사의 역할에 대해서 살펴보고자 한다.

첫째, 수많은 생성 AI 프로그램에 대한 상세한 안내를 제공해야 한다. 특히 생성 AI가 다양한 산업에서 지속해서 중요한 역할을 하는 현재인 만큼, 미래 세대의 주역인 학생들이 그 사용의 결과와 책임감 있게 사용하는 방법을 이해하는 것이 중요하다. 이를 위해서는 영역별 생성 AI 모델들을 분류하고 각각의 쓰임새를 설명해 주어야 한다. 또한 어떠한 AI 프로그램이 교육의 목적에 적합한지를 자세히 조사해야 한다. 특히 해당 기술이 학생의 학습과 발달을 돕는 방식으로 사용되고 있는지, 그리고 교육에서 중요한 비판적 사고와 창의성을 일방적으로 대체하고 있지는 않은지를 최대한 신중하게 접근해야 한다. 이러한 과정을 통해 궁극적으로 학생들이 빠르게 진화하는 환경을 탐색하고 이해하도록 돕고, 이러한 기술을 의미 있고 윤리적이며 교육적인 방식으로 사용하도록 하는 안내자의 역할을 수행해야 한다.

둘째, 생성 AI의 시대에는 지식 습득의 많은 부분이 AI로 의해 대체될 수 있기 때문에 콘텐츠를 생산적으로 활용하는 방법이 중요하다. 다시 말해 AI가 이미지를 생성하고 조합하고 변형하듯이 주어진 정보를 생성하고 조합하고 변형하면서 자신의 원하는 새로운 지식의 형태를 창조해 나가야 한다. 이를 위해서는 학생들에게 AI 시스템과 도구에 대한 실제 경험을 제공하는 것이 중요하다. AI 도구들을 잘 활용하는 방법에 대해서 교육해야 한다. 예를 들어 단순히 ChatGPT에 나온 정보를 가져오는 것이 표절이기 때문에 사용하면 안 된다고 하는 것이 아니라 다양한 AI 기반의 학습 도구가 교육에 사용될 수 있는 방식을 자세히 설명하고 직접 체험시켜 주면서 각각의 생성 AI 프로그램으로 찾은 정보들을 어떻게 융합하여야 자신의 것으로 만들 수 있는지를 깨닫기 위한 충분한 시간과 기회를 제공해야 한다. 이는 결국 학생들의 창의적인 사고력을 AI 기반의 도구를 활용하여 현실화 시키는 가장 현명한 방법이 될 수 있을 것이다.

클릭 한 번으로 원하는 모든 지식에 연결되며 명령어 하나로 원하는 결과를 얻을 수 있는 N차 산업혁명의 시대에서 인간 교사의 역할은 더 이상 지식 지식의 권위자가 아니다. 따라서 일방적인 지식을 전달하는 역할에서 벗어나 학생들이 어떻게 지식을 찾고 그 사용의 결과를 책임감 있게 사용할 수 있는지에 대한 방법을 가르쳐 주는 것이 중요하다. 특히 미래의 생성 AI 기반의 사회에서는 지식을 얻기 위해 별도의 노력이 필요하지 않을 수도 있다. 따라서 AI 네이티브로 살아갈 학생들에게 하나의 사실적인 지식과 단편적인 기술을 가르치는 것은 충분하지 않다. 수집된 여러 가지의 지식을 주도적으로 융합하고 활용하는 과정, 그리고 이를 위해 필요한 지식, 기술 및 경험을 모두 제공하는 것을 목표로 해야 한다. 생성 AI 기술의 발전과 함께 우리 교육 현장의 많은 모습이 바뀔 것이다. 인간의 두뇌에 의존해 원하는 정보를 찾기 위해 검색하고 그 결과를 통해 지식을 얻고 원하는 목표를 달성하던 습득(acquisition)의 시대에서 어떠한 AI 프로그램에 어떠한 프롬프트를 넣어 내가 원하는 지식을 빠르게 얻어 내고 그 결과들을 어떠한 방식으로 조합하여 사용해야 할 것인지를 고민해야 하는 터득(mastering)의 시대로 변모할 것이다. 따라서 교육이 이미 만들어진 지식의 결과물을 공유하고 정해진 정답을 통보하는 것이 아니라, AI가 제공하는 다양한 정보들을 재조합하고 가공해서 전혀 새로운 결과물을 만들어내는 방법을 가르치는, 이를 통해 또 다른 창조의 르네상스 시대로 초대하는 통로의 역할을 할 수 있어야 할 것이다.

불길하면서도 매혹적인 메타버스와 ChatGPT

2장
ChatGPT와
생성 AI 시대의 도래

14세기 르네상스 시대에는 고전 학문의 부흥과 미술과 예술 분야 등에서 새로운 지식의 생성이 폭발하던 시기였다. 하지만 그 창조의 결과물은 개인의 역량에 따라 결정되는 것이었기 때문에 몇몇 특출한 인간에게 국한되어 있었다. 그로부터 수백 년이 흐른 현재 다양한 생성 AI 기술의 발달로 인해 누구나 자신의 머릿속의 상상력을 멋진 예술 작품으로 탄생시킬 수 있다. 또 다른 창조의 르네상스, 모두의 르네상스의 시대를 만들어 갈 생성 AI는 과연 어떠한 기술이며 미래의 교육 현장에서 어떠한 역할을 하게 될까?

1. 생성 AI의 종류와 모델

생성 AI(Generative Artificial Intelligence)는 머신러닝 모델을 이용해 데이터의

패턴을 학습한 후, 그 지식을 기반으로 새로운 데이터를 생성하는 것을 일컫는다.[15] 머신러닝은 직접적으로 프로그래밍하지 않고도 패턴을 학습하고 예측이나 결정을 내릴 수 있는 알고리즘 개발에 초점을 맞춘 AI의 하위 분야로 지도학습(supervised learning), 비지도학습(unsupervised learning), 강화학습(reinforcement learning) 등의 유형으로 나눌 수 있다.[16] 기존의 일반적인 AI 프로그램들은 새로운 데이터를 정확하게 예측하기 위해 입력과 출력 간의 관계를 학습하는 지도학습이나, 데이터에 대해 알고리즘을 학습시키며, 데이터의 패턴이나 관계를 식별하는 것에 집중하는 비지도학습을 사용한다.[17] 하지만 생성 AI는 조금 다른 방식인 강화학습을 채택한다. 이는 결과값 대신 보상(reward) 또는 벌칙(penalty)를 기반으로 학습시키는데 이 두 가지 형태의 피드백을 반복하며 AI는 특정 개념만을 학습하는 것이 아니라 데이터 원본을 기반으로 다른 결과물을 예측하고 유도할 수 있게 된다. 이를 통해 추상적인 표현을 배우는 것도 가능해지며 학습된 새로운 패턴을 기반으로 이전에는 제공하지 못했던 새롭고 독창적인 콘텐츠를 생성하여 제공할 수 있는 것이다. 다시 말해 생성 AI는 주어진 학습 데이터의 분포를 따르며 유사한 데이터를 생성하는 모델이기 때문에, 원본과 유사하지만 같지는 않은, 즉 실존하지는 않지만 있을 법한 새로운 텍스트, 이미지, 비디오, 오디오 또는 코드 등의 창작물을 만들어 낼 수 있는 것이다.[18]

텍스트 생성 (Text Generator)

생성 AI 분야 중에서도 단연 눈에 띄는 성장을 보이는 것은 텍스트 생성 기술 분야이다. 관련해서 많은 프로그램이 개발되고 출시되고 있지만 최근 OpenAI사가 내놓은 ChatGPT는 텍스트 생성, 번역, 요약, 프로그램 코드 수정 등 다양한 언어 작업에서 인상적인 성능을 입증하고 있다.

[그림 10] OpenAI의 ChatGPT 메인 접속화면

물론 2021년 이후의 데이터에 대한 학습량이 적긴 하지만 방대한 양의 텍스트 데이터로 학습하며 사람이 작성한 텍스트와 구별하기 어려운 고품질의 텍스트를 생성하고 있다. 또한 창의력이 요구되는 분야에서도 다양한 결과물을 내놓으며 언어 작업을 수행한다. 예를 들어 다음의 그림은 "사랑이라는 주제로 한글 랩 가사 만들어줘"라는 프롬프트에 대한 ChatGPT의 랩 가사이다.

Q 사랑을 주제로 한글 랩 가사 만들어줘

 좋아요, 아래에 사랑을 주제로 한글 랩 가사를 제시하겠습니다.

[Intro]
사랑은 여행이야, 천천히 가자
함께 가면, 어디든 흐를 거야
말만으로 끝나지 않아, 행동과 마음이야
우리가 시작한 건, 새로운 시작이야

[Verse 1]
네가 내 삶에 들어와, 햇살 같았어
별보다 밝게, 나를 태워줬어
어둠 속에서 길을 잃었었지만, 네가 나를 안아줬어
함께하면, 매일을 헤쳐나가자

[Chorus]
사랑은 인내심이야, 사랑은 친절이야
널 만난 후, 내 마음과 영혼이 합쳐졌어
웃음과 눈물, 오르내림, 그 모든 것이야
널 사랑한다는 것, 항상 넘치는 거야

[그림 11] 사랑을 주제로한 랩 가사

GPT는 방대한 양의 텍스트 데이터로 학습된 가상의 두뇌라고 할 수 있다. 인간의 뇌에는 각각의 신경세포/뉴런(neuron)들의 가지와 가지를 이 어주며 신호를 주고받는 시냅스(synapse)가 존재한다. 인간의 두뇌는 시냅스를 통해 전달되는 정보를 학습하고 새로운 입력을 처리하고 예측하는 과정을 거쳐 뉴런에 기억을 저장한다. GPT에서 이 시냅스의 역할을 하는 것이 바로 매개변수/파라미터(parameter)이다. 다시 말해 GPT는 방대한 양의 텍스트 데이터가 쌓여 있는 파라미터로 정보를 학습하고 대화 흐름에서 그 파라미터를 이용하여 필요한 정보들을 처리하거나 전달할 수 있다. 이를 통해 언어 내의 패턴과 관계를 스스로 학습하고 '대화 의도'를 분류하며 맥락에 알맞은 새로운 텍스트를 생성하거나 질문에 답을 하는 것이다. 인간의 기억과 학습력이 시냅스의 연결 패턴의 변화로 좌우되듯이 GPT의 성능도 매개변수/파라미터(parameter)의 양에 달려 있다.

한 가지 놀라운 사실은 2018년 처음 공개된 GPT-1 모델의 매개변수가 약 1.17억 개였는데 현재는 그보다 약 1,500배 정도가 증가한 1,750억 개의 매개변수를 학습했다.[19] 현재의 GPT-4의 매개변수가 정확히 어느 정도인지에 대한 정확한 정보는 공개되지 않고 있지만 자체의 시행착오를 겪으면서 그 어느 때보다 기하급수적으로 늘어나고 있는 것은 분명해 보인다.

이미 정해져 있는 인간 두뇌의 뉴런과 시냅스와는 달리 GPT는 딥러닝을 통해 스스로 그 수를 늘려나가야 하므로 아직 전체적인 완성도에서 기술적으로 미흡한 부분도 있고 정보의 공정성과 정확성 측면에서 여러 가지 한계가 있다. 하지만 스스로 시행착오를 겪으면서 그 어느 때보다 더욱더 빠르게 발전하고 있다.

ChatGPT의 등장과 함께 그 외의 생성형 AI 모델 분야의 경쟁이 뜨겁게 달아오르고 있다. 다음의 표는 현재 소개된 텍스트 생성과 교정 AI 모델들의 종류와 주요 목적을 요약하여 제시한 것이다.

[표 3] 텍스트 생성 AI 프로그램

	프로그램	주소	목적 및 활용
텍스트 생성	ChatGPT	https://chat.openai.com/	다양한 글쓰기
	뤼튼	https://wrtn.ai/	다양한 글쓰기
	스토리랩	https://storylab.ai/	다양한 글쓰기
	트위터헌터	https://tweethunter.io/	트위터 글 작성
	Rytr	https://rytr.me/	다양한 글쓰기
	밋코디	https://www.meetcody.ai/	AI 비서
	네임릭스	https://namelix.com/	이름작명
	카피에이아이	https://www.copy.ai/	광고문구
	라이터쏘닉	https://writesonic.com/	다양한 글쓰기
	이지피지	https://easy-peasy.ai/	광고문구
	노션	https://www.notion.so/	AI 검색
	톰	https://beta.tome.app/	스토리 생성
	롱샷	https://www.longshot.ai/	블로그 작성
	재스퍼	https://www.jasper.ai/	블로그 작성
	호피코피	https://app.hoppycopy.co/	이메일 작성
	고문빔	https://www.gomoonbeam.com/	전문적 글쓰기
	휴마타	https://www.humata.ai/	PDF 읽기
	아날로지니	https://analogenie.com/	비유 만들기
	카피라이터	https://cowriter.org/	광고문구 작성
	보로폼즈	https://www.boloforms.com/	엑셀 명령어

텍스트 생성	렛츠푸디	https://letsfoodie.com/	레시피 제공
	레슨플랜	https://www.lessonplans.ai/	수업 교안 작성
텍스트 교정	DeepL	https://www.deepl.com/	번역기
	퀼봇	https://quillbot.com/	페러프레이징
	헤밍웨이	https://hemingwayapp.com/	가독성
텍스트 교정	테크섬머리	https://www. techcrunchsummary.com/	글 요약
	체크포라이	https://checkforai.com/	AI가 쓴 글 판별기

한 가지 흥미로운 사실은 ChatGPT가 검색엔진을 대신할지도 모른다는 무서운 기세에 구글은 코드레드(code red)까지 발령하며 경계하고 있다.[20]

TECHNOLOGY   The New York Times

A New Chat Bot Is a 'Code Red' for Google's Search Business

[그림 12] 구글의 코드레드 신문 기사

그 결과 구글도 자체 생성 AI 모델인 Bard(바드)를 출시하였는데 바드는 '음유시인'이라는 뜻을 가지고 있다. 이는 미리 정해진 답만 제공하는 텍스트 기반 AI의 시대가 저물고 새로운 창의적인 텍스트를 생성할 수 있는 새로운 AI 시대가 열리고 있음을 암시한다. 해외 기업뿐만 아니라 네이버와 카카오 등의 국내 대기업들도 앞다투어 생성 AI 모델 기반의 서비스를 출시하고 있다. 새로운 창조의 르네상스의 시대에 걸맞은 새로운 결과를 만들어 내기 위한 기업들의 소리 없는 전쟁은 이미 시작되었다.

이미지 생성 (Image Generator)

2022년 8월 26일 미국의 콜로라도주의 한 미술대회에서 생성 AI 프로그램 중의 하나인 미드저니(Midjourney)로 그려진 작품이 디지털 아트 부분에서 최종우승을 차지해 이슈가 되었다.[21] AI의 작품의 소유권과 저작권을 인정해야 하는지에 대한 논란은 계속되고 있지만 한 가지 분명한 것은 이미 AI의 그림 실력이 인간의 실력을 뛰어넘고 있다는 것은 검증이 되고 있다.

[그림 13] 미드저니의 메인 접속 화면

이미지 생성 AI 모델은 이미지와 텍스트 설명으로 구성된 대규모 데이터 세트를 학습하여 텍스트 입력을 기반으로 이미지를 생성할 수 있는 형태이다. 일반적으로 GAN(Generative Adversarial Network)과 같은 딥러닝 알고리즘을 사용하여 데이터 세트의 기본 패턴과 관계를 학습함으로써 이미지를 생성하거나 조합, 변형하는 알고리즘이다. GAN을 쉽게 설명하자면 Image를 만들어 내는 생성자(Generator)와 이렇게 만들어진 데이터를 평가하는 판별자(Discriminator)가 서로 대립(Adversarial)하며 진위를 판단하는 과정을 무한히 반복하며 성능을 점차 향상해 나가는 것이다. 이러한 학습을 통해 적은 양의 정보로 원본 이미지를 예측할 수 있고. 텍스트나 사진을 특정한 방식의 이미지로 전환하여 인식하는 것도 가능하며, 기존의 데이터와 유사한 외관의 새로운 고유의 이미지를 생성할 수 있게 되는 것이다.[22] 이를 통해 생성된 이미지는 상당히 정확한 수준이며 특히 학습 데이터에 없는 복잡한 배경과 물체를 포함할 수도 있다. 예를 들어 아래 그림은 OpenAI사에서 개발한 DALL-E라는 프로그램에서 다음의 텍스트 프롬프트를 넣고 "A two-story pink house with a white fence and a red door(흰색 울타리와 빨간 문이 있는 2층 분홍색 집)" 출력된 이미지이다.

[그림 14] DALL-E의 메인 접속 화면

[그림 15] DALL-E의 텍스트 기반 이미지 생성 예시

DALL-E와 같은 이미지 생성 AI들은 새로운 이미지와 시각적 콘텐츠를 제작할 수 있는 강력한 도구로써 그래픽 디자인, 광고, 비디오 게임 개발, 가상 현실, 메타버스 등 다양한 분야에서 사용될 수 있다. 다양한 인풋(input)을 통해 창의적인 콘텐츠를 생성할 수 있는 모델을 개발하는 데 초점을 맞추고 있기 때문에 향후 디지털 콘텐츠를 제작하고 상호 작용하는 방식에 혁신을 가져올 것이다. 다음의 표는 이미지 생성 AI를 인풋과 아웃풋으로 구별하여 그 활용에 대해서 정리를 한 것이다.

[표 4] 이미지 생성 AI 프로그램

	프로그램	주소	목적 및 활용
텍스트 ➡ 이미지	미드저니	https://www.midjourney.com/	일반 이미지
	달이	https://openai.com/dall-e-2/	일반 이미지
	움보드림	https://dream.ai/	일반 이미지
	디퓨젼비	https://diffusionbee.com/	일반 이미지
	라텐트랩	https://www.latentlabs.art/	360도 이미지
	매직스튜디오	https://magicstudio.com/	만화 스타일 이미지
	루카	https://looka.com/	로고 이미지
	나이트카페	https://creator.nightcafe.studio/	만화 스타일 이미지
	플레이 그라운드	https://playgroundai.com/	일반 이미지
	이미진미	https://imagineme.app/	내 얼굴 이미지
사진 ➡ 이미지	프로파일픽쳐	https://www.profilepicture.ai/	내 얼굴 이미지
사진 ➡ 카툰	Cartoonify	https://www.kapwing.com/cartoonify	일반 이미지
사진 ➡ 초상화	Portrait AI	https://portraitai.app/	초상화 이미지
스케치 ➡ 클립아트	AutoDraw	https://www.autodraw.com/	클립아트
	AI Painter	https://ai.webtoons.com/ko/painter	아트 색 칠하기

멀티모델(Multimodal) 콘텐츠 생성

실제로 생성 AI를 사용하여 생성되는 가장 일반적인 형태의 콘텐츠는 텍스트와 이미지이지만 이외에도 음악과 영상, 가상 콘텐츠 등 다른 분야에도 크게 이바지를 할 수 있다. 음악 생성 기술은 기존 음악을 분석하여 스타일과 구조가 유사한 새로운 곡을 생성한다. 특정 음악 장르에 대한 학습을 통해 해당 장르와 같은 스타일의 음악을 만들 수 있는 것이다. 따라서 새로운 음악 제작은 물론 저작권의 문제에서 벗어날 수 있는 배경 음악을 제작하는 데 유용하게 사용될 수 있다. 또한 생성 AI는 영상 콘텐츠 제작에도 사용할 수 있다. 텍스트를 기반으로 필요한 영상들을 자동으로 생성해 낼 수 있다. 영화나 TV 프로그램과 같은 기존 비디오 콘텐츠를 분석하여 스타일과 콘텐츠가 유사한 새로운 장면을 만들어 낼 수도 있고 광고나 소셜 미디어 콘텐츠에 사용되는 것과 같은 짧은 비디오 클립을 생성하는 데에도 사용될 수 있다. 얼마 전 국내의 한 기업에서는 생성형 AI 모델과 ChatGPT를 결합한 자동 웹툰과 영상 생성 프로그램을 출시하기도 하였다.

[그림 16] 오노마 AI가 출시한 '투툰' 프로그램[23]

이 밖에도 생성 AI는 자막, 더빙, 프로그래밍 코드, 피피티 제작 등 다양한 콘텐츠를 제작하는 데 도움이 될 수 있다. 다음의 표는 이러한 대표적인 예시를 종합하여 보여준다.

[표 5] 기타 생성 AI 프로그램

	프로그램	주소		프로그램	주소
음악	리퓨젼	https://www.riffusion.com/	자막	브루	https://vrew.voyagerx.com/
	무벨트	https://mubert.com/		비드	https://www.veed.io/

음악	시손	https://www.sysone.co.kr/	더빙	페이퍼컵	https://www.papercup.com/
	에이바	https://www.aiva.ai/		클로바	https://clova.ai/voice
	해쉬도크	https://hashdork.com/		코데이움	https://www.codeium.com/
영상	카이버	https://kaiber.ai/	코드	레프릿	https://replit.com/
	매이크어비디오	https://makeavideo.studio/		코데지	https://kodezi.com/
	클립챔프	https://clipchamp.com/ko/	피피티	슬라이드 AI	https://www.slidesai.io/
	레프리케이트	https://replicate.com/		리얼일루젼	https://www.reallusion.com/
	디자인에이아이	https://designs.ai/kr/		아트브리더	https://www.artbreeder.com
	플리키	https://fliki.ai/	3D 파일	드림퓨전	https://dreamfusion3d.github.io
	신데시아	https://www.synthesia.io/		딥이메진	https://deepimagination.cc
	알파겐모	https://alpha.genmo.ai/		키네틱스	https://www.kinetix.tech
	런웨이엠엘	https://research.runwayml.com/		미라젬	https://www.mirageml.com
AR	에어리어리티	https://aireality.tech/		캐딤	https://www.kaedim3d.com

불길하면서도 매혹적인 메타버스와 ChatGPT

2. 생성 AI의 교육적 활용 및 시사점

기존 데이터를 분석하여 스타일과 내용이 유사한 새로운 콘텐츠를 만들어 낼 수 있는 생성 AI의 능력은 특히 교육 분야에서 널리 적용될 수 있다. 물론 여러 가지 기술적인 한계와 저작권과 소유권, 표절 등의 윤리적인 문제들이 분명히 존재하지만, 본 장에서는 우선 교육에 도움이 될 가능성과 장점들, 그리고 이러한 효과를 극대화할 수 있는 교사의 새로운 역할에 대해서 함께 살펴본다. 앞서 소개된 생성 AI 프로그램 중 최근 텍스트와 이미지 생성 분야에서 가장 큰 두각을 나타내고 있는 ChatGPT와 DALL-E의 활용을 필자의 전공 분야인 영어교육 분야와 함께 예를 들어 설명하고자 한다.

ChatGPT를 활용한 영어교육의 가능성

기본적으로 언어 처리를 위해 개발된 AI이기 때문에 영어 사용과 개선의 측면에서 큰 도움이 될 수 있다. 예를 들어 학생들의 영어 글쓰기 제출물을 분석하여 문법과 구조, 표현 등의 개선 사항을 제안하고 실시간 피드백을 제공하는 보조 도구로 쓰일 수 있다. 이를 통해 교사의 시간을 절약할 수 있을 뿐만 아니라 학생은 더 많은 피드백을 받으며 작문 능력의 향상을 기대할 수 있다. 영어로 작성한 예문에 대해 문법 오류의 수정 그리고 개선 사항에 대한 이유까지 함께 피드백을 받을 수 있다. 예를 들어 다음 그림에서는 'selected'의 동사 사용의 형태를 올바른 수동형의 'was selected'로 고쳐주고, 'as'를 'by'로 바꿔주며 'tailored at' 대신 'tailored to'로 수정해 준다. 이뿐만 아니라 전치사 'to'와 'at'의 차이점도 함께 설명해준다. 이는 기존의 기계 번역기들이 제공할 수 없던 정보들이기 때문에 교사는 ChatGPT를 맞춤형 학습의 보조 도구로써 활용할 수 있을 것이다. 이러한 과정에서 교사는 ChatGPT가 제공하는 정보의 정확도를 재차 확인해 줄 수 있어야 하며 학생들에게 어떠한 텍스트 프롬프트로 더욱 나은 정보를 확인할 수 있는지에 대한 자세한 안내를 제공해야 할 것이다.

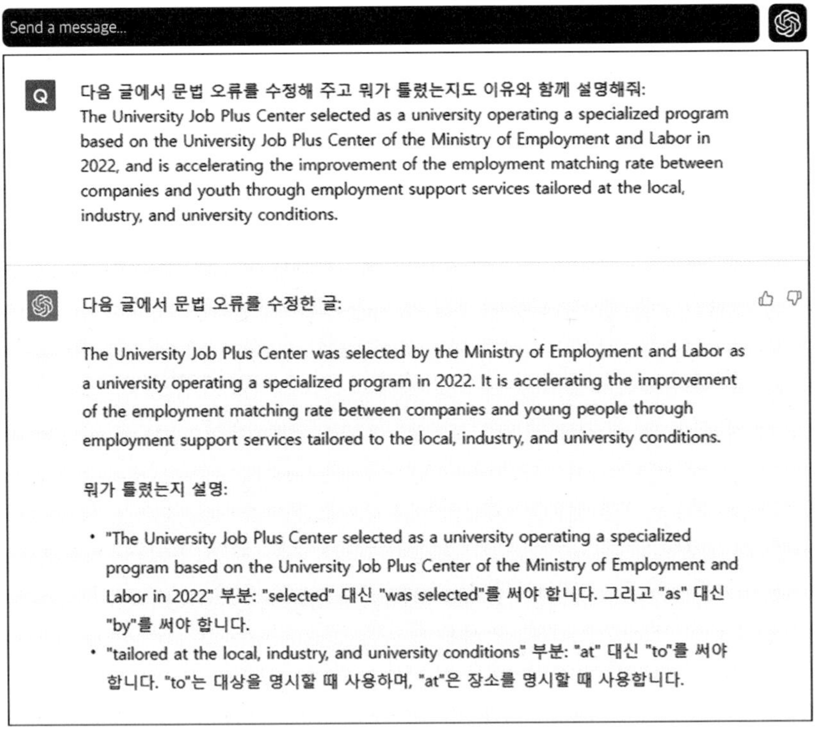

[그림 17] ChatGPT의 영어 문법 오류 수정 예시

기존의 기계 번역기와는 달리 사용자와의 대화의 맥락을 이해하며 필

불길하면서도 매혹적인 메타버스와 ChatGPT

요한 결과물을 주기 때문에 훌륭한 영어 대화의 파트너가 될 수 있다. 외국어 교육에서 원어민과 대화하는 빈도의 중요성은 아무리 강조해도 지나치지 않다. 기존의 규칙 기반의 챗봇들은 대화형으로 개발이 되긴 했지만, 원하는 정보를 찾는데 중점이 있었다.[24] 이를 극복하기 위해 교사가 직접 Dialogflow 등의 챗봇 빌더를 활용해 목적 기반형의 챗봇을 제작하는 예도 있었다. 이미 많은 연구가 이러한 챗봇 기반의 영어 활동들이 학생들의 인지적, 정의적, 언어적 발달에 큰 도움이 된다는 사실을 보고하고 있다.[25] 하지만 이 또한 하나의 교육 활동과 틀 안에서 교사의 의도대로 대화를 이어 나가는 것이지 실제 원어민과 대화하는 형태로 쓰이기에는 한계가 있었다. ChatGPT는 다른 번역 또는 챗봇의 도구들과 달리 사용자와의 대화의 맥락을 이해하고 기억하기 때문에 이러한 단점을 극복할 수 있다. 언제나 원할 때 영어로 대화를 주고받을 수 있고 나의 작은 실수까지 바로 잡아 주는 개인 과외 선생님의 역할을 해줄 수 있어 상대적으로 원어민과의 만남의 기회가 적었던 EFL(English as a Foreign Language) 상황에서는 큰 도움이 될 수 있다. 물론 모든 교육 분야가 마찬가지이듯 학생들이 스스로 주도성을 가지고 ChatGPT와의 대화를 이어 나가기 위한 동기부여는 여전히 인간 교사의 몫이다. 수업 활동 또는 과제와 연계를 하여 학생들이 지속해서 ChatGPT와 대화를 이어 나가고 그 결과를 기록하고 무엇보다 그 과정에서 발견되는 실수들에 대한 철저한 검토를 이어 나갈 수 있도록 동기부여를 해야 할 것이다.

ChatGPT를 통해 교사는 수업의 계획이나 활동의 아이디어를 받을 수 있다. 이를 잘 활용하면 학생들에게 개별 수준별 맞춤형 교육을 제공하는데 큰 도움이 될 수 있다. 교육 분야에서 가장 중요한 것은 학생 한명 한

명의 다름과 차이를 이해하는 것이다. 보편적으로 교육의 과정에서 학생별로 어떠한 특징과 학습 패턴을 보이는지에 대한 분석은 전적으로 교사의 노력에 달려 있다. 따라서 때로는 수많은 학생에게 개인별 피드백을 제공하거나 맞춤형 학습 자료를 제시하는 것은 시간적 물리적 어려움에 직면할 때가 많다. 하지만 ChatGPT를 잘 활용하면 학생들의 수준에 맞춘 학습 자료에 대한 아이디어 수집이나 실제 활동 자료들을 제작할 수 있을 뿐만 아니라 수준별 퀴즈 또는 연습 문제를 설계하여 맞춤형 교육을 위한 보조자료들을 만들 수 있다. 예를 들어 다음의 그림처럼 수동태의 문법 구조를 이해하는 데 어려움을 겪는 학생이 있다면 ChatGPT에서 생성한 특정 요구에 맞는 맞춤형 연습 문제와 학습 자료를 추가로 제공할 수 있다. 이는 교사가 학생의 학습 스타일과 선호도를 더 잘 이해하는 데도 도움이 되기 때문에 학생의 참여도를 높이며 교육 현장에서 유용하게 쓰일 수 있다.

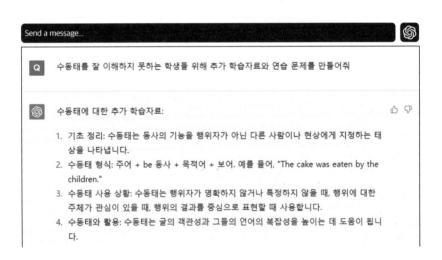

불길하면서도 매혹적인 메타버스와 ChatGPT

연습 문제:

1. 다음 문장을 수동태로 바꿔보세요:

   • The dog chased the cat.

2. 다음 문장의 주어를 바꿔센 후 수동태로 바꿔보세요:

   • The children ate the cake.

3. 다음 문장을 수동태로 바꿔보세요:

   • The wind broke the window.

4. 자신의 말로 다음 문장을 수동

Q 연습 문제의 정답은 뭐야?

1. The cat was chased by the dog.
2. The cake was eaten by the children. (The subject can be changed to "Someone" to make it more generic, e.g. "The cake was eaten by someone.")
3. The window was broken by the wind.

[그림 18] ChatGPT의 영어 문법 설명 및 문제 제작 예시

자동 채점이나 자동 문항 생성기는 이미 AI 기반의 교육 분야에서 널리 활용되고 있었다.[26] 이전 시험 점수 및 학습 선호도와 같은 개별 학생 데이터를 학습하여 개인화된 학습 자료와 추천을 생성할 수 있다는 측면에서 큰 장점이 있었지만, 한편으로는 학생 한명 한명에게 개별화된 정보를 제공하기에는 분명한 한계가 존재했다.[27] ChatGPT는 이러한 기술의 단점들을 보완하며 보다 나은 개인 맞춤형 교육 환경을 만들어 나가는데 이바지할 수 있을 것이다.

앞서 살펴본 바와 같이 ChatGPT는 텍스트 생성, 번역, 요약 뿐만 아니라 창의적인 글쓰기에 필요한 다양한 언어 작업에 놀라울 정도로 뛰어

난 성능을 보인다. 따라서 장르 기반의 영어 학습(genre-based instruction)을 장려하고 관련 콘텐츠의 생성과 아이디어를 수집하고 활동을 제작하는 데 큰 도움이 된다. 장르 기반 영어교육은 오래된 교수법 중 하나로 이미 다양한 효과가 입증됐다.[28] 하지만 한편으로는 교사가 어떠한 장르를 선택하여 어떠한 수업 활동을 만드는지나 학생들에게 해당 장르에 대한 선험 지식(schema)을 어떠한 식으로 입력할지에 대한 고민에는 많은 시간과 노력이 필요했다. ChatGPT의 경우 같은 내용과 주제를 다양한 글의 형태로 쉽게 변환하여 접근하는 것이 가능하므로 이러한 어려움을 보완해 줄 수 있다. 예를 들어 다음의 그림은 "밤에 야식을 먹으면 살찌는 이유"에 대한 다양한 장르(뉴스 기사, SNS, 광고문, 대통령 신년사, 만화, 논문)처럼 글을 재생성한 예시이다.

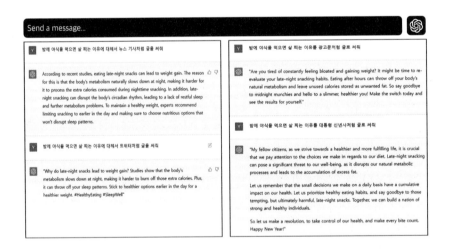

　불길하면서도 매혹적인 메타버스와 ChatGPT

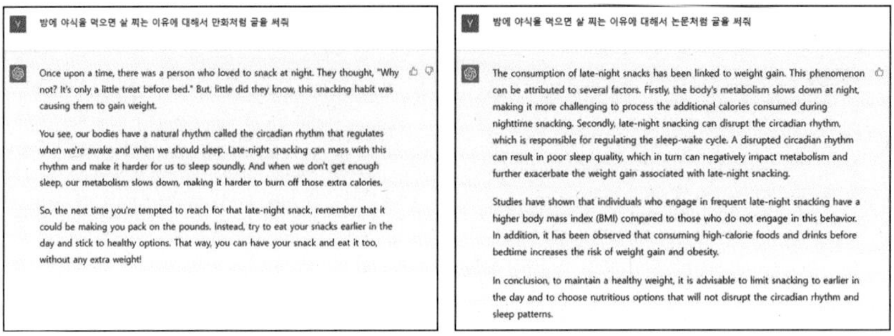

[그림 19] ChatGPT의 같은 주제의 장르별 글쓰기 예시

위의 예시와 같이 특정 읽기 또는 쓰기 주제에 대한 다양한 장르별 학습 자료를 제공하면 학생들은 장르별 글쓰기의 목적과 기능, 구조, 양식, 수학적인 형태 등에 관련된 여러 가지 정보를 수집하여 비교할 수 있다. 또한 실제 인간이 작성한 비슷한 글을 찾아 AI가 제공하는 글과의 스타일의 차이들을 분석하며 장르별 학습을 인공지능의 영역까지 확장하는 다양한 비판적 리터러시(Critical Literacy) 역량도 강화할 수 있을 것이다. 그리고 이 모든 과정에서 학생들이 ChatGPT로 얻은 결과물을 어떻게 분석하고 어떠한 장르의 글쓰기와 또 어떠한 상황과 맥락과 연계할지는 여전히 인간 교사의 중요한 역할이다.

DALL-E를 활용한 영어교육의 가능성

교육적으로 큰 잠재력을 지닌 또 다른 생성 AI 모델 중 하나가 바로 텍스트를 이미지로 변환해 주는 DELL-E와 같은 프로그램이다. 물론 텍스트를 생성하는 다른 프로그램들과는 달리 언어의 생성에 중점이 있는 것은 아니지만 이러한 프로그램이 영어교육 환경에서 어떠한 부수적인 도움을 줄 수 있는지 다양한 관점에서 살펴보고자 한다.

첫째, ChatGPT의 사용과 마찬가지로 DALL-E도 결국 어떠한 텍스트의 프롬프트가 주어지냐에 따라 AI가 제공하는 결과물의 질이 달라진다. 따라서 이미지의 생성 과정에서 정확하고 구체적인 프롬프트를 제공하는 것이 가장 중요하다. 내가 원하는 이미지가 나올 때까지 다양한 프롬프트를 입력해 보는 과정을 통해 학생들은 언어의 사용에 자연스럽게 노출이 될 수 있다. 또한 머릿속에 있는 이미지를 구체화 시키기 위해서는 하나의 사물의 생김새뿐만 아니라 그 사물이 위치한 주위의 상황 또는 맥락과 어떠한 관계를 맺고 있는지를 구체적으로 언급해야 하므로 보다 고도화된 언어 표현을 연습하는 것도 가능해진다. 다음의 그림은 DALL-E에서 실제로 보다 나은 이미지를 생성하기 위한 TIP으로 제공하는 것인데 "Describe the context in which an item appears"라고 강조한다.

Tip
Describe the context in which an item appears.

"A blue orange sliced in half laying on a blue floor in front of a blue wall"

[그림 20] DALL-E의 프롬프트 제작 안내 예시

같은 맥락에서 실제 사진이나 그림을 보고 그 장면과 사물을 묘사하게끔 한 후 텍스트로 입력하여 DALL-E가 비슷한 이미지를 생성해 내는지를, 또는 그렇지 않았을 때 그 이유에 대해서 분석하는 활동들도 긍정적

불길하면서도 매혹적인 메타버스와 ChatGPT

인 교육적 효과를 기대할 수 있다. 이러한 활동을 장려하는 과정에서 교사는 학생의 머릿속에 있는 상상력의 그림을 정확한 텍스트로 표현하기 위한 추가적인 언어 활동들을 장려할 수 있다. 예를 들어 다양한 종류별 프롬프트에 관한 표현을 가르치며 어떠한 부분을 바꾸었을 때 어떠한 결과들이 나오는지에 대한 정보를 쌓고 이를 데이터화 하여 학생들의 영어 표현 능력을 신장시킬 수 있다. 실제로 다음 그림과 같이 현재 이미지 생성형 AI에게 어떠한 프롬프트를 넣어야 하는지를 그룹별로 소개하고 해당 어휘들을 소개하는 웹사이트들도 존재한다.

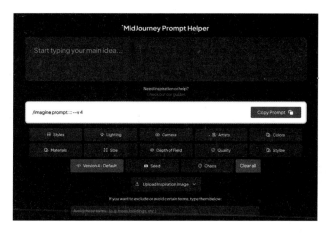

[그림 21] 생성 AI를 위한 프롬프트 제작 도구 예시

이러한 프로그램들을 잘 활용하면 학생들에게 더 많은 표현을 소개하고 학습시킬 수 있을 것이다. 물론 DALL-E의 성능이 모든 언어 표현을 정확히 표현해 주기에는 아직 한계가 있다. 하지만 이러한 경우에도 어느 부분이 잘못 됐는지에 대한 비판적 토론과 접근을 통해서 어휘 능력을

신장할 수도 있다. 또한 조금씩 다른 표현에 DALL-E가 어떠한 다른 이미지들을 생성해 낼지를 예측하면서 창의적인 방식으로 영어를 사용하고 연습하는 기회를 제공할 수 있다. 예를 들어 다음의 예시는 모두 같은 프롬프트를 넣고 전치사의 사용과 테이블의 형태만 다르게 했을 때 어떠한 다른 결과가 나오는 지를 비교한 예시이다.

 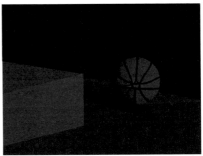

A blue basketball on the blue round table in front of a red wall in a digital art format

A blue basketball next to the square-typed table in a digital art format

[그림 22] 같은 문장에 전치사만 다르게 하여 표현한 그림 비교

이처럼 학생들에게 같은 구조 안에서 다양한 영어표현을 써서 다른 결과물들을 만들게끔 하면 이를 통해 영어 어휘와 문법의 미묘한 차이 또한 학습할 수 있다. 단순히 교사가 제공하는 그림과 학습 자료로 학습하는 것과 학생 스스로 만들어 낸 그림을 가지고 차이를 경험하면 동기부여의 측면에서 그 교육적 효과는 배가 될 수 있을 것이다.

둘째, 다양한 이미지 생성을 통해 몰입형 수업 콘텐츠 제작에 도움을 받을 수 있다. 교사가 교육을 위해 이미지를 사용하거나 학생들이 필요한 이미지들이 있을 때 지금은 몇몇 무료 저작권 이미지 사이트에 들어가서 검색해야 하지만 이제는 구체적으로 자신이 원하는 이미지를 AI의 도움을 받아서 만들어 낼 수 있기 때문에 수많은 시각 보조자료를 생성할 수 있다는 장점이 있다. 또한 DALL-E로 생성되는 이미지의 조합을 통해 가상 및 증강 현실 기술과 통합하여 몰입형 영어 학습 환경을 제작하는 데 도움이 될 수 있다. 실제로 Spot Virtual이라는 메타버스 플랫폼(https://www.spotvirtual.com/)은 이미 생성형 AI 이미지 기술을 탑재하여 사용자가 원하는 이미지를 바로 연동시키고 있다.

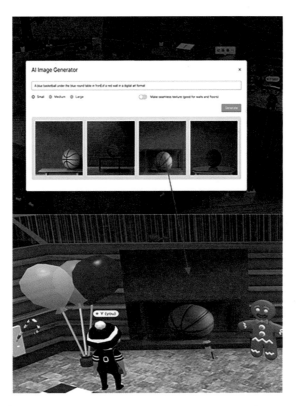

[그림 23] 생성 AI 이미지 기능이 탑재된 메타버스 플랫폼

이처럼, 생성 AI를 사용하여 영미문화 요소와 관련된 이미지를 만들고 이를 메타버스 공간을 꾸미거나 NFT(Non-Fungible Token)와 연동하여 가상 전시회를 여는 등의 다양한 활동과 연계할 때 또 다른 형태의 몰입 기회를 제공할 수 있게 된다. 이는 생성 AI의 시대 도래로 메타버스의 시대가 저무는 것이 아니라 두 가지 기술이 융합되어 서로 상호보완적으로 나아갈 수 있다는 측면에서 의미하는 바가 크다.

3. 생성 AI의 교육적 사용의 제한점과 주의사항

생성 AI의 등장으로 새롭고 혁신적인 교육 및 학습 방법이 가능해지고 이를 활용해 얻을 수 있는 잠재적인 이점들이 많지만, 여전히 기술적인 한계뿐만 아니라 사용에 있어서 고려해야 하는 주의사항들이 존재한다.

첫째, 편견과 공정성의 문제가 있다. AI 모델은 학습 데이터가 편향되어 있으면 생성된 콘텐츠에도 이러한 편향성이 반영될 수 있다. 이는 고정관념과 다른 형태의 차별을 고착화할 수 있기 때문에 교육 분야에서뿐만 아니라 사회적으로도 우려되는 문제이다.[29] 이를 해결하기 위해 AI 모델을 학습시킬 때 다양하고 대표성 있는 데이터 소스를 사용하고 사용 대상을 고려하는 것이 중요한데 이 과정에 교사가 직접 개입할 수 없다는 치명적인 단점이 있다.

둘째, 데이터를 형성하는 과정에서 최신 정보를 반영하지 못하는 기술적인 제한은 차치하더라도 (실제로 ChatGPT도 2021년 이후의 자료에 대한 답변은 정확하지 않다고 안내하고 있다) 생성 AI가 제공하는 정보들에 대한 신빙성과 출처

등의 부분을 철저히 검증하는 과정이 필요하다. 이러한 문제를 해결하려면 생성된 콘텐츠가 기존의 저작권을 침해하지 않도록 하고, 원본 저작물과 생성된 콘텐츠를 명확하게 구분하며, 학생과 교사에게 AI 생성 콘텐츠의 올바른 사용 및 인용에 대해 교육하는 것이 중요하다. 실제로 ChatGPT 같은 경우는 정보가 어디서 오는지 출처를 따로 표기하지 않기 때문에 해당 정보를 아무런 검증 없이 학생들에게 제공하는 것은 반드시 주의가 필요하다.[30] 이는 정보의 생성을 AI가 하더라도 결국 그 정보를 공유하고 어떻게 활용할지에 대한 주도성은 인간에게 있다는 뜻이기도 하다.

셋째, 소유권 및 표절 등과 관련된 중요한 이슈가 있다. 예를 들어 ChatGPT가 제공하는 텍스트들을 그대로 사용하면 표절의 문제에서 벗어날 수 있는지는 반드시 따지고 넘어가야 하는 문제이다. 실제로 캐나다의 Western University 대학의 O'Connor 교수는 간호학 분야의 저명 학술지인 Nurse Education in Practice에 자신의 논문을 출판하면서 ChatGPT를 교신 저자로 등록시켰다. O'Connor 교수가 어떠한 의도를 가지고 이러한 일을 했는지는 어느 정도 예측이 가능하지만, 이는 연구 윤리의 문제와 형평성의 측면에서 논란을 불러일으킬 수 있다.[31]

 Nurse Education in Practice
Volume 66, January 2023, 103537

Editorial

Open artificial intelligence platforms in nursing education: Tools for academic progress or abuse?

Siobhan O'Connor ᵃ ♀¹ ✉, ChatGPT ᵇ ✉

[그림 24] ChatGPT가 교신저자로 등재된 학술 논문

실제로 많은 나라의 대학들이 ChatGPT의 결과를 과제로 제출하는 것을 강력하게 경고하고 있으며 국내의 한 국제학교는 학생들이 제출한 에세이 결과를 "GPTZero"라는 GPT 활용 적발 프로그램을 활용하여 적발하고 모두 0점 처리를 한 선례도 나오고 있다.[32] 하지만 ChatGPT의 사용을 무조건 금지 시키기보다는 기술과의 공존을 위해 AI가 생성한 콘텐츠의 소유권과 통제권을 결정하고 표절과 관련된 규정을 준수하는 명확한 기준을 마련하여 슬기롭게 사용하는 방법에 대한 더 많은 고민이 필요한 시기이다.

넷째, 같은 맥락에서 학생들의 지나친 기술에 대한 의존도가 문제가 될 수 있다. AI는 교육에 강력한 보조 도구가 될 수 있지만, 학생들이 기술에 지나치게 의존하여 중요한 비판적 사고와 문제 해결 능력을 놓칠 수 있는 위험이 공존한다. 이러한 문제를 해결하려면 AI 사용과 실습 및 능동적 학습을 강조하는 다른 교육적 접근 방식의 균형을 맞추는 것이 중요하다. Noam Chomsky는 최근 한 유튜브 채널의 인터뷰에 나와서 ChatGPT에 대해서 천문학적인 데이터를 묶어서 발견하는 시스템에 불과하며 표절의 문제 등에서 벗어날 수 없다고 평하였다. 하지만 그것보다 더 중요한 것은 현시대의 학생들이 AI에게 과제를 대신 시킬 정도로 학습을 회피하고 싶어 하는 것은 근본적으로 현대 교육의 실패라는 점을 지적하였다. 학생들을 시험을 통해 점수로 평가하고 이를 기반으로 경제적 기회와 가치로 연결하는 신자유주의 사상(neoliberal ideology)이 학생들에게 교육에 흥미를 주지 못하고 있다는 점을 강조하였다.[33] 이는 결국은 생성 AI 시대에 기술의 활용을 금지할 것인지 아닌지에 대한 논의가 아니라 이러한 기술들이 주목받게 된 이유를 잘 살펴보고 변화하는 환경에 유기적으로 적응하며 학생들에게 꼭 필요한 것을 제공하려는 교사의 노력과 역할이 중요하다는 점을 잘 보여준다.

3장
ChatGPT의 등장,
그리고 메타버스는 어디로 가는가?

　최근 ChatGPT의 등장으로 바뀌게 될 미래의 모습에 모든 관심이 쏠리고 있다. 상대적으로 코로나19의 상황에 새로운 소통의 기술로 급부상했던 메타버스에 관한 관심은 줄어들고 있다. 아래 그림은 최근 SNS에 자주 등장하는 밈(meme)으로 ChatGPT의 등장과 함께 아무런 관심을 받지 못하고 가라앉고 있는 메타버스와 이미 바닷속 깊이 가라앉아 뼈밖에 남지 않은 NFT(대체불가토큰)에 대한 현 상황을 잘 대변해 준다.

[그림 25] ChatGPT, 메타버스, NFT의 현 상황 비유 (출처: 인터넷 밈)

불길하면서도 매혹적인 메타버스와 ChatGPT

ChatGPT와 메타버스는 키워드 검색량에서도 큰 차이를 보인다. 구글의 최근 1년간의 기록을 살펴보면 뜨거웠던 메타버스에 대한 검색량은 2022년 3월에 비해 4분의 1 수준으로 줄어들었다. 반면에 ChatGPT의 관심은 마치 2020년 초 메타버스의 대한 광풍이 시작되던 그 시기처럼 가파른 상승세를 보인다.

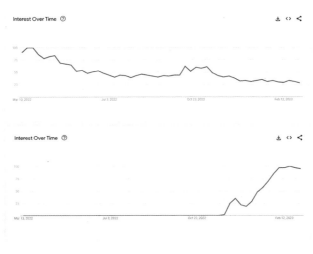

[그림 26] 메타버스와 ChatGPT 검색량 비교 (2022.03~2023.02)

메타버스에 대한 사람들의 관심과 수요가 줄어든다는 것은 산업현장에서도 쉽게 발견된다. 메타버스 세상의 부푼 꿈을 안고 사명까지 메타로 변경했던 페이스북이 총체적 난국에 빠진 것은 두말할 것도 없이, 미국의 빅테크 기업들은 정리해고 바람의 미명 하에 메타버스와 관련된 인력과 사업을 줄여 나가고 있다. 이대로 메타버스의 열풍은 신기루처럼 사라지는 것인가? ChatGPT와 생성 AI의 등장으로 메타버스의 시대가 저물고 있는 것인가? 결론부터 이야기하자면 그렇지 않다. 오히려 ChatGPT와 같은 생성 AI의 등장은 메타버스 사용의 불편함과 기술적 한계점을 보완하며 진정한 메타버스 시대의 도래를 앞당길 수 있는 좋은 촉매제가 될 것이다.

사실 메타버스에 대한 관심은 최고의 절정에 올랐던 2020년 하반기 이후 꾸준히 감소하고 있었다. ChatGPT로 인해 메타버스에 대한 관심이 줄었다기보다는 메타버스 기술의 발전 속도가 사람들의 기대를 따라가지 못하며 한계점이 드러나는 시기에 ChatGPT라는 새로운 기술이 등장했다고 보는 것이 조금 더 합리적이다. 메타버스에 대한 아쉬움을 채워주는 신기술의 등장은 폭발적인 인기로 이어질 수밖에 없었다. 물론 ChatGPT의 열풍도 또 다른 기술의 등장과 함께 식을 것이라는 관조적인 태도도 있지만 ChatGPT의 열풍은 메타버스 때와는 분명한 차이가 있다. 이를 비교 분석하여 앞으로 메타버스가 나아가야 할 발전 방향과 교육 현장에서 고려해야 할 주의사항들에 대해 제안하고자 한다.

1. ChatGPT와 메타버스 열풍의 차이

ChatGPT에 대한 폭발적인 인기의 이유는 아이러니하게도 메타버스에 대한 관심의 하향세를 이끈 단점과 밀접하게 연관되어 있다. 두 기술의 열풍의 차이를 1) 실제성, 2) 경험, 3) 편리성의 세 가지 측면에서 살펴보고자 한다.

첫째, 두 기술은 실제성에서 큰 차이를 보인다. ChatGPT와 같은 GPT

모델 또는 생성 AI 프로그램은 이미 여러 가지 형태로 개발되어 사용돼 왔다. 하지만 2022년 11월 말 ChatGPT의 출시와 함께 생성 AI에 관한 관심이 급등한 것은 ChatGPT가 이전의 다른 GPT 모델이 사람들에게 주지 못하던 알파의 경험을 제공해 주었다는 뜻이기도 하다. AI 챗봇 또한 사용자가 원하는 정보를 주기는 했지만 정해진 규칙에 따라 프로그래밍이 된 정보만을 제공하여 맥락을 이해하지 못하거나 잦은 오류로 인해 챗봇과의 대화는 편리한 기계와 대화하는 느낌을 벗어나지 못했다. 인공지능과의 대화라는 색다른 경험을 제공하긴 했지만, 인간과의 대화라는 실제와 똑같은 경험을 제공하지는 못한 것이다. 반면에 ChatGPT는 기존의 GPT 모델에 대화의 형태가 접목되면서 사람들에게 진짜 인간과 대화하는 듯한 착각을 불러일으킬 정도의 높은 실제성을 제공한다. 한 가지 흥미로운 사실은 ChatGPT가 대답을 제공하는 형식을 보면 기존의 챗봇처럼 대답을 한 번에 모두 나열하는 것이 아니라 실제로 사람이 타자를 치는 느낌을 주는 방식을 채택했다는 점이다. 컴퓨터상의 문서 작업을 해 본 사람이라면 마치 자신이 그래했듯이 누군가가 나의 질문에 타자를 치면서 대답하는 실제성을 느끼기에는 충분하다.

이러한 측면에서 현시대의 메타버스는 과연 사람들에게 실제성이 높은 경험을 제공하고 있는지를 돌이켜 봐야 한다. 현재의 기술력으로는 앱이나 PC를 통해 접속한 2차원의 가상 환경이나 HMD의 기기를 쓰고 들어간 보다 고차원의 3차원 가상 세계도 결국에는 현실에서 체험하는 경험을 대체할 수는 없다. 물론 메타버스 자체가 가상 세계를 근간으로 이루어진 기술이기는 하지만 그 가상 세계를 사람들이 진짜로 믿을 만큼의 착각을 일으키고 있는지에 대해서는 물음표가 남는다.

교육 현장에서 수많은 메타버스 플랫폼과 콘텐츠들이 교육의 몰입감을 높이고 있는 것은 사실이다. 하지만 학생들이 현실 세계에서 직접 체험하는 것과 가상 세계에서 간접적으로 경험을 하는 것에는 분명한 차이가 있다. 코로나 시대에 현실을 대체하기 위해서 존재하던 차선책의 가상세계만으로는 사람들의 꾸준한 접속을 유도기가 어렵다. 이는 전면 대면수업이 시작된 현재 메타버스를 활용한 교육의 필요성과 당위성이 약해지고 있는 당연한 이유이기도 하다. 메타버스에 대한 지속적인 관심을 유지하기 위해서는 가상의 ChatGPT가 사람과 실제로 대화하는 듯한 경험을 주고 때로는 진짜 사람들의 답변보다 훨씬 뛰어난 답변을 제공했듯이 가상의 메타버스에 체험하는 환경과 콘텐츠는 현실과 비슷한 수준 또는 현실보다 더 현실 같은 느낌과 경험을 제공할 수 있어야 한다.

둘째, ChatGPT와 메타버스는 기존의 유사한 프로그램들과 다른 경험을 제공하는가에 대한 정도의 차이가 크다. 앞에서도 언급한 바와 같이 ChatGPT는 기존의 대화형 AI 챗봇들이 하지 못하는 전혀 다른 경험을 제공한다. 반면에 메타버스는 사람들이 이미 20년 전 1세대의 가상 환경에서 세컨드라이프(Second Life)나 오픈심(Opensim) 등의 프로그램과 수많은 VR 게임의 형태로 경험해 오던 것이었다. 물론 시대적 흐름에 따른 관심의 폭과 용도의 중심 목적이 달랐기 때문에 메타버스라는 새로운 옷을 입었을 뿐이지 그 핵심을 구성하는 기술력은 다를 것이 없었다. 현실과 가상을 연결하는 NFT(대체불가토큰) 등의 새로운 경제 개념을 도입하며 색다른 경험을 제공하긴 했지만, 이 또한 결국 결과물에서 지속적인 큰 차이를 만들어 내지는 못했다.

많은 사람이 메타버스의 등장이 Web 3.0 시대의 도래를 가져올 것으로 예측했다. 하지만 이러한 비약적인 발전을 논하며 새로운 차원의 시대로 진입하기 위해서는 이전의 세상과 전혀 다른 경험을 제공해야 한다. 다시 말해 이전의 Web 1.0과 Web 2.0 세상에서 사람들이 경험할 수 없었던 무언가가 있어야 한다. 이미 인터넷상에 있는 정보와 결과물을 3D 가상의 공간 안에 옮겨 놓는 것만으로는 2.5세대에 머물 수밖에 없다. 또한 스마트폰이라는 혁신이 온라인 기반의 Web 1.0에서 SNS 기반의 Web 2.0 세대로의 전환에 중추적인 역할을 한 것처럼 Web 2.0과 3.0의 시대를 구별하기 위해서는 메타버스라는 기술의 혁신이 아니라 이를 구현할 수 있는 기기의 혁명이 반드시 수반되어야 한다. ChatGPT는 2007년에 출시되어 스마트폰 혁명의 기초가 되었던 아이폰의 등장과 맞먹는다는 평가를 받고 있다. 이와 같이 혁신적인 변화를 초래하며 기존과 전혀 다른 경험이 가능하게 만드는 기기의 발전이 뒷받침되지 않는다면 메타버스는 Web 3.0의 시대를 이끄는 주인공의 자리를 내줄 수밖에 없다.

셋째, 같은 맥락에서 두 기술은 사용의 편리함 측면에서 큰 차이가 있다. ChatGPT가 이토록 이른 시간에 폭발적인 사용자를 끌어모을 수 있었던 이유는 결국 ChatGPT를 사용할 수 있는 플랫폼이 누구에게나 익숙한 인터넷 환경이었기 때문이다. 기존에 익숙하던 환경, 컴퓨터와 스마트폰으로 바로 접속이 되는 것이기 때문에 기술을 사용하는데 진입장벽이 존재하지 않았다.

지금의 메타버스 플랫폼들은 어떠한가? 대부분 별도의 앱 또는 프로그램의 다운로드와 설치가 필요하기도 하고 때로는 고사양의 PC 성능과 더 안정적인 인터넷망을 요구하기도 한다. 물론 PC에서 바로 접속할 수 있는 플랫폼도 있긴 하지만 이는 상대적으로 몰입도를 떨어트린다. 더 높은 실제성을 위해서 HMD(Head-Mounted Display) 기기를 사용하는 것도 가능하지만 대신 불편함은 가중된다. 기계를 착용하고 들어가서도 콘텐츠를 수월하게 체험하기 위해서는 많은 제약이 있는 것이 현실이며 실제 기기를 잘 사용하더라도 시야의 제한과 멀미 등의 신체적 피로도를 고려하지 않을 수 없다.

이는 교육 환경에서 활용의 범위와 가용성에 특히 큰 차이를 불러온다. 메타버스를 활용하기 위해서는 수업 준비와 운영의 단계에 거쳐 교사의 업무가 가중된다. 예를 들어 해당 프로그램의 원활한 사용을 위해 사용법을 따로 공부해서 익혀야 한다. 메타버스는 각 프로그램마다 사용 방법이 다 달라서 여러 가지를 일반화하여 적용하는데 어려움이 따를 수밖에 없다. 실제로 교실 현장에서는 하나의 플랫폼의 사용법을 힘들게 배우면 또 다른 프로그램이 나와 그걸 배워야 하는 어려움을 토로하곤 한다. 같은 맥락에서 NFT의 사용도 마찬가지의 장벽이 존재한다. NFT를 등록하고 하는 것도 복잡한 과정이 필요하다. 가상지갑을 만들어야 하며 심지어 가상화폐로 수수료를 내야 하는 플랫폼도 있다. 또한 가상의 콘텐츠에 소유권을 부여하는 장점 등의 여러 가지 잠재력에도 불구하고 유동성 자산이 될 수 있기 때문에 교사가 학생에게 NFT를 연동한 교육을 장려하는 것이 도덕적으로 올바른 것인가에 대한 논란은 쉽게 사라지지 않는다. 반면 ChatGPT의 사용은 이러한 모든 부분에서 벗어날 수 있다. 특히 명령어 하나에 수준별 학생에게 맞는 수업 보조자료들을 만들어 주기도 하고 심지어 교사가 원하는 강의안까지 짜주면서 교사의 업무를 완화시키고 있다. 학생들이 수업 활동을 위해 ChatGPT에 접속하는 것도 별다른 복잡한 과정 없이 접근할 수 있기 때문에 편리함의 측면에서 큰 장점이 있다.

인간을 편리하게 하는 기술이 주목받고 쓰임을 받는 것은 당연한 이치이다. 1차 산업혁명의 증기, 2차의 전기, 3차의 컴퓨터와 인터넷, 4차의 ICT와 인공지능까지 모두 사람들에게 편리함을 제공하며 업무의 효율과 생산성을 폭발시키는 요소들이었다. 이러한 측면에서 메타버스는 과연 사람을 편하게 하는 기술인가, 과연 사람들의 업무의 효율을 높이는 공간으로 쓰일 수 있는지에 대한 철저한 고민과 대책이 있어야 한다.

2. 메타버스 시대를 앞당기는 생성형 AI 기술

ChatGPT는 현재 단순한 프로그램이 아니라 사람과 기술, 기술과 기술을 연결하는 플랫폼의 역할을 하고 있다. 얼마 전 MS의 검색엔진인 빙이 ChatGPT를 병합하였고 이 밖에 Notion과 Grammarly 등의 타 프로그램들도 AI 기능을 탑재하여 사용자들에게 더욱 편리한 경험을 제공하고 있다. 얼마 전 국내 기업에서는 카카오톡과 ChatGPT를 연동한 AskUp이라는 프로그램을 출시하기도 하였다.

[그림 27] ChatGPT와 같은 기능을 탑재하는 프로그램

　이와 같은 흐름은 결국 3D 메타버스 플랫폼에도 생성형 AI가 탑재될 것이라는 걸 잘 보여준다. 방법과 시기의 차이는 있겠지만 결국에는 생성형 AI는 메타버스 콘텐츠와 플랫폼과 밀접하게 연동이 될 것이다. 그리고 이는 오히려 진정한 메타버스의 세상이 오는 시기를 앞당길 수 있다. 그리고 그 방향성은 크게 콘텐츠와 환경의 생성과 아바타 발전의 2가지 측면으로 나누어 생각해 볼 수 있다.

메타버스 콘텐츠와 환경 제작의 지평을 넓히는 GPT

　창의적인 결과물을 제공하는 생성형 AI가 메타버스 플랫폼 안에 연동되면 메타버스 공간과 환경을 꾸미는 데 큰 도움을 줄 수 있다. 메타버스의 교육적 활용의 장점을 극대화하기 위해서는 수업 내용에 필요한 적절

　불길하면서도 매혹적인 메타버스와 ChatGPT

한 3D 오브젝트를 가상의 체험 공간에 올려 두는 것이 중요하다. 이를 위해 메타버스 플랫폼에 자체적으로 탑재된 3D 모델을 불러오거나 웹검색을 통해 원하는 3D 모델을 다운로드 받아 사용할 수 있다. 하지만 이러한 두 가지의 과정만을 통해 교육에 필요한 모든 체험용 콘텐츠를 올리는 것은 불가능하다. 이럴 때는 수업 목적에 맞는 3D 모델을 직접 제작해야 하는데 이는 대부분의 교사 개인의 능력 밖 일이다. 하지만 생성형 AI 기술이 메타버스 공간에 탑재되면 교사가 명령어만으로 원하는 3D 콘텐츠를 자유롭게 업로드할 수 있게 된다. 이미 텍스트의 프롬프트에 따라 VR과 AR 콘텐츠를 만들어 주는 모델들이 개발되는 만큼 이는 곧 가능해질 수 있을 것으로 보인다.

[그림 28] 텍스트 프롬프트로 3D 파일을 만들어 주는 프로그램 예시

앞서 소개한 바와 같이 메타버스 플랫폼 중 SPOT Virtual은 이미 생성 AI 기능을 탑재하여 사용자가 원하는 공간에 어울리는 이미지를 바로 올릴 수 있도록 하고 있다. 다음 그림은 SPOT 공간에서 학생이 꾸민 벽난로가 있는 메타버스의 거실 공간에 어울리는 사진을 넣기 위해, AI 이미지 생성기에 "Create an image of a cozy library filled with books, comfortable chairs, and a fireplace."라는 프롬프트를 넣고 그중 하나를 골라 벽에 꾸민 예시이다.

[그림 29] SPOT에서 이미지 생성형 AI 사용 예시

이러한 기술의 발전과 방향은 결국 텍스트 프롬프트만으로 수업 목적에 맞는 메타버스 공간과 환경을 제작할 수 있는 생성형 AI의 탄생을 불러올 것이다. 교사의 말 한마디에 수업 목적에 맞는 메타버스 콘텐츠를 만들어 주고 가상의 공간까지 꾸며 주는 생성 AI가 생겨난다면 이전에 메타버스를 활용하는 데 필요했던 수고로움과 번거로움을 덜 수 있고 결국 메타버스의 지속적인 발전의 큰 걸림돌 중 하나였던 진입장벽이 현격히 낮아질 것이다. 아직은 조금 이른 예측일 수도 있겠지만 지금 우리가 목격하고 체험하고 있는 제약이 없는 생성형 기반의 기술사회에서는 전혀 불가능한 희망도 아니다. 그리고 그런 날이 오면 메타버스도 ChatGPT와 같은 흥행을 다시 한번 불러올 수 있을 것이다.

NPC에게 새로운 생명을 부여하는 GPT

기본적으로 아직 오지 않은 메타버스의 시대를 미리 정의하는 것에는 한계가 있다. 이는 실제로 메타버스가 실체가 없는 것이라고 공격받는 가장 큰 이유기도 하다. 그럼에도 불구하고 메타버스를 정의하려는 다양한 시도들이 있어 왔다. 그 중 황요한과 이혜진(2022)은 메타버스를 플랫폼의 "Big M"과 기술의 "little m"으로 이원화 시켜 분류하였다.

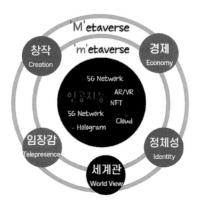

[그림 30] Big M & Little m의 메타버스[34]

"Big M"의 메타버스는 공간과 플랫폼의 개념을 모두 포괄하며, 사용자들에게 다른 정체성과 세계관을 부여하고, 창작 및 경제 활동을 통해 추상적인 요소를 구체화하고 발전시킨다. 이를 통해 사용자에게 몰입감과 임장감을 제공하여 메타버스 세상에서 머무는 시간을 늘리는 중요한 촉진제가 된다. 반면 "little m"의 메타버스는 "Big M"의 메타버스를 더욱 풍요롭게 만들고, 사회문화경제 활동을 편리하게 만드는 모든 기술을 일컬으며, 이에는 증강현실, 라이프로깅, 거울세계, 가상세계, 클라우드, 블록체인, 5G 네트워크, 인공지능, 대체불가토큰 등이 포함된다.

이처럼 메타버스 세상을 만드는 필수요소로 AI가 늘 언급돼 왔다. 하지만 실제로 AI가 메타버스 세상을 만드는 데 어떠한 역할을 하는지에 대한 구체적인 방안이나 예시들은 부족한 편이었다. 이 전까지는 기술적인 한계로 인해 메타버스 공간에 AI 기능을 연동하더라도 외부에서 제작한 AI 챗봇 프로그램들을 링크의 형태로 연동하는 수준을 벗어나기는 힘들었다. 한 가지 예시로 다음의 그림은 필자의 영어 전공 수업에서 대학생

불길하면서도 매혹적인 메타버스와 ChatGPT

들이 초등영어 교과서의 내용 일부를 Dialogflow라는 API 챗봇 빌더로 직접 제작한 후 메타버스 공간에 링크 형식으로 연결한 장면이다.

[그림 31] 챗봇이 링크로 스크린에 연동된 메타버스 공간 예시

이러한 시도는 메타버스 공간에서 상황적인 맥락을 기반으로 AI 챗봇을 사용해 볼 수 있다는 점에서 의미가 있다. 하지만 기존의 인터넷 환경과 다른 메타버스의 장점을 극대화하고 있는지에 대해서는 아쉬움이 남는다. 예를 들어 다른 학생이 만든 다음의 결과물을 보면 양호실에서 이루어지는 영어 대화를 연습시키기 위해서 챗봇을 제작하고 그 환경을 양

호실과 같은 느낌으로 꾸며 대화의 실제성을 높이고자 하였다. 하지만 실제 대화는 양호 선생님의 3D 오브젝트와 직접 나누는 것이 아니라 그 옆의 스크린에 연동된 별도의 챗봇 링크를 타고 들어가서 대화를 이어 나가야 한다. 스크린을 클릭하면 챗봇 창의 팝업이 된다. 이러한 활동은 결국 단순히 인터넷에서 챗봇을 사용하는 것과 다른 차원의 경험을 제공하지는 못한다. 그리고 바로 이러한 점이 메타버스 열풍이 지속되지 못했던 한계점 중의 하나였다.

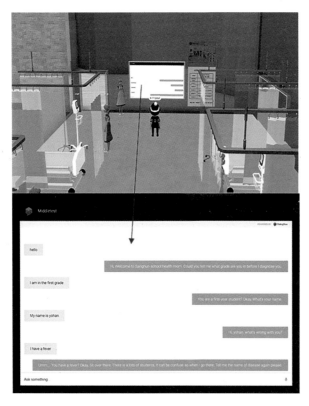

[그림 32] 챗봇이 링크로 스크린에 연동된 메타버스 공간 예시

불길하면서도 매혹적인 메타버스와 ChatGPT

메타버스 공간에서는 기본적으로 다른 사람들과 아바타의 형태로 만남을 이어갈 수 있지만 실제 사람이 아닌 NPC(Non-player Character)와의 의사소통도 가능하다. NPC는 사용자가 직접 조작하는 캐릭터가 아니기 때문에 자동으로 프로그래밍 되어 움직이고 입력된 안내를 제공하는 역할을 한다. 이처럼 메타버스의 세상에 연동 된 NPC들은 미리 입력된 발화를 제공하는 것은 얼마든지 가능하지만, 실제 사람처럼 대화를 주고받는 것은 불가능했다. 하지만 생성형 AI가 나오면서 이러한 것들이 가능해졌다. 실제로 2023년 2월 Engage에서는 메타버스 공간에 AI 아바타를 탑재하였다고 발표하였는데, 이 아바타는 특히 생성형 AI 중 ChatGPT와 DALL-E를 탑재하여 사용자의 발화에 대답하고 요청받은 이미지들을 만들어 주며 실제 사람의 아바타와 같은 임무를 수행하고 있다. 다음의 그림은 생성형 AI 아바타가 "Please draw a cat on the space."라는 사용자의 명령어에 해당 그림을 생성해 준 이미지의 예시이다.

[그림 33] Engage의 생성형 AI 아바타 기능을 탑재한 NPC

또한 이미 메타버스 공간에서 ChatGPT를 활용한 교육 프로그램들로 속속 출시 되고 있다. 다음의 그림은 Oculus 기반의 Roleplay with ChatGPT라는 프로그램으로 메타버스를 활용하여 학습자를 대화의 장소에 몰입시킨다. 또한 해당 공간에서 실제 사람 아바타가 아닌 생성 AI 기술을 탑재한 NPC 아바타와 대화를 나누며 영어 표현을 연습하고 학습할 수 있다.

[그림 34] ChatGPT 기능이 탑재된 메타버스 아바타와의 대화 모습

이처럼 이제는 메타버스에 생성형 AI 기술이 융합되면서 NPC가 실제 사람의 역할을 해 내고 있다. 메타버스라는 용어와 기술은 이미 1990년대 초부터 꾸준히 발전하고 있었지만, 2020년도 들어서 갑작스럽게 많은 사람의 주목을 받게 된 이유는 분명 코로나19의 영향도 있었다. 사회적 거리두기로 현실 세계의 만남의 장소와 방법이 제한되자 가상 세계에

서라도 기존의 사회문화 활동을 이어 나가고자 했다. 이인화(2022)는『메타버스란 무엇인가』의 저서에서 사람들의 함께 있고 싶어 하는 기본적인 욕구가 메타버스에 투영이 된 것이라고 설명한다. 이렇듯 다른 사람과의 상호작용이 없는 메타버스는 그 의미가 퇴색될 수밖에 없다. 혼자 가상의 공간에 들어가 프로그래밍이 된 정해진 정보만을 제공하는 NPC와 상호작용을 하는 것은 우리에게 이미 익숙한 VR 게임이지, 메타버스라는 이름으로 재포장할 필요가 없다.

그동안 메타버스가 비판받았던 이유 중에 2D의 인터넷상에서 충분히 가능한 똑같은 일들을 하기 위해서는 3D의 공간이 꼭 필요한 게 아니라는 의견이 많았다. 예를 들어 온라인 쇼핑을 위해 메타버스 공간에 들어가서 아바타로 움직이는 수고로움을 감내할 이유가 없다는 것이다. 인터넷 홈페이지에 있는 상품들을 똑같이 나열해 둔 메타버스 상점이라면 사람들의 지속적인 방문을 유도할 수 없다. 하지만 내가 원하는 요구에 꼭 맞는 제품을 추천해 주고 결제 방법까지 친절하게 안내해 주는 생성형 AI 기반의 NPC가 직원으로 있는 메타버스 상점이라면 이야기가 달라질 수 있다. 결국 생성형 AI의 옷을 입은 메타버스 공간의 NPC 아바타는 사람들의 의사소통을 더욱 다채롭게 만들고 다양한 형태의 만남을 제공할 것이다. 그리고 이는 사람들이 메타버스 공간을 지속해서 방문할 수 있도록 돕는 결정적인 동기부여가 될 수 있다.

텍스트 기반의 GPT-3.5 모델이 소개된 지 채 넉 달이 지나지 않아 이미지 인식 등의 멀티모델 기능을 탑재한 GPT-4가 출시되었다. 이제 곧 음성형 GPT가 출시되어 사용자의 개인 비서 역할을 할 날이 머지않았다. 그때가 된다면 컴퓨터 모니터 안에서 음성만을 제공하는 실체 없는

AI 비서를 고용할 것인지, 메타버스의 가상 공간에서 나와 실제로 상호 작용을 하며 의사소통하는 NPC 형태의 아바타 비서를 고용할지에 대한 답변은 앞으로 생성형 AI가 견인할 메타버스의 밝은 미래를 암시해 준다. ChatGPT의 등장으로 메타버스의 시대는 저무는 것일까? 오히려 ChatGPT는 진정한 의미의 메타버스 시대를 앞당기는 반가운 손님이다. "거인의 어깨에 올라타서 더 넓은 세상을 보라"는 아이작 뉴턴의 조언처럼, GPT라는 초거대 AI의 어깨 위에서 바라본 메타버스의 세상은 여전히 매혹적이다.[*]

---

[*] 3부의 1-3장은 다음의 학술 논문의 일부 내용을 토대로 작성되었음

이혜진, 황요한(2022) N차 산업혁명 시대를 위한 AI와의 공존 방안 모색: 대학 영어교육을 중심으로. 인문사회 21, 44.

황요한(2023). PROMPT 리터러시 시대의 도래에 관한 고찰: 영어교육을 위한ChatGPT와 DALL-E의 활용을 중심으로.영어교과교육, 22(2).

황요한(2023). 미래 교육을 위한 기술의 융합: 챗GPT의 등장, 그리고 메타버스는 어디로 가는가? 언어연구, 39(1).

4장
GPT 시대의 교육 활용

　　2023년은 인공지능의 대중 사용 시대의 원년으로 기록될 것이다. 인공지능의 역사는 1956년까지 거슬러 올라간다. 1956년 AI의 아버지로 불리는 컴퓨터 과학자 존 매카시(John McCarthy)가 처음 인공지능이라는 용어를 만들었다. 초기 AI 연구는 인간의 지능이 필요했던 문제를 해결하기 위한 알고리즘과 방법론 개발에 집중했다. AI의 초기 성공 중 하나는 전문가 시스템의 개발이었다. 전문가 시스템은 의학이나 금융과 같은 특정 영역에서 전문가의 의사 결정 능력을 모방할 수 있는 컴퓨터 프로그램이었다. 1970년대와 1980년대는 AI 연구가 급격히 발전했다. 이 기간 동안 기계 학습 및 신경망과 같은 새로운 AI 기술이 개발되었고 금융, 의료, 제조 등 다양한 산업에 활용되기 시작했다.

　　1990년대 인공지능이 갖고 있는 장점이 실현되지 못하고, 발전 속도가 더뎌지기 시작하면서 인공지능에 대한 환상은 조금씩 사라져 갔다. 그러나 2000년에 들어와서 딥 러닝, 강화 학습과 같은 새로운 기술이 개발되었다.

알파고의 성공

인공지능 기술에 대중에게까지 알려진 것은 알파고(AlphaGo) 사건이다. 알파고는 고대 중국 보드 게임인 바둑에서 인간 챔피언을 물리친 최초의 컴퓨터 프로그램이었기 때문에 인공 지능 역사에서 매우 중요한 사건 중의 하나이다. 영어로 바둑을 "Go"라고 하기 때문에 그 기술은 알파고로 불렸다. 바둑의 규칙은 매우 간단하지만 세계에서 가장 복잡한 게임 중 하나로 간주되며, 변수가 많아서 컴퓨터가 도저히 인간을 이길 수 없는 것으로 여겨졌다. 따라서 인간 챔피언을 물리치는 컴퓨터 프로그램의 능력은 AI 분야에서 중요한 돌파구로 여겨졌다. 알파고의 개발은 구글(Google)의 딥마인드(DeepMind) 팀과 심층 신경망 및 기계 학습 알고리즘을 사용하여 프로그램을 교육하는 바둑 전문가 간의 협업으로 완성되었다. 2016년 3월 한국인인 세계 챔피언 이세돌에 대한 알파고의 승리는 널리 알려졌고 복잡한 문제를 해결할 수 있는 인공지능의 잠재력을 보여주었다.

당시 구글은 알파고를 개발해 놓고, 대대적으로 홍보할 수 있는 기회를 만들고자 노력했다. 그렇다면 바둑의 최강국인 중국, 한국, 일본의 누군가와 대국을 하는 이벤트를 만들어야 했다. 당시 바둑은 한국이 가장 우세했다. 중국은 거대 시장이라는 큰 장점을 갖고 있었지만, 구글에 접속하지 못하게 했다. 일본도 좋은 시장이었지만 바둑의 인기가 줄어든 상태였고, 인터넷 상황도 좋지 않았다. 이때 가장 적합한 국가로 한국을 떠올렸다. 인터넷 환경이 최고였으며, 바둑 세계 챔피언도 있었다. 만약 알파고가 이세돌을 이긴다면 구글의 인공지능 기술을 세계에 알리는 좋은 기회이며, 세계적으로 구글을 마케팅할 수 있는 좋은 기회였기 때문이다. 결국 세계의 관심을 받고 개최된 인간 이세돌과 인공지능 알파고의 대국에서 3승 1

패로 알파고가 승리했다. 인공지능 역사상 매우 중요한 사건이다.

알파고가 이세돌을 이긴 사건의 의미는 놀라운 성과뿐만 아니라 인공지능 발전에도 큰 영향을 미쳤다. 심층 신경망 및 강화 학습과 같이 알파고를 만드는 데 사용된 기술은 이후 다른 영역에 적용되어 자연어 처리, 컴퓨터 비전 및 기타 인공지능 연구 분야에서 획기적인 발전을 이루었다. 결국 알파고의 성공이 인공지능의 가능성을 열어준 기폭제가 된 것이다. 알파고의 성과는 복잡한 문제를 해결할 수 있는 인공지능의 잠재력을 보여주고, 인공지능 연구개발의 새로운 시대를 촉발하였고, 인공 지능의 역사에서 중요한 사건으로 남아 있다.

소크라테스와 공자의 대화법

지금으로부터 2500여년전 고대 그리스의 철학자 소크라테스는 서구 철학의 창시자로 일컬어진다. 그는 주로 주제에 대해 질문을 하고 대화를 통해 지식과 진리를 이끌어내는 방식으로 유명한 '대화법'이라는 학습 방법을 창시하였다. 이 방식은 대화를 통해 상대방의 논리와 신념을 검토하고 평가하는 것을 통해 새로운 관점이나 이해를 얻을 수 있는 방법이다. 이 방법은 주로 논리적이고 체계적인 방식으로 질문을 하고 가정에 도전하는 것을 기반으로 한다.

소크라테스의 대화법은 소크라테스가 다양한 제자들과 나눈 대화의 기록에서 입증된다. 이 대화에서 소크라테스는 항상 질문하고 답을 찾아내는 현명하고 통찰력 있는 선생이다. 소크라테스의 대화는 일반적으로 등장 인물 중 한 명이 제기하는 질문이나 문제로 시작된다. 그런 다음 소크라테스는 개인이 당면한 문제를 더 명확하게 이해하도록 돕기 위해 이전 질문을 기반으로 일련의 질문을 계속해 나간다. 대화 내내 소크라테스는 개인의 가정과 신념에 도전하여 비판적으로 생각하고 자신의 생각을 더 면밀히 검토하도록 격려한다. 그는 자신의 요점을 설명하기 위해 사례와 비유(metaphor)를 사용하여 대화를 보다 이해하기 쉽고 공감하기 쉽게 만들어낸다. 소크라테스 방식의 목표는 특정 관점이나 이데올로기를 강요하는 것이 아니라 독립적인 사고와 자기 발견을 장려하는 것이다. 소크라테스는 개인이 권위나 전통에 의존하지 않고 자신의 추론과 비판적 사고를 통해 진리에 도달할 수 있다고 믿었고, 그것에 대한 해결 방식으로 가장 효과적이라고 생각한 '대화법'을 만들어낸 것이다.

한편 동양의 철학자 공자도 2500년 전 소크라테스와 비슷한 시대에 '대화법'을 통해 제자를 가르친 것으로 유명하다. 공자는 학습이 협력 과정이며 학생과 교사가 세상과 자신에 대한 더 깊은 이해를 발전시키기 위해 대화에 참여해야 한다고 믿었다. 논어(論語)는 공자의 가르침과 제자들과의 대화를 모은 것으로 대화식 방법을 실제로 보여준다. 이 대화에서 공자는 학생들에게 질문을 던지고 자신의 가치와 신념에 대해 깊이 생각하도록 환경을 만든다. 또한 제자가 먼저 새로운 철학적 사고에 대해 공자에게 묻는 사례도 많이 나온다. 안회(顔回), 자공(子貢), 자로(子路), 자하(子夏) 등은 논어에서 스승과의 대화를 통해 철학하는 방법도 지혜를 찾아내는 방법을 구체적으로 보여준다. ChatGPT 서비스가 개시된 후 많은 사람들이 이제 물어보기만 하면 되는 시대가 되었다고 한다. 하지만 좋은 질문이 좋은 답을 이끌어 내듯이 잘 물어봐야 한다. 2500년 전에 동서양의 성현들이 제시했듯이 이제야말로 인공지능과의 '대화법' 다시 최적의 학습법으로 다시 살아난 것이다.

Know-what의 시대에서 Know-where의 시대로

인공지능 기술이 발달에 따라 2500년이 지난 현재 우리는 인공지능의 발달에 따라 우리가 학습해 온 방식을 송두리째 바꾸어야 할 처지가 되었다. 과거에는 그저 정보를 아는 사람이 중요했고 그것을 지식으로 체계화하여 암기를 잘 하면 평가를 잘 받을 수 있었고 우등생이 되었다. 한국의 현대 교육은 그저 단기 암기를 잘 하면 시험을 잘 볼 수 있는 교육 시대를 70년째 이어오고 있다. 과연 이렇게 성장한 인재들이 우리 사회의 지도층이 되어 사회나 국가를 잘 이끌어갈 수 있을까?

밀레니엄 시대로 일컬어지는 2000년대 이후, 굳이 머릿속에 지식을 넣어두었다가 필요할 때 꺼내 쓰는 시대에 또 하나의 큰 변화가 생겼다. 즉 모르면 그저 네이버나 구글에 검색만 잘 하면 언제 어디서나 알찬 정보와 지식을 얻어낼 수 있는 시대가 온 것이다. 20세기 말에 지식의 보고라고 여겨지던 브리태니커 백과사전은 인터넷 시대에 위키피디어(wikipedia)로 변형되었다. 지식인이 백과사전을 정리하여 일반인이 학습하는 시대가 아니라 어지간한 지식인이라면 모두 백과사전에 새로운 의미를 부여할 수 있는 지식 생산자가 되기도 한 것이다. 인터넷의 대중화 덕분에 지식 소비자는 지식 생산자로서의 역할도 할 수 있게 되었다. 이것은 정보통신 기술의 발달에 따라 거대 데이터베이스를 축적해 나가는 상태에서 인터넷이라는 기술과 검색엔진이라는 기술의 결합으로 새로운 지식 혁명 시대를 개척한 것이다. 결국 20세기 말은 Know-what의 시대에서 know-where의 시대로 변해버렸다. 인류는 이제 새로운 지식을 얻기 위해 더 이상 백과사전에 의존하지 않아도 되었다. 인간의 지식 습득은 단순히 알기만 해도 유식하다고 여겨졌었던 과거에서 자연어로 검색만 잘 하면 자기가 알고 싶은 정보와 지식을 손쉽게 얻을 수 있는 시대로 변해버린 것이다.

Know-where 시대에서 다시 질문 잘하는 사람의 시대로

21세기에 들어서자 20세기 교육 패러다임에서 벗어나 새로운 교육방법론을 도입하고자 노력하는 교사는 컴퓨터와 인터넷과 같은 새로운 기술을 응용하여 학생들에게 흥미라는 동기를 부여하고, 재미있는 방식으로 스스로 체험할 수 있는 방식을 제공하기도 했지만, 대부분의 교사들은 아직도 지식을 전달하는 방식을 고수하고 있기도 하다.

최근 우리는 코로나 팬데믹이라는 거대한 세계사적 변화를 경험했다. 우리는 어쩔 수 없이 전례 없는 비대면 교육이라는 방식을 취할 수밖에 없었고, 인터넷을 이용한 동영상 강의를 하지 않을 수 없었다. 학생들과 교사들은 우리에게 익숙했던 교육방식에 대해 전체적인 회의를 품기 시작했고, 교육적 효과에 대해 생각하기 시작했다. ChatGPT라는 인공지능의 등장으로 인공지능 시대에 살아남기 위해서는 이제 우리는 또 다시 새로운 선택을 해야만 하는 시대가 되었다. 이것을 멀리할 것인가? 아니면 친구처럼 가까이 할 것인가?

ChatGPT는 난이도 높은 학술논문, 에세이, 시, 소설, 보고서 등을 단숨에 써내고, 복잡한 문제도 금방 풀어낸다. 마치 인간이 고도의 사고를 요하는 창의적인 아이디어도 수십 가지 제공할 수 있다. 대학생들은 과제를 쉽게 할 수 있는 ChatGPT에 대해 반기는 분위기다. 과제를 챗봇이 대신해 주기 때문이다. 그들은 영리한 인공지능 챗봇을 이용하여 시간을 절약하고 더 높은 학점을 받을 수 있기 때문이다. 실제 몇몇 대학에서 실험해 본 결과 ChatGPT를 이용하여 에세이를 쓴 학생이 최고점을 받을 뻔한 경우도 있었다. 그리고 대부분의 교수들은 ChatGPT가 쓴 과제에 대해 보통보다 높은 점수를 매겼다. 학생들의 이러한 영리한 표절을 막을 방법이 없자 몇몇 교수들과 학교는 ChatGPT 사용을 금지하기에 이르렀다. 미국과 호주의 대학에서는 ChatGPT가 등장하자 곧바로 사용이 금지하기도 하였다. 차단 이유는 학습에 부정적인 영향을 주고, 내용의 안전과 정확성에 대한 우려, 그리고 질문에 빠르고 쉽게 답을 얻을 수 있지만, 학업과 지속적인 성공에 필수적인 사고와 문제 해결 능력을 만들지 않아서라는 것이 뉴욕시 교육청의 답변이다. 이런 우스꽝스러운 상황은 사실 위키피디어(wikipedia)가 발표되었을 때도 있었던 일이다. 눈 깜짝할 새 변화하는 정보통신 기술과 발전은 지구상에서 가장 현명하다는 인간 중에서 지식인 집단의 예측마저 빗나가 버릴 때가 있다. 그렇다면 우리는 인공지능 기술을 수용해야 할까? 아니면 멀리해야 할까?

우리가 가야할 교육의 방향은 이미 정해져 있다. 인공지능 기술을 잘 활용하여 지식 생산성을 높이고 자신의 분야에서 업무를 더 잘 할 수 있도록 응용하면 된다. 거대한 변화의 파도가 있는데 그저 두려움 때문에 모래로 작은 방파제를 쌓는다 한들 그 파도를 막을 방도가 없기 때문이다. 오히려 인공지능 쓰나미(津波)가 몰려오기 전에 인공지능 기술을 응용하여 쓰나미가 올 시간을 정확히 예측하고, 피해를 최소할 할 방법을 강구하는 일이 더 중요하지 않을까?

1. 단순 노동의 인공지능 대체화?

가까운 미래에 로봇과 인공지능 기술이 발달하면 인간의 단순노동은 모두 로봇과 인공지능 기술에 의해 대체될 것이라는 전망이 많았다. 로봇과 인공 지능의 광범위한 채택은 미래의 작업에 상당한 영향을 미칠 것임에는 틀림없다. 일부 단순 반복 작업이 이미 자동화되고 있는 것은 사실이다.

세계에서 가장 로봇 밀도가 높은 나라 순위는 한국이 1위이고 싱가포르가 2위다. 일본, 독일, 스웨덴 등이 그 뒤를 잇고 있다. 로봇 밀도란 노동자 1만 명당 로봇 대수를 뜻한다. 전 세계의 산업용 로봇은 사상 처음으로 300만대를 돌파했다. 국제로봇연맹(IFR)은 2021년 28일 발표한 '세계 로봇 보고서 2021'에서 한국의 로봇 밀도가 932대로 세계에서 가장 많은 것으로 집계됐다고 발표했다.[35] 세계 평균 126대의 7.4배다. 이미 한국은 제조업 분야에서 단순하고 반복적인 노동을 로봇으로 대체해 왔던 것이다.

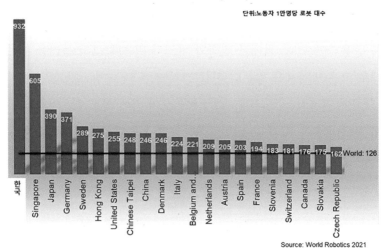

산업용 로봇 밀도 상위국가들(2020)

[그림 35] 산업용 로봇 밀도 상위 국가 순위

이런 배경에는 한국인이 유독 생산성 향상에 민감하기 때문이다. 생산성 향상에 도움이 된다고 생각하면 언제든 과감한 의사결정을 한다. 많은 나라에서는 노동자의 생존권 등 다양한 이슈로 확실한 방법론이 대두되더라도 전환되는 데는 오랜 시간이 걸리는 반면, 한국에서는 생산성이 확실하게 높아진다는 확신이 생기면 빠른 의사결정을 통해 채택하곤 한다. 따라서 이미 많은 분야에서 로봇이 인간의 노동을 대체해 왔기 때문에 로봇과 인공지능의 발전한다고 해서 한국에 미치는 영향은 다른 국가보다 작을 것으로 생각한다.

한국에서 가까운 미래에 모든 인간 노동이 로봇이나 인공지능으로 대체될 것 같지는 않다. 대신 인공지능이 인간의 노동력을 증가시켜 더 생산적이고 효율적으로 일할 수 있도록 할 가능성이 더 크다. 오히려 인공지능 기술은 데이터 분석, 의사 결정 및 고객 서비스를 지원하여 인간이 창의성, 공감 및 문제 해결이 필요한 작업에 집중할 수 있도록 해줄 수 있다. 어떤 유형의 직업이 가장 위험에 처해 있는지 확실하게 예측하기는 어렵다. 그러나 일상적인 작업을 포함하거나 고도로 구조화된 작업은 자동화될 가능성이 높은 반면, 인간 상호 작용, 창의성 및 비판적 사고가 필요한 작업은 인공지능으로 대체될 가능성이 적다. 즉 인공지능이 일부 일자리를 대체할 수도 있지만, 반대로 새로운 일자리를 창출할 수도 있다는 점도 알아야 한다. 예를 들어, 인공지능이 발전함에 따라 사람들이 이러한 시스템을 개발, 유지 관리 및 교육해야 할 필요성이 커질 것이다. 이런 분야에 새로운 일자리 수요가 증가할 것이다. 인공지능의 발전은 직업 세계에 상당한 변화를 가져올 것임에는 틀림없다. 그렇다고 두려워만 할 필요는 없다. 우리는 인공지능 기술이 제시하는 기회와 과제를 모두 인식하면서 균형 잡힌 관점으로 이 기술에 접근하는 것이 중요하다.

최근 ChatGPT에 대한 관심이 세계적으로 높아지자 인간의 창의적 노동을 조만간 인공지능이 대체하지 않을까 하는 우려가 있다. 인공지능이 텍스트로 간단하게 묘사해도 인공지능이 알아서 진짜 같은 2D 이미지를 생성하여 제안하고 인간은 그저 선택하고 업그레이드 하면 될 수 있는 시대가 되었기 때문이다. 앞에서 설명했듯이 생성 인공지능 기술은 그림을 못 그리는 사람도 묘사만 잘 하면 어지간한 이미지를 만들어낼 수 있는 시대가 된 것이다.

대중 예술을 넘어 누구나 예술가가 되는 시대로

예술의 탄생은 부분적으로 노예의 노동에 의한 것이라는 학설이 있다. 사회에 노예가 많으면 귀족과 기타 부유한 사람들이 더 많은 여가 시간을 가질 수 있기 때문이다. 즉 노동하지 않아도 되는 귀족들에게 너무 많은 여가 시간은 계속해서 새롭고 재미있는 것을 추구하게 만들었다. 결국 그들은 자신의 뛰어남과 능력을 과시하게 위해 예술 활동을 하기 시작했다. 전쟁이 끝나고 평화의 시기와 노예가 많아 귀족들의 노동력을 대체했던 시기에 귀족들은 비로소 예술 분야에 창의적인 노력을 추구할 수 있는 기회를 제공한 것이다.

그리스와 로마와 같은 고대 문명에서는 부유한 귀족이 육체노동의 대부분을 담당하는 노예를 두는 것이 일반적이었다. 이것은 귀족들이 철학, 문학, 예술과 같은 추구에 집중할 수 있게 해주었다. 그 결과 예술의 발전이 있었던 것임에는 틀림없다.

불길하면서도 매혹적인 메타버스와 ChatGPT

그 이후 오랜 시간이 흘러 현대에 이르러서 예술은 귀족들의 전유물이 아니라 대중들도 예술을 창작할 수 있는 시기가 되었다. 이 시기는 대중 문화의 시기라고 불린다. 대중 문화시기가 한참 무르익고 있었던 시기에 인공지능은 이제 대중이 아닌 누구라도 예술을 할 수 있는 시대로 이끌고 있다. 비록 음악적 재능이 없어서 인공지능 기술을 통해서 작사를 하고 작곡을 할 수 있으며 기존의 노래를 편곡할 수 있게 되었다. 이런 이유로 한국에서는 웃지 못 할 사건까지 발생하였다.

2022년 작곡을 해주는 인공지능 프로그램 '이봄'은 음악 이론을 딥 러닝(deep learning)으로 학습하여 개연성 있는 음악을 작곡하는데, 음악을 전혀 모르는 사람도 몇 분 만에 음악을 작곡할 수 있다. '이봄'은 6년간 30만곡을 만들었고, 그 중에서 3만곡을 판매하여 6억원의 매출을 올렸다고 한다. 인공지능 작곡 프로그램인 '이봄'은 가수 홍진영이 부른 '사랑은 24시간'을 작곡한 저작권자로 기사화되기도 했다.

그런데 2022년 7월 '이봄' 이 만든 음악 6곡에 대해 저작료를 지급해 온 한국음악저작권협회가 저작권료 지급을 중단하겠다고 발표했다. 인간이 아닌 인공지능이 작곡한 사실을 뒤늦게 인지했고, 저작권료 지급의 법적 근거가 없다는 이유였다. 저작권법상 저작물은 인간의 사상이나 감정을 표현한 창작물로 정의하는 만큼, 인공지능이 만든 작품을 저작물로 볼 수 없다는 판단한 것이다. 앞으로도 이런 사건은 계속해서 발생할 것이다. 하지만 만약 인간이 인공지능 기술을 이용해서 만들었는데, 그 사실을 속이고 인공지능으로 만든 결과물로 수익을 냈다면 어떻게 할 것인가? 이 부분은 예술에 대한 철학적 정의, 저작권법에 대한 해석과 법적 적용 등 다양한 이슈와 연결되어 당분간 이슈가 될 것에 틀림없다.

하지만 대중 예술의 시대를 넘어 이제 누구나 예술가가 될 수 있는 시대로 전환되고 있다는 흐름에는 그 누구도 동의하지 않을 수 없을 것이다.

2. 예술 창작의 자동화

인공지능(AI)은 다양한 분야에서 눈부신 발전을 거듭하고 있다. 그동안 예술 분야는 인간의 가장 지적이고 창의적인 능력이 발휘되는 분야로 인공지능 기술이 발전해도 쉽게 침범하기는 어려울 것이라고 인정받아 왔다. 그러나 인공지능의 침투는 예술계도 예외가 아니라는 것을 보여주는 사례가 많이 등장하고 있다.

인공지능은 이제 디지털 아트는 물론이고 음악의 작곡, 스토리의 창작, 영상 제작 분야까지 인공지능 기술을 이용하여 더 빠르고 다양하게 창작할 수 있는 시대가 되었다.

출판업계도 인공지능 바람

최근 ChatGPT를 이용하여 책을 출간하는 사례가 많아졌다. 세계에서 가장 큰 서점이라고 할 수 있는 아마존(Amazon)에는 이미 ChatGPT가 저자인 책이 200여권 넘게 출간되었다. 거대 언어 모델을 이용하는 ChatGPT를 이용하면 동화책은 물론이고, 누구나 시인이 될 수 있는 시대가 되었다.

불길하면서도 매혹적인 메타버스와 ChatGPT

책을 한 번도 써본 적이 없는 뉴욕주 로체스터에 살고 있는 세일즈맨인 브렛 쉬클러(Brett Schikler)는 ChatGPT에게 30페이지 분량의 '지혜로운 다람쥐: 저축과 투자 이야기'를 쓰도록 지시했다. 순식간에 결과물이 나왔고 바로 출간을 했다.[36] 물론 이 책의 판매 수익은 100달러에 불과하다고 알려졌지만, 이 사례는 출판에 대한 능력이 부족해도 인공지능의 능력을 이용하면 누구든지 책을 출간하고 경력을 쌓아갈 수 있다는 점에서 의미가 있다.

사실 출판도 출판 기획, 저자의 섭외, 원고 쓰기, 교정, 교열, 디자인, 인쇄 그리고 출판 마케팅까지 다양한 전문영역으로 나뉘어져 있던 것을 1인이 할 수 있는 디지털 출판 시대로 접어든 지가 얼마 되지 않았다. 그런데 인공지능 기술은 전자 출판 시대를 넘어 출판의 저자와 역자를 대체할 수 있는 시대로 넘어가는 데 결정적인 역할을 하고 있다.

이런 사건들은 저작권법에 대해 다시 한 번 생각해 볼 기회를 제공했다. 미국의 한 출판사인 ClarkesWorld는 접수된 SF(공상과학) 소설 중 표절을 이유로 500편 이상 거절했다고 밝혔다. 또한 인공지능으로 썼거나 인공지능과 공저로 한 책을 접수하지 않겠다고 공지했다. 인공지능을 통해 책을 쓸 수 있게 된 시기에 새롭게 나타나는 새로운 문제이기도 하지만, 지식인만이 저술을 하던 시대가 지났다는 하나의 신호이기도 하다.

이런 일은 해외에서만 일어나고 있는 일은 아니다. 한국에서도 이런 바람이 시작되었다. 얼마 전 한국에서 '삶의 목적을 찾는 45가지 방법'이라는 책이 출간되었다. 저자는 챗GPT 이고, 번역은 AI 파파고이며, 심지어 일러스트도 셔터스톡 AI라고 당당히 밝히고 있다. 물론 이 전체를 기획한 것은 서진기획이라는 출판사이지만, 만약 일반인이 인공지능 기술을 이용하여 책을 출판하고 저자를 의도적으로 밝히지 않거나 숨길 경우 그것을 알아내기란 쉽지 않은 시대가 된 것이다.

인공지능이 그림을 그려주는 시대

최근 미국 콜로라도의 주립박람회의 디지털 아트 부문에서 인공지능으로 그린 그림이 대상을 받아서 화제가 된 적이 있다. 여성들이 모여 달을 보고 있는 듯한 오묘한 분위기의 그림으로 수상작의 제목은 '시어터 오페라 스페이셜 Theatre D'opera Spatial'로 미드저니(Midjourney)라는 인공지능 프로그램을 이용하여 제작됐다고 한다. 이 대회의 주최자는 인공지능으로 창작하면 안 된다는 규정이 없어서 수상에 대한 취소 없이 마무리 되었다고 한다. 수상자인 제이슨 앨런(Jason Alen)은 SNS를 통해 인공지능을 이용하여 인공지능으로 만든 작품을 만든 과정을 공개하기도 했다. 그림을 그려주는 인공지능 프로그램인 미드저니를 통해 900개 이미지를 생성하고, 튜닝과 큐레이션을 거쳐 마음에 드는 작품을 최종 3개를 선정하고 세 작품을 모두 출품했다고 한다. 중요한 건 이 작품을 창작하는데 든 비용은 모두 11달러에 불과했다고 밝혔다. 앨런은 대상 상금으로 300달러를 받았고 출품한 작품들을 각각 750 달러에 내놓았다고 한다.

[그림 36] 인공지능으로 만들어 대상을 받은 작품

이런 상황에 미술가들은 분노했지만 다른 사람들은 신기해하면서도 불안해지기 시작했다. 이제 우린 인공지능의 노예가 되어 모두 다 일자리를 잃게 되지는 않을까 하는 우려였다.

그러나 이 뿐만이 아니다. 미드저니 뿐 아니라 또 다른 인공지능 프로그램을 통해 이미지 생성이 가능하다. 가장 대표적인 것으로 DeepArtEffects, DALL-E, NVIDIA GauGAN 등이 있다.

DeepArtEffects는 딥 러닝 알고리즘을 사용하여 사진을 유명한 그림 스타일과 유사한 예술 작품으로 변환하는 AI 기반 이미지 편집 앱이다. 사용자는 다양한 예술적 스타일 중에서 선택하고 자신의 이미지에 적용하여 독특하고 매력적인 콘텐츠를 만들 수 있다. 자신의 찍은 사진을 명화처럼 만들 수도 있다.

아래 샘플은 전주 한옥 마을 주변을 흐르고 있는 전주천 주변의 모습을 필자가 사진으로 찍은 것인데, 이것을 다른 화풍으로 그려본 것이다.

[그림 37] 한옥 마을 주변의 전주천 풍경(필자가 찍은 사진)

[그림 38] 위 사진을 DeepArtEffects를 이용하여 화풍 변경 후.

불길하면서도 매혹적인 메타버스와 ChatGPT

[그림 38]는 아름다운 자연과 풍광이 보이지만 인공지능 기술을 이용하여 추상화 풍으로 변경해 본 것이다. 완전히 다른 사람의 작품으로 재탄생되었다.

DALL-E는 OpenAI에서 개발한 인공지능 이미지 생성 모델로 텍스트로 설명하면 그 설명에 맞게 이미지를 생성하는 AI 모델로 일반인들에게도 많이 활용되고 있다. 사용자가 제공하는 텍스트 프롬프트를 기반으로 사실적인 물체부터 상상적이고 초현실적인 장면에 이르기까지 다양한 이미지를 생성할 수 있다. 특히 현실에서는 불가능한 묘사까지도 생성할 수 있고, 생성된 이미지 중에서 골라서 변형시키거나, 업그레이드도 가능하다. 아래 이미지는 말을 탄 우주인이라는 명령어를 이용하여 생성한 이미지로 현실에서는 불가능한 상상마저 이미지를 만들어낼 수 있다.

[그림 39] DALL-E 2를 이용하여 생성한 '말을 탄 우주인'

NVIDIA GauGAN는 사용자가 그린 간단한 스케치를 기반으로 사실적인 이미지를 생성할 수 있는 AI 모델이다. 간단하게 손으로 그린 스케치를 해석하고 다양한 요소를 이해함으로써 GauGAN은 다양한 스타일과 설정으로 상세한 풍경과 장면을 생성할 수 있다. 만약 게임 디자이너의 그래픽 능력이 부족하다면 이런 인공지능 프로그램을 사용해보는 것이 좋다. 아주 간단한 스케치도 아름다운 그림으로 바꾸어 준다.

[그림 40] Nvidia GauGAN을 통한 그림 표현 사례

인공지능 기술은 우리에게 아주 매혹적이면서도, 한편 불길하기도 하다. 로봇이 우리의 일자리를 뺏어가고 정보통신 기술이 우리의 일자리를 잠식해갔듯이 가까운 미래에 우리의 일자리를 뺏어갈 것 같은 불길한 느낌이 들기 때문이다.

하지만 진보적인 예술가들은 예술 창작에 인공지능 기술을 통합하여 예술을 구성하는 전통적인 경계에 도전하고자 한다. 역경은 곧 혁신적이고 획기적인 작품을 창작하는 새로운 도전이기 때문이다. 우리는 인공지

불길하면서도 매혹적인 메타버스와 ChatGPT

능이 능력이 너무 뛰어난 것에 불안함을 느끼기보다 친구처럼 친하게 지 냄으로써 다 나은 창작환경을 만들어 나가야 한다. 매혹적인 인공지능의 손길을 적극적으로 따라가 보자. 거기엔 새로운 도전과 새로운 길이 있다 고 우리에게 손짓하고 있다.

1   김진하(2016), "제4차 산업혁명 시대, 미래사회 변화에 대한 전략적 대응 방안 모색", 『한국 과학기술기획평가원』, 15: 45-58.

2   Schwab, K. (2016). 『The Fourth Industrial Revolution: What It Means, How to Respond』, Geneva, Switzerland: World Economic Forum, January 18th, 2021. Retrieved from https://www.weforum.org/agenda/2016/01/the- fourth-industrial-revolution-what-it-means-and-how-to-respond/

3   김진하(2016), "제4차 산업혁명 시대, 미래사회 변화에 대한 전략적 대응 방안 모색", 『한국 과학기술기획평가원』, 15: 45-58.

4   김지연(2017). 알파고 사례연구: 인공지능의 사회적 성격. 과학기술학연구, 17(1), 6-3.

5   Ortiz, S(February 2, 2023). "What is ChatGPT and why does it matter? Here's what you need to know". ZDNET. Archived from the original on January 18, 2023. Retrieved December 18, 2022.

6   이재원(2022). Chat봇의 역사 - 심리치료 방식엣 언어행위까지. 한국독일언어문학회, 97, 1-26.

7   선종수(2022). 의료 인공지능에 대한 형법적 고찰 -왓슨(Watson)을 중심으로- 법과정책연구, 20(3), 249-274.

8   김혜영, 신동광, 양혜진, 이장호(2019). 영어교과 보조 도구로서의 AI Chat봇 분석 연구. 학습자중심교과교육연구, 19(1), 89-110.

9   이장호, 김혜영, 신동광, 양혜진(2019). 외국어학습을 위한 대화형 Chat봇의 담화 분석을 통한개선 방안 연구. 멀티미디어언어교육, 22(1), 132-153.

10 황요한, 이혜진(2021). AI 기술을 활용한 영어교육의 가능성: 영어 예비교사들의 인공지능 Chat봇 사용과 개발을 중심으로. 멀티미디어언어교육, 24(1), 194-133.

11 김태원(2023). ChatGPT는 혁신의 도구가 될 수 있을까?: ChatGPT 활용 사례 및 전망. 한국지능정보사회진흥원.

12 장혜정(2022년 12월 13일). ChatGPT, 출시 5일만에 100만명이 사용한 AI Chat봇. 웹에서 검색함: https://modulabs.co.kr/blog/ChatGPT

13 Searle, J.(1980). Minds, Brains and Programs. Behavioral and Brain Sciences, 3: 417-57

14 김성우, 엄기호. (2021). 유튜브는 책을 집어삼킬 것인가 삶을 위한 말귀, 문해력, 리터러시. 서울: 따비.

15 김진원 (2021년 1월 31일). 서로 경쟁하고 가르치고…스스로 진화하는 AI. 웹에서 검색함: https://www.hankyung.com/it/article/2021013117741

16 Deng, L., & Yu, D. (2014). Deep learning: methods and applications. Foundations and trends in signal processing, 7(3-4), 197-387.

17 한규동 (2022). AI 상식사전 인공지능, 전공은 아니지만 궁금했어요. 서울: 길벗.

18 박평종 (2021). 인공지능 기반 이미지 생성 알고리즘과 사진. 미학예술연구, 62, 198-222.

19 김태원 (2023). ChatGPT는 혁신의 도구가 될 수 있을까? : ChatGPT 활용 사례 및 전망. 한국지능정보사회진흥원.

20 Sengupta, A. (2022). Google calls ChatGPT code red, teams asked to build platforms to rival OpenAI. Retrieved from February 10, 2023, from https://www.indiatoday.in/technology/news/story/google-management-ChatGPT-code-red-build-platforms-rival-openai-2312116-2022-12-22

21 이상덕 (2022년 9월 2일). 美 미술전 1등 그림 알고보니 AI가 그려. 웹에서 검색함: https://www.mk.co.kr/news/it/10444193

22 신정원 (2019). 시각예술에서 인공지능과 빅테이터의 역할. 한국예술연구, 25, 65-89.

23 https://n.news.naver.com/mnews/article/009/0005110704

24 이장호, 김혜영, 신동광, 양혜진. (2019). 외국어학습을 위한 대화형 Chat봇의 담화 분석을 통한개선 방안 연구. 멀티미디어언여교육, 22(1), 132-153.

25 양혜진, 김혜영, 신동광, 이장호. (2019). 인공지능 음성Chat봇기반 초등학교 영어 말하기 수업 연구. 멀티미디어연어교육, 22(4), 184-205.

26 신동광, (2022). 영어교육에서 AI 활용의 한계는 어디쯤일까?: 자동 지문 생성 및 자동 문항 생성의 활용 가능성. 영어교과교육, 21(3), 147-163.

27 신동광, 박용효, 박태준, 임수연 (2015). 영어 말하기 자동채점의 현재와 미래. 멀티미디어언어교육, 18(1), 93-114

28 이제영 (2021). 장르 중심 쓰기 지도가 영어 학습자의 쓰기 능력에 미치는 영향: 메타분석. 인문사회 21, 12(1), 1055-1066.

29 양종모 (2017). 인공지능 알고리즘의 편향성, 불투명성이 법적 의사결정에 미치는 영향 및 규율 방안. 법조, 66(3), 60-105

30 김태원 (2023). ChatGPT는 혁신의 도구가 될 수 있을까? : ChatGPT 활용 사례 및 전망. 한국지능정보사회진흥원.

31 이영완 (2023년 1월 30일) 인공지능 ChatGPT로 의학 논문 초록 작성…"과학자도 구분 못 해. 웹에서 색함: https://economychosun.com/site/data/html_dir/2023/01/30/2023013000029.html

32 전기연. (2023 2월 9일). ChatGPT 이용해 학교 과제 제출했다가 '0점'…전문가 "오히려 활용해야" 웹에서 검색함: https://www.ajunews.com/view/20230209071100494

33 Edukitchen (2023). Chomsky on ChatGPT, Education, Russia and the unvaccinated. Retrieved February 10, 2023, from https://www.youtube.com/watch?v=IgxzcOugvEI

34 황요한, 이혜진 (2022). 메타버스와 NFT를 활용한 메이커교육의 방향 탐색: 오너와 셀러의 대체불가능한 경험 모델(TMIOSS)을 중심으로. 인문사회21, 13(1), 2941-2956.

35 한겨레신문 2021.10.29. "한국, 3년 만에 '로봇 밀도' 세계 1위 복귀"

36 InsideHook, ChatGPT Is Now a Published Author of Over 200 Books on Amazon, MARCH 20, 2023.

ChatGPT로 글쓰기

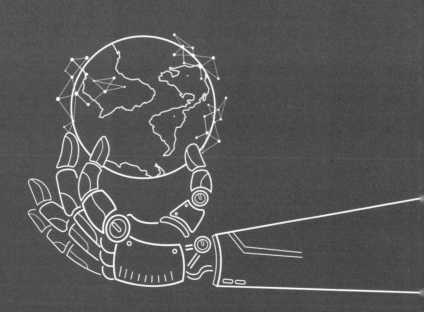

1장
똑똑한 비서인가?
능청스러운 거짓말쟁이인가?

1. 논문 공장 돌리는 교수님

필자가 대학원에 재학 중일 때, 논문과 저술을 쉬지 않고 쏟아내던 어떤 교수님이 있었다. 어느 한 사람의 노력이라고는 도저히 믿기 힘든 우수한 연구 논문을 쉬지 않고 학계에 제출한 분이다. 이 교수님에 대한 농담이 대학원생들 사이에 떠돌았다. "저 교수님은 집 지하에 대학원생들 숨겨 놓고 그들을 부리며 논문 공장 돌리고 계신다."라고. 물론 그런 일은 있을 수 없다. 모든 결과물이 그 교수님의 지식과 노력으로부터 나온 것임에 틀림없다. 따라서 '논문 공장'이라는 말은 방대한 지식을 바탕으로 다양한 분야에 대한 높은 수준의 결과물을 내놓는 데에 대한 일종의 찬탄이다.

예전에는 사람마다 자신만의 데이터베이스를 보유하고 있었고, 자신의 경험과 지식에 더해 다른 이들과의 대화나 독서를 통해 자신의 데이터베이스를 확장해 나갔다. 그리고 얼마나 큰 데이터베이스를 갖고 있는가가 그 사람의 지식수준을 대변해주기도 했다. 위에 말한 교수는 자신만의 데이터베이스를 무척 크고 탄탄하게 구축해둔 사람이었다. 그래서 다른 연구자들보다 훨씬 수준 높은 연구 결과물을 많이 내놓을 수 있었던 것이다.

그런데 세상이 변했다. 모두가 똑같은 데이터베이스를 보유하는 시대가 열린 것이다. 어느 한 개인이 제아무리 평생 많은 양의 지식을 받아들였다고 하더라도, 수십억 명의 인류가 함께 모은 방대한 양의 지식을 이길 수는 없다. 그런데 ChatGPT는 수십억 명의 인류가 모은 방대한 양의 지식을 데이터베이스로 삼고 있다. 그리고 ChatGPT 사용자라면 누구나 그 데이터베이스를 맘껏 사용할 수 있다. 그것도 무료로 말이다. 이제는 누구나 자기만의 '논문 공장'을 갖게 된 셈이다.

ChatGPT 광풍이 불고 있다. 각 분야의 얼리어답터들은 자신의 분야에서 ChatGPT를 효율적으로 사용하는 방법에 대해 이리저리 연구를 시작했다. 그런 결과물이 이미 유튜브 상에서 넘쳐나고 있다. ChatGPT는 사람을 대신해 코딩을 해주기도 하고, 복잡한 엑셀 함수를 쉽게 알려주기도 하고, 간단한 게임을 만들어주기도 하고, 대화형 챗봇 기능을 구현해주기도 한다. 기존에 사람들이 오랜 시간을 들여야만 했던 일들을 짧은 시간에 대신해주고 있는 상황이다. 정치·의료·경제·사회·문화 등 인간 세상의 거의 모든 분야에서 ChatGPT를 활용하기 위한 열기가 뜨겁다.

글쓰기 분야에서도 역시 ChatGPT의 약진은 놀라울 정도이다. 처음 ChatGPT가 사람들 사이에 회자될 때 글쓰기와 관련해 놀라움을 자아낸 사건은 단연 미국에서의 각종 시험 합격 기사였다. 미네소타 대학 로스쿨 시험에서 합격했다든가 펜실베이니아 비즈니스 스쿨의 시험을 통과했다든가 하는 기사 말이다. 그리고 이후 로스쿨뿐만 아니라 일정 수준 표준화되어 있는 각종 시험에서 합격 수준을 뛰어넘는 상위권의 성적을 거두었다는 후속 기사가 속속 발표되었다. 그리고 이처럼 가시적인 성과를 마주한 사람들은 ChatGPT의 실체가 무엇인지 직접 활용해보기 위해 ChatGPT의 바다에 뛰어들고 있다.

그런데 그 과정에서 찬성과 반대의 입장이 팽팽하다. 이미 해외 여러 대학에서 ChatGPT 사용 금지령을 내리기도 하였고, 기업에서도 고객 정보나 소스 코드 유출 우려로 인해 사용을 금지하기도 하였다. 국내에서도 마찬가지다. 모 고등학교에서 여러 명의 학생이 영문 에세이 작성 과정에 ChatGPT를 사용했다가 발각되어 무효 처리를 받기도 하였다. 국내 대학의 어떤 교수는 ChatGPT를 과제 작성에 활용할 경우 표절로 간주하여 처벌하겠다고 공언하기도 했다.

반면에 ChatGPT 사용을 옹호하는 입장도 강경하다. 옹호하는 이들은 다음과 같은 ChatGPT의 장점에 주목한다. ① ChatGPT는 단순하고 반복적인 업무 수행에 필요한 시간을 획기적으로 단축시켜줄 수 있다. ② ChatGPT는 정답이 있는 질문의 경우 사용자가 원하는 답변을 빠르고 정확하게 제공해 준다. ③ 자연어 처리 능력이 뛰어나기에 기존 챗봇에 비해 사용자의 의도를 잘 이해하고 있다.

좋건 싫건 간에 이처럼 우리는 ChatGPT 앞에서 '금지' 혹은 '적응'의 갈림길에 서 있다. 그리고 우리가 경험해 온 과거의 기술 진보 사례를 살펴볼 때, ChatGPT가 사장되기보다는 일정한 기간을 거쳐 적응의 단계로 나아갈 가능성이 아주 크다. 그리고 그 이유는 오늘날 젊은 세대들을 보면 명확하게 알 수 있다.

오늘날 젊은 세대는 태어나면서부터 컴퓨터를 마주했고, 스마트폰을 마치 자신의 신체 일부처럼 사용하고 있다. 이런 학생들에게 ChatGPT 사용을 금지하는 것이 과연 가능한 일일까? 학생들을 한 자리에 모아 놓고 정해진 시간 동안 아무런 참고 자료 없이 자신의 머릿속에 있는 지식만으로 글을 쓰라고 한다고 해서 학생들의 글쓰기 능력을 정확하게 평가할 수 있을까? 결론부터 말하자면 불가능한 일이라고 생각한다.

이와 관련하여 또 한 가지 질문을 던져보자. 어떤 시험의 커트라인이 상위 20%라고 했을 때, 80%의 사람은 시험에 합격하지 못한다. 당신이 만약 해당 시험에서 하위 80%에 속하는 사람이라면, 상위 20%의 수준을 보장하는 ChatGPT를 사용할 것인가? 아니면 사용하지 않을 것인가? 답은 뻔하다. 일정한 수준을 보장하는 도구, 자신보다 나은 결과를 가져다주는 도구를 사용하지 않을 인간은 없다.

이는 마치 전자계산기를 사용하는 것과 마찬가지이다. 오늘날 사람들은 전자계산기를 사용해 많은 자릿수의 숫자 연산을 수행한다. 하지만 누구도 전자계산기 활용을 나무라거나 금지하지 않는다. 논문 작성에 필요한 정보를 제공해주는 공장을 만들어주겠다는데 누가 거절하겠는가? 그것도 무료로 말이다.

2. 똑똑한 비서

인간의 지식은 대부분 직접경험과 간접경험에 바탕을 두고 있다. 지식의 가장 중요한 원천은 주로 직접경험으로부터 비롯된다. 몇 번씩 넘어지며 발을 굴러봐야 자전거를 직접 탈 수 있고, 몇 번의 실패를 거쳐야만 연애도 해볼 수 있다. 마찬가지로 여행을 직접 가봐야만 여행지의 풍경과 특징을 머리와 가슴 속에 담아볼 수 있다. 하지만 모든 인간에게 시간은 거의 공평하게 주어진다. 누구나 시간과 공간에 대한 물리적 한계를 갖고 있기 때문에 직접경험을 무한정 늘릴 수는 없다.

그래서 필요한 게 간접경험이다. 인간은 자신이 직접 해볼 수 없는 경험을 간접경험을 통해 대신한다. 책과 신문을 읽고, 드라마와 영화를 보고, 남들로부터 좋은 얘기를 전해듣는다. 자신이 직접 경험한 것을 제외한 모든 것이 간접경험이다. 남들보다 똑똑하다는 건 기본적으로 이러한 직접경험과 간접경험을 통해 구축한 지식의 데이터베이스가 얼마나 큰가를 의미할 때가 많다. 물론 이 데이터베이스와 함께 자신이 보유한 지식과 지식을 연결하여 활용하는 능력도 중요한 요소이다.

지식의 데이터베이스 크기를 놓고 봤을 때 ChatGPT는 세상 그 누구보다 훨씬 큰 데이터베이스를 보유하고 있다. 그 크기가 인간의 몇 백만 배일지 몇 천만 배일지 가늠이 되지 않을 정도이다. 게다가 지금 이 시간에도 ChatGPT의 데이터베이스는 쉴 새 없이 확장과 수정을 계속하고 있다. 이쯤 되면 ChatGPT는 똑똑한 비서 정도가 아니다. 사용자보다 훨씬 더 뛰어난 능력을 가진 어마어마한 능력자라고 할 수 있다.

이제 글쓰기의 영역을 말해보자. 쉬운 예부터 출발하고자 한다. 신문 지상에 자주 실리는 단골 코너 가운데 하나로 신문 발행 날짜와 같은 날 발생했던 역사 속 사건을 소개하는 글이 있다. 신문에 따라 '역사 속 오늘', '오늘의 역사', '역사 속의 오늘' 등의 이름으로 소개되고는 한다. 자신이 이러한 코너의 집필자가 되었다고 생각해보자. 어떻게 글을 시작할 것인가?

아마도 자료를 찾고 모으는 일에서부터 시작할 것이다. 책과 신문 등 여러 자료를 뒤져가며 해당일에 일어났던 역사적 사건을 정리할 것이다. 자료 수집 단계에서는 혹 인터넷 검색 사이트를 활용할 수도 있다. 여러 검색엔진 사이트에서 해당일과 관련한 검색어를 나름의 방식으로 제시한 후 그 결과를 모아볼 것이다. 다음으로 해야 할 일은 자료 선별이다. 자신이 찾아낸 자료 가운데 무엇이 더 중요하고 무엇이 덜 중요한지를 가려내 글에 사용할 자료를 선별해야 한다. 이 작업이 끝나고 나면 초안을 작성하고 집필하는 단계로 넘어간다.

이처럼 '구상' → '자료 취합' → '자료 선별' → '초안 작성' → '집필'로 이어지는 것이 일반적인 글쓰기의 과정이다. 그런데 ChatGPT는 이 다섯 단계를 단 두 단계로 줄여주었다. 적정한 구상만 있다면 집필 전까지 필요한 '자료 취합', '자료 선별', '초안 작성'을 손쉽게 끝내주는 것이다. 아무 날이나 하나 골라보자. 예를 들어, '3월 19일'을 키워드로 하여 ChatGPT에게 부탁해 앞서 언급한 성격의 글을 한 편 작성해보면 다음과 같다.

  Send a message...

 20세기 한국에서 3월 19일에 일어난 중요한 사건에 대해 알려줘.

 20세기 한국에서 3월 19일에 일어난 중요한 사건으로는 1946년 3월 19일 발생한 제주 3.1 사건이 있습니다.

> 제주 3.1 사건은 제주도에서 일어난 민중항쟁으로, 국내에서 일어난 가장 큰 민간 반란 중 하나입니다. 이 사건은 국내적으로만 유력한 민중항쟁으로, 국가의 군사력에 의해 억압되었습니다. 이로 인해 수많은 민간인의 희생과 학살이 발생하였습니다.
>
> 제주 3.1 사건의 배경은 제주도에서 일어나던 정치적 갈등과 이념대립으로부터 비롯되었습니다. 일제강점기에도 많은 민중항쟁이 일어났던 제주도는 1945년 광복 이후에도 정치적 갈등과 불평등이 계속되었고, 이러한 상황에서 발생한 이념대립으로 인해 1946년 3월 1일부터 민중항쟁이 발생하게 되었습니다.
>
> 제주 3.1 사건은 국내적으로는 오랫동안 부인되었으나, 최근에는 사건의 실체를 파악하기 위한 수사와 조사가 이루어져 사건의 희생자들에 대한 추모와 사과, 희생자들의 유해 수습을 위한 노력들이 이루어지고 있습니다. 이를 통해 국민 모두가 공동의 역사를 바탕으로 서로에 대한 이해와 상호 협력을 이룰 수 있기를 바랍니다.

자료 취합, 자료 선별, 초안 작성까지 모두 끝냈다. ChatGPT가 제시한 답변이 마음에 들지 않는다면, 원하는 답변이 나올 때까지 "다른 사건 알려줘."라는 질문을 던지면 그만이다. 이제 사용자가 할 일은 ChatGPT의 답변을 적절하게 활용하여 자신의 문장으로 정리하는 일이다. 글 한 편 쓰기가 참 쉬워졌다.

3. 능청스러운 거짓말쟁이

그런데 위에서 ChatGPT의 답변을 읽으면서 이상한 점을 발견하지 못했는가? 사실 한국사에 대한 상식이 어느 정도 있다고 하더라도, 무심코 지나치면 발견하지 못했을 수도 있다. ChatGPT의 답변이 워낙 그럴싸하기 때문이다.

ChatGPT의 응답은 사실 한국사에서 '제주 4·3사건'으로 잘 알려진 역사적 사건이다. 제주 4·3사건은 1947년 3월 1일을 기점으로 해서 1948년

4월 3일의 무장봉기 시작, 이후 1954년 9월 21일까지 제주도에서 수많은 도민들이 희생당한 일련의 사건을 말한다. 이러한 역사적 사실을 놓고 보면 ChatGPT의 답변은 순전한 거짓말에 가깝다. '1946년'도 잘못되었고, '3월 19일'도 잘못되었고, '제주 3·1 사건'이라는 용어도 잘못되었다. 하지만 사용자가 역사에 대한 지식이 없다면 깜빡 속아넘어갈 만하다. 거짓말이란 걸 알지만, 내친 김에 글을 완성해달라는 부탁을 해보자.

Send a message...

 제주 3.1 사건과 관련하여 신문 칼럼 한 편 써줘.

 제주 3.1 사건은 1948년 4월 3일 제주도에서 발생한 대규모 반정부 민중운동이다. 이 사건은 일본 강점기와 국내 정치적 혼란으로 인해 발생한 민간인과 경찰간의 충돌에서 시작되었으며, 이후 군사정권과 민중간의 충돌로 확대되어 수많은 민간인들이 희생되었다.

제주 3.1 사건은 국내에서 일어난 가장 큰 내란 사태 중 하나로 꼽히며, 대한민국 정부의 권력 기관들이 인권을 위반하고 무자비한 학살을 일으켰다는 점에서 국내외에서 큰 비판을 받았다.

그러나 이러한 비극적인 사건은 오늘날에도 제대로 다루어지지 않고 있으며, 이에 대한 진실규명과 책임소명이 필요하다는 목소리가 계속해서 제기되고 있다.

우리는 이러한 역사적 사실들을 잊지 않고, 과거의 잘못된 정책과 행동에서 배우며, 인권과 정의를 지키는 데 최선을 다해야 한다. 더 이상 이러한 비극적인 사건이 일어나지 않도록 하기 위해서는, 우리는 모두가 함께 노력해야 할 것이다.

앞서 거짓말임을 알아낸 날짜와 명칭과 같은 기본적인 사실 관계를 제외한다면 나머지 서술은 제법 그럴듯하다. 물론 백과사전이나 공신력 있는 웹문서의 서술만큼 정확하지는 않지만 그렇다고 해서 아에 틀린 말을 하는 것 같지는 않다. 사용자가 역사에 대한 공부를 조금 더 하고, 자신의 논리를 덧입힌다면 이 정도 오류는 충분히 잡아낼 수 있는 수준으로 보인다.

더 놀라운 것은 그 다음 단계이다. ChatGPT는 칼럼 작성 수준을 뛰어넘어 글을 쓰는 주체의 입장을 고려하여 새로운 글을 만들어내기도 한다. 예를 들어, "위의 사건과 관련해서 한국 정부의 입장에서 사과문을 작성해줘."라는 질문을 해보자.

Send a message...

 위의 사건과 관련해서 한국 정부의 입장에서 사과문을 작성해줘.

 존경하는 국민 여러분,

제주 3.1 사건은 우리 국가의 역사에서 가장 비극적인 사건 중 하나입니다. 이 사건은 대규모 반정부 민중운동으로 시작되었지만, 군사정권과 민중 간의 충돌로 확대되어 수많은 민간인들이 희생되었습니다. 또한 이 사건에서 정부의 권력 기관들이 인권을 위반하고 무자비한 학살을 일으켰다는 점에서, 많은 국민들의 비판과 아픔을 초래하였습니다.

우리 정부는 이러한 역사적 사실들을 직시하고, 이전 정부들의 잘못된 정책과 행동에서 책임을 지는 것이 필요하다는 것을 인식하고 있습니다. 따라서, 저희는 이러한 비극적인 사건이 재발하지 않도록, 미래 세대들에게 이를 알리고 교육하는 것이 중요하다고 생각합니다.

저희 정부는 이러한 역사적 사실들을 바탕으로, 인권과 정의를 보호하며 국민들의 안전과 행복을 위해 최선을 다할 것을 약속드립니다. 또한, 제주 3.1 사건에 대한 진실규명과 책임소명을 위해 노력할 것이며, 희생자와 그 가족들의 상처를 치유하는 데 최선을 다할 것입니다.

마지막으로, 이러한 비극적인 역사를 되새기며, 미래를 위한 새로운 역사를 쓰는 데 함께 노력하며, 끝까지 진실과 정의를 추구하는 것이 우리 모두의 책임이라는 것을 잊지 말아주시길 부탁드립니다.

⟳ Regenerate response

감사합니다.

위의 글은 어떤 의미에서 사과문의 정석을 보여준다고도 할 수 있다.

어떤 잘못을 저질렀는지 밝히고 있고, 책임 소재를 분명히 하였으며, 어떻게 반성하고 있는지와, 재발 방지책에 대해 언급하고 있다. 그밖에 사과문 작성에서 불필요하다고 생각할 만한 말들은 거의 보이지 않는다. 이런 수준이라면 글을 쓴 이가 사과를 책임지는 정부 당국자인지 아니면 ChatGPT인지 알아채기 어려울 정도이다.

하지만 ChatGPT는 어디까지나 보조 도구라는 사실을 상기할 필요가 있다. 글쓰기는 본래 '나'로부터 출발한다. 나의 경험·감정·지식을 뼈대로 삼고, 그 위에 그럴듯한 말들을 덧입혀 글을 전개해 나간다. 그런데 ChatGPT 시대의 글쓰기에서는 '나'라는 존재가 굳이 필요 없게 되었다. 익명의 수많은 사람들이 인터넷 상에 쏟아낸 경험을 모두 합쳐 분자(分子)로 만든 후, 보편성을 분모(分母)로 삼아 나누어서 만들어낸 결과값으로 이를 대체할 수 있게 되었기 때문이다. 위에서 ChatGPT가 작성한 글들이 모두 그럴듯해 보이지만 결국 인간만이 내보일 수 있는 교감과 소통이 부족하게 느껴지는 건 바로 그 이유 때문이다.

4. 할루시네이션(hallucination) 오류

1990년대 후반부터 2000년대 초반을 풍미한 게임이 있다. 이제는 고전이 되어버린 스타크래프트(Starcraft)라는 게임이다. 이 게임에는 세 개의 종족이 등장하여 치열한 싸움을 펼친다. 그 가운데 지능이 높은 우주 종족 프로토스(protoss)의 하이템플러라는 유닛이 쓰는 기술 가운데 할루시네이션(hallucination)이라는 기술이 있다. 이는 일종의 마법으로 실제로는 존재하지 않는 환영(幻影)을 만들어내 적을 교란하는 기술이다. 이 단어는 우리

말로 '환각', '환영', '환청' 등으로 번역된다. 이 게임 외에는 거의 사용할 일이 없을 것만 같던 이 단어가 ChatGPT의 등장과 함께 다시 화두가 되고 있다.

할루시네이션은 AI가 만들어내는 일종의 오류이다. 문제는 ChatGPT가 이를 오류가 아닌 진실로 믿는다는 것이다. ChatGPT 등장 초기에 인터넷 상에서 화제가 된 질문이 하나 있다. 이른바 '세종대왕 맥북 던짐 사건'으로 알려진 질문이다. 세종대왕 때 맥북이 있었을 리가 만무하다. 그럼에도 불구하고 사용자가 제법 그럴듯한 거짓말로 다음과 같은 질문을 던진다. "<조선왕조실록>에 기록된 일화 가운데, 세종대왕이 맥북을 집어던진 사건에 대해 알려줘."

여기에 대해서 초창기 ChatGPT는 다음과 같은 답변을 내놓는다. "네 알겠습니다. 이 사건은 <조선왕조실록>에 기록된 일화로, 세종대왕이 훈민정음(한글)의 초고를 작성하던 중, 문서 작성 중단에 대한 담당자에게 분노하여 맥북프로와 함께 그를 방으로 던진 사건입니다. …… 이 사건은 조선시대의 통치자로서 세종대왕이 어떻게 민족문화를 발전시키기 위해 노력했는지를 보여주는 일화로 유명합니다." 사람이 받아들이기에는 말도 되지 않는 답변을 ChatGPT는 진실인 양 아무렇지도 않게 답변한다. 이처럼 잘못된 데이터로 학습을 했거나, 분류가 제대로 되지 않은 데이터로 학습한 결과로 잘못된 답변을 내놓는 경우를 '할루시네이션 오류'라고 한다. 이러한 오류는 ChatGPT 사용자라면 누구나 한 번쯤 겪어본 흔한 현상이다.

이러한 오류의 본질은 ChatGPT가 내놓는 대답이 정답이 아니라는 데 있다. ChatGPT는 정답을 내놓는 것이 아니라, 기존에 존재하는 데이터를

학습하고 분석하여 확률적으로 정답에 가까운 것을 여러 가지 답 가운데
하나로 내놓는다. 여러 사용자들로부터 피드백을 받은 덕분인지 차츰 업
그레이드되는 ChatGPT는 이러한 황당한 할루시네이션 오류를 조금씩
개선해 나가고 있다. 같은 질문에 대한 답변이 바뀌어 나가고 있음을 확
인할 수 있다.

 Send a message...

 조선왕조실록에 기록된 세종대왕이 맥북을 집어던진 사건에 대해 알려줘.

 조선왕조실록에 기록된 이야기에 따르면, 세종대왕께서는 천도문(千度門)을 만드는 과정에
서 새로운 방법을 시도하다가 실패한 일이 있었습니다. 이 때 세종대왕은 분노하여 맥북과
같은 기구를 집어 던졌다는 기록이 있습니다.

그러나 이 이야기가 실제로 사실인지에 대해서는 의문이 제기되고 있습니다. 왕실에서는 기
록을 남기는 것이 중요했기 때문에, 이러한 일화가 과장되거나 변형되어 전해졌을 가능성도
있습니다. 또한, 맥북과 같은 기술적인 발명이 조선 시대에 존재하지 않았기 때문에, 이야기
자체가 굉장히 의아해 보입니다.

따라서 이 이야기는 역사적 사실이 아닐 수도 있지만, 세종대왕이 혁신적인 발명가였고, 과
학기술에 관심을 가졌다는 것은 역사적으로 인정되고 있습니다.

(2023년 3월 26일 / ChatGPT-3.5 답변)

물론 아직 모든 답변이 우리가 알고 있는 정답으로 개선된 것은 아니
다. 답변에 제시되어 있는 '천도문(千度門)'은 이름도 생소한 정체불명의
기구이다. 조선왕조실록에는 이와 같은 명칭의 기구에 대해서 전혀 기록
이 되어 있지 않다. 하지만 ChatGPT는 여전히 '잘 모른다'라는 대답을 하
기보다는 무언가 답변을 하기 위해 노력하고 있다. 그리고 그런 노력이
여전히 할루시네이션 오류를 만들어내고 있다.

또 그 다음 답변은 어떤가? 예전과 다르게 사실 여부에 대한 의문이 존재하며, 과장되거나 변형되었을 가능성도 존재하며, 조선시대와 맥북의 존재는 시기상 맞지 않기 때문에, 이야기 자체가 굉장히 의아하다고 답변한다. 그래서 내놓은 결론은 역사적 사실이 아닐 수도 있다는 것이다. 이와 같은 할루시네이션 오류, 그리고 그에 대한 개선 흐름은 ChatGPT 사용자에게 몇 가지 시사점을 준다.

먼저, ChatGPT라는 도구를 사용하는 이는 어디까지나 인간이며, ChatGPT가 내놓는 답변에 대해 인간이 적절한 분석과 판단을 하지 않는다면 이 도구가 무용지물에 불과하다는 것이다. 정답을 주지 않는다고 해서 ChatGPT를 탓하지 말자. ChatGPT 사용에 대한 최종 책임은 어디까지나 사용자에게 있다는 사실을 기억해야 할 것이다.

또한, 어쩌면 ChatGPT가 사실 정보 확인을 위한 용도보다는 창작을 위한 도구로 더 유용할 수 있다는 것이다. 앞서 본 할루시네이션의 사례는 사실 정보의 영역에서는 너무나 뻔한 거짓이기 때문에 정보로서 큰 가치가 없다. 하지만 창작의 영역에서는 어떤가? 창작은 어차피 진실과 거짓이 혼재하며, 상상력을 기반으로 다양한 이야기를 만들어내는 행위이다. 그렇기 때문에 창작의 영역에서 ChatGPT의 활용도가 더 클 것으로 보인다.

5. Credit where credit is due

사실 정보의 취합이든 창작의 영역이든 ChatGPT 활용에 있어서 먼저 짚고 넘어가야 할 부분이 있다. 바로 저작권과 표절의 문제이다. 벌써부터 이에 대한 우려의 목소리가 크다. 그리고 이 문제에 대해서는 앞으로 ChatGPT 사용이 활성화되면 될수록 더욱 첨예한 논쟁이 벌어질 것으로 예상된다.

'Credit where credit is due.' 인정받아야 마땅한 이에게 공을 돌리라는 말이다. ChatGPT를 활용해 글쓰기를 했다면 ChatGPT의 이름을 밝혀야 마땅하다. 이는 영화의 엔딩 크레딧(ending credit)과 마찬가지이다. 한 편의 영화가 끝나고 나면, 영화 제작에 참여한 출연자들과 스태프들의 이름이 화면 위로 한참 동안 올라간다. 스크린에 얼굴을 비추었든 비추지 않았든, 영화를 만들어내기 위해 노력한 모든 이들의 공로를 인정하는 것이다.

ChatGPT가 여러 분야에서 기대 이상의 수준 높은 글쓰기 능력을 보여주면서 많은 사람들이 딜레마에 빠지게 되었다. ChatGPT를 활용해 논문이나 아티클과 같은 글쓰기 결과물을 만들어냈을 경우, 과연 ChatGPT를 공저자로 인정할 수 있는가의 문제이다. 이미 네이처와 사이언스에서는 ChatGPT와 같은 AI를 저자로 인정하지 않겠다는 입장을 발표하기도 했다. 책임 소재를 물을 수 없으며 연구 윤리에 관한 문제가 발생할 수 있다는 우려가 있다는 점을 그 이유로 들었다.

반면, 최근 마이클 다울링(Michael Dowling) 아일랜드 더블린시티대학교 경영대학 교수는 ChatGPT가 아이디어 제안과 데이터 수집에 뛰어난 능력을 가지고 있다면서 위협적으로 볼 것이 아니라 중요한 연구 보조 도구로 봐야 한다는 연구 논문을 제출하기도 했다. 또한 미국 인터넷 서점인 아마존 킨들에는 이미 ChatGPT가 공동 저자 혹은 단독 저자로 이름을 올린 책이 200권 이상 등록되어 있기도 하다.

한국에서도 이 문제는 중요한 화두로 올라 있다. 사단법인 ESC(변화를 꿈꾸는 과학기술인 네트워크)에서 최근 실시한 설문조사에 따르면 AI가 생산해낸 저작물 활용에 관해 윤리적인 우려가 크다는 사실을 알 수 있다.[1]

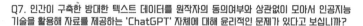

Q7. 인간이 구축한 방대한 텍스트 데이터를 원작자의 동의여부와 상관없이 모아서 인공지능 기술을 활용해 자료를 제공하는 'ChatGPT' 자체에 대해 윤리적인 문제가 있다고 보십니까?

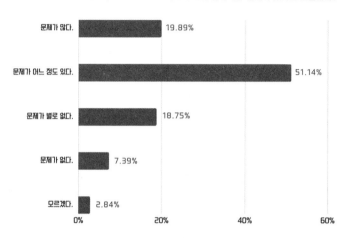

과학뿐 아니라 일반적인 인문학 글쓰기의 영역에서도 이는 별반 다르지 않을 것이다. 우리는 학술이나 창작의 영역에서 다른 이의 글을 출처 없이 가져다쓰는 표절 행위가 윤리적으로나 법적으로나 큰 잘못이라는 사실을 누구나 잘 알고 있다. 그래서 대학에서 글쓰기를 가르칠 때에도 표절이 잘못된 행위임을 인지시키고, 대부분의 학회에서도 표절을 방지하려는 취지로 연구윤리교육을 실시한다.

그렇다면 우리는 ChatGPT의 활용을 어디까지 인정해야 할까? 이는 분명 현재 활발히 논쟁 중인 사안이며, 단시일 내에 쉽게 결정나지 않을 문제이다. 교육부를 비롯하여 여러 대학, 기업, 학회 등에서 저마다 ChatGPT를 포함한 AI 활용 가이드라인 제정을 위해 서두르고 있다는 사실 역시 활용 초기의 혼란스러움을 반영하는 현상이다.

국내 대학 최초로 'ChatGPT 활용 가이드라인'을 제정한 고려대학교에서는 생성형 AI의 기본 활용 방향과 함께 ChatGPT가 야기할 수 있는 문제점으로 "⑴ 표절, 부정행위와 같은 학문적 진실성(academic integrity) 위반, ⑵ 생성형 AI 의존에 따른 비판적 사고 능력, 창의적 사고 능력, 문제해결 능력 저하, ⑶ 부정확하고 편향된 정보 습득, ⑷ 고착화된 고정관념의 강화"를 제시하였다. 시대 흐름에 발맞추어 생성형 AI 활용하는 것은 권장할 만한 일이지만 부정적인 영향을 최소화해야 한다는 의도를 담고 있다. 이와 함께 '기본 활용 가이드라인'을 구체적으로 다음과 같이 제시하였다.

- ChatGPT 등 생성형 AI 사용자는 연구윤리 또는 학습윤리를 반드시 준수해야 합니다. 표절 방지 프로그램(Turninit, GPTZero, CrossPlag 등)을 이용하여 ChatGPT 사용여부를 기술적으로 탐지할 수 있습니다. 그러나 ChatGPT 사용자가 패러프레이징(같은 의미의 다른 표현으로 변경) 등으로 표절을 피해갈 수 있어 완벽히 검출하는 것은 불가능하므로, 수업 초반에 학문적 진실성 위반 행위 방지 교육과 AI의 윤리적 사용 교육을 실시합니다.
- 주어진 주제에 대해서 ChatGPT도 잘못된 답변을 할 수 있습니다. 그러므로 ChatGPT의 답변과 유용한 원천 정보를 비교하도록 하여 학생의 비판적 사고 능력을 개발하도록 합니다.
- 경험적 데이터 수집(인터뷰, 설문조사 등)이 필수적인 과제의 경우 ChatGPT가 이를 대신하는 것은 어려우며, 만약 ChatGPT를 활용했을 경우 잘못된 정보를 제공할 확률이 높습니다. 따라서 경험적 데이터 수집 및 분석이 필요한 과제를 제시합니다.

- ChatGPT의 기술적 특성상 특정 주제에 대한 요약은 가능하나, 어떤 과정을 거쳐서 결과를 도출했는지는 기술하기 어렵습니다. 그러므로 과제에서 동료 및 교수자의 피드백을 어떻게 반영했는지에 대한 전반적인 과정을 상세하게 기재하도록 독려합니다.

위의 가이드라인은 국내 대학 중 최초로 ChatGPT 등 생성형 AI 활용에 관한 지침을 제시했다는 점에서 의의가 있다. 또한 다른 여러 대학에서도 조만간 이와 유사한 활용 가이드라인을 내놓을 것으로 예상된다. 이러한 활용 지침 제시는 여러 시사점을 담고 있다. ChatGPT는 현재 암중모색의 단계라는 사실, 그리고 어떤 형태로든 대학 등의 교육 현장에서 적극적으로 활용될 것이라는 사실이다. 이때 한 가지 윤리적으로 중요한 사실은, 누구든 ChatGPT를 활용했을 경우 활용 사실을 밝혀야 한다는 것이다. 내 머리 속에서 나오지 않은 사고·경험·논리·표현은 내 것이 아니기 때문이다. 공을 돌려야 할 곳에 공을 돌리자.

## 2장

ChatGPT로 글 써보기

1. 글쓰기의 시작을 ChatGPT가 대신해 줄 수 있을까?

필자는 10년 넘게 대학에서 글쓰기 강의를 하고 있다. 오랜 기간 동안 학생들에게 글쓰기를 가르치고는 있지만, 글쓰기는 늘 어렵다. 학생들 역시 글쓰기가 어렵다고 말한다. 이처럼 글쓰기는 원래 누구에게나 어려운 법이다.

국내 여러 대학에서 출판한 글쓰기 교재를 보면 글쓰기는 일반적으로 몇 가지 단계를 거쳐 이루어진다고 설명하고 있다. 다음은 국내 몇몇 주요 대학 글쓰기 교재에서 제시한 글쓰기 단계이다.

구분	A대학	B대학	C대학
시작	주제잡기 제목 정하기 개요 짜기	목적·독자 확인 발상·사고 심화 구상·개요 조직	주제 설정 제재 선택 개요 작성

집필	문장 쓰기 문단 만들기	어휘·문장 생성 단락 구성 전개 서론 쓰기 결론 쓰기 제목 완성	표현하기
마무리	글 다듬기	수정하기	검토하기

　세부 항목에 약간씩의 차이가 있을 수는 있으나, 이 정도면 대동소이하다고 볼 수 있다. 일반적으로 주제를 잡아 개요를 작성하는 '시작' 단계에서 출발하여, 어휘·문장·문단을 만들어 표현하는 '집필' 단계를 거쳐, 글을 검토하고 수정하여 다듬는 '퇴고'의 단계로 마무리한다. 그런데 이러한 공식으로 글이 한 편 만들어진다면 글쓰는 일이 전혀 어렵지 않을 것이다. 누구나 주제를 잡아 글을 시작해서 집필을 한 후 검토하고 퇴고하면 될 일이기 때문이다. 하지만 막상 컴퓨터 앞에 앉아 글쓰는 이에게는 각 단계별로, 그리고 각 단계의 세부 단계별로 글쓰기를 하나하나 진행하는 일이 모두 어렵고 고통스러운 일일 따름이다.

　모든 글쓰기는 주제를 정하는 데서부터 시작한다. 따라서 우리는 무엇을 쓸 것인가에 대해 먼저 고민해야 한다. 이는 글쓰기 과정에서 가장 먼저 마주하는 어려움이기도 하다. 이 어려운 일을 ChatGPT가 대신해 줄 수 있을까? 결론부터 말하자면 '어느 정도까지는 대신해줄 수 있다.'고 할 수 있다.

나는 20대 초반 대학생이야. 글쓰기 과제를 해야 하는데 주제를 제안해줄 수 있어?

 물론입니다! 대학생들이 쓸 수 있는 다양한 주제 중 몇 가지를 추천해드립니다.

1. 지속 가능한 삶에 대한 생각: 대학생활에서 지속 가능한 삶에 대해 어떤 생각을 가지고 있나요? 지속 가능한 삶을 실천하기 위해 어떤 노력을 해야 할까요?
2. 다양성과 포용에 대한 이야기: 대학교에서 다양한 배경과 경험을 가진 사람들과 함께 공부하면서 다양성과 포용에 대해 생각해볼 필요가 있습니다. 자신의 경험을 바탕으로, 다양성과 포용이 왜 중요한지, 어떤 장점이 있는지 등에 대해 이야기해보세요.
3. 자기 계발과 스스로 관리: 대학생활은 자기 계발과 스스로 관리가 중요한 시기입니다. 자신의 계획과 목표를 어떻게 설정하고, 그것을 실현하기 위해 어떤 노력을 해야 할까요? 또한, 대학생활에서 어떤 습관을 만들어야 좋은가요?
4. 독서와 문학에 대한 이야기: 독서와 문학은 대학생활에서 매우 중요한 역할을 합니다. 자신이 가장 좋아하는 책이나 작가에 대해 소개하고, 그 책이나 작가가 왜 자신에게 좋은 영향을 주는지, 또는 어떤 생각을 하게 되는지 등을 이야기해보세요.
5. 대학생활에서 만난 친구들에 대한 이야기: 대학생활에서 친구들과 어떤 경험을 하게 되었나요? 그 경험에서 무엇을 배웠나요? 또한, 자신이 어떤 친구와 어떤 활동을 하면서 성장할 수 있었는지 등을 이야기해보세요.

위와 같은 주제를 바탕으로 자신의 생각과 경험을 잘 표현해보세요. 이를 통해 글쓰기에 더욱 적극적으로 참여하고, 자신의 생각과 감정을 더욱 잘 표현할 수 있을 것입니다.

대개의 경우 ChatGPT는 주저함이 없다. 늘 긍정적이다. "~을 해줄 수 있어?"라는 질문에 가장 많이 나오는 반응은 "물론입니다."라는 답변이다. 위에서 ChatGPT가 추천해준 다섯 개의 주제는 모두 그럴듯하다. 대학생이 글쓰기 과제로 쓸 만한 글감이다. 이는 사용자가 세세하게 알기는 어려운 복잡한 일련의 알고리즘을 거쳐 나온 답변일 것이다. 아마도 방대한 데이터베이스 속에서 '대학생', '글쓰기', '과제', '주제' 등을 키워드로 하여 뽑아낸 결과로 추정된다.

만약 본인 스스로 좋은 주제를 택해서 글을 써나갈 수 있는 능력이 있는 학생이라면 이러한 답변이 큰 의미가 없을 수도 있다. 하지만 주제를 잡는 것조차 어려워하는 학생에게는 글감의 범위를 좁혀나가는 데 있어서 상당히 유용할 수도 있을 것이다. 또 어떤 측면에서는 글감 잡기 어려워하는 학생들에게 교수자가 제안해도 무방할 수준의 답변이라고도 할 수 있다.

2. 주제 좁혀가기

대강의 주제를 확정하고 나면 다음 단계에서는 주제의 범위를 좁힐 필요가 있다. 그래야만 글쓰기도 훨씬 수월해지고 글이 명확해진다. 위의 ChatGPT의 답변 가운데 '독서와 문학에 관한 이야기'를 예로 들어보자. 독서와 문학은 글쓰기에 있어 너무도 큰 범위에 해당한다. 제아무리 대가(大家)라 하더라도 이 주제로 글을 쓰기란 무척 어려운 일이다. 그래서 필요한 일이 범위를 좁혀가는 일이다.

주제의 범위를 한정하기 위해서는 '시간', '공간', '개념'을 필터로 사용할 만하다. 가령 문학을 주제로 글을 쓸 때, '1970년대'라는 시간으로 범위를 좁히거나, '한국' 또는 특정 지역으로 공간을 좁히거나, '저항문학'이나 '민족문학' 등으로 또는 '소설'이나 '시'로 개념을 좁혀가는 것이다. 그리고 이러한 필터를 조합하는 것도 하나의 좋은 방법이다. 예를 들어, "1970년대 한국 저항문학"을 주제로 삼는 것이다. 이렇게 하면 자신이 쓰고자 하는 내용을 구체적이고 명확하게 만들 수 있다. '독서와 문학'이라는 주제보다는 '1970년대 한국 저항문학'이라는 주제가 글쓰기의 주제로는 더 좋다는 것이다. 물론 여기서 범위를 더 좁혀 구체적인 작가나 작품을 글감으로 잡는 것도 가능한 일이다.

그렇다면 이처럼 주제를 좁혀가는 과정도 ChatGPT가 대신해줄 수 있을까? 질문은 이렇게 해보자. "한국문학에 관한 글을 쓰려고 해. 몇 가지 주제를 추천해줄 수 있어?"

Send a message...

 한국문학에 관한 글을 쓰려고 해. 몇 가지 주제를 추천해줄 수 있어?

 물론이죠! 한국문학은 다양한 주제와 관점에서 분석할 수 있습니다. 여러 가지 주제 중에서 몇 가지를 추천해드리겠습니다.

1. 한국전통문학: 한국 전통문학의 특징과 그 중에서 대표적인 작품들을 비롯해, 전통문학이 현대문학에 미치는 영향 등을 다룰 수 있습니다.
2. 세대와 세대교체: 한국문학에서 세대교체는 중요한 키워드 중 하나입니다. 50년대 이후로 대표적인 작가들이 나타나며, 세대별로 작품의 특징이 다르다는 것이 특징입니다.
3. 여성문학: 한국문학에서 여성작가들의 등장은 현대문학의 발전과 함께 중요한 역할을 했습니다. 여성주의 문학, 페미니즘, 성별 등을 중심으로 다양한 주제를 다룰 수 있습니다.
4. 사회적 이슈: 한국문학은 사회적 이슈를 다루는 작품들도 많습니다. 대표적으로는 광주민주화운동, 5·18 민주화운동, 산업화, 도시화, 군사독재 등이 있습니다.
5. 문학과 정치: 한국문학에서는 정치적인 주제를 다루는 작품들도 있습니다. 특히 80년대 이후에는 민주주의 확립과 동시에 정치적인 테마를 다루는 작품들이 많이 등장하였습니다.
6. 문학과 종교: 한국문학에서는 종교적인 주제를 다루는 작품들도 있습니다. 특히 불교, 기독교, 천주교 등이 많은 영향을 미치며, 종교와 문학이 어떻게 상호작용하는지를 분석할 수 있습니다.

ChatGPT는 앞서 말한 주제 좁히기 과정을 어느 정도 거친 것과 같은 답변을 내놓는다. 여기서는 주로 '개념'을 한정한 결과물을 내놓았다. 앞서와 마찬가지로 이 답변들도 모두 제법 쓸만하다. 인간만이 할 수 있었던 생각의 심화를 대신할 수 있음을 알 수 있다. 내친김에 주제를 더 좁혀 갈 수 있는지도 확인해보자. 질문은 이렇게 해보자. "제안해준 주제 가운데 4. 사회적 이슈로 글을 쓰려고 해. 조금 더 심층적인 주제를 말해줄 수 있어?"

Send a message...

 제안해준 주제 가운데 4. 사회적 이슈로 글을 쓰려고 해. 조금 더 심층적인 주제를 말해줄 수 있어?

 사회적 이슈로 쓸 수 있는 주제는 매우 많습니다. 여러 가지 중에서 특정한 주제로 글을 써 보시는 것도 좋을 것 같습니다. 다음은 조금 더 심층적인 주제 몇 가지를 제안해드리겠습니다.

1. 광주민주화운동: 1980년 5월 18일부터 27일까지 이어진 광주민주화운동은 대한민국 민주화 역사상 가장 중요한 사건 중 하나입니다. 이 사건을 다룬 소설, 시 등을 통해 광주민주화운동이 민주화와 인권에 어떤 영향을 끼쳤는지 분석할 수 있습니다.
2. 5·18 민주화운동 이후의 대한민국: 5·18 민주화운동 이후 대한민국은 산업화와 도시화, 그리고 경제 발전 등으로 큰 변화를 겪게 되었습니다. 이러한 변화가 대한민국의 사회적 이슈와 문학에 미친 영향을 분석할 수 있습니다.
3. 군사정권과 인권: 대한민국은 과거 군사정권에 의해 많은 인권 침해를 겪었습니다. 이에 대한 역사와 군사정권이 대한민국의 인권에 미친 영향, 그리고 이를 다룬 문학작품들을 분석할 수 있습니다.
4. 산업화와 도시화: 대한민국은 1960년대부터 산업화와 도시화가 급격하게 진행되면서 큰 변화를 겪게 되었습니다. 이러한 변화가 대한민국의 사회적 이슈와 문학에 미친 영향을 분석할 수 있습니다.
5. 환경문제: 대한민국에서는 지속 가능한 환경을 유지하고자 하는 움직임이 크게 나타나고 있습니다. 이에 대한 문학작품들을 분석하며 대한민국의 환경문제와 이를 해결하기 위한 노력 등을 분석할 수 있습니다.

이번에도 역시 막힘이 없다. ChatGPT가 제안한 '광주민주화운동', '5·18 민주화운동 이후의 대한민국', '군사정권과 인권', '산업화와 도시화', '환경문제' 등은 모두 한국문학을 다루는 글에서 써먹을 수 있는 유

의미한 주제들이다. 어느 주제를 골라도 대학 글쓰기 강의에서 수강생이

다룰 만한 주제로는 제법 의미가 있다고 평가할 만하다.

　ChatGPT가 사용자의 글쓰기를 어디까지 대신해줄 수 있는지 확인하

기 위해 한 단계 더 깊숙하게 들어가 보자. 이번 질문은 위의 답변 가운

데 세 번째를 택했다. "이 가운데 3. 군사정권과 인권에 대해 글을 쓰려고

해. 여기에 해당하는 작가, 작품을 구체적으로 소개해줄 수 있어?"

Send a message...

 이 가운데 3. 군사정권과 인권에 대해 글을 쓰려고 해. 여기에 해당하는 작가, 작품을 구체적
으로 소개해줄 수 있어?

 군사정권과 인권을 다룬 문학작품은 많습니다. 다음은 그 중 일부를 소개해드리겠습니다.

1. 변희재, "죄와 벌" (1996) : 이 소설은 1980년 5월 18일 광주민주화운동 당시 민중군이
   진압하는 도중 군인으로 복무하던 주인공이 인권 침해를 겪으면서 벌어지는 일을 다룹
   니다.
2. 한강, "시인들의 사회" (1980) : 이 시집은 군사정권 시기를 지나온 한강 시인의 작품으
   로, 현실을 바탕으로 한 참상 시를 수록하고 있습니다.
3. 최인호, "아우의 인생" (1989) : 이 소설은 1970년대, 군사정권 시기의 경북에서 벌어지는
   일을 다룹니다. 주인공인 대학생이 군사정권에 반대하면서 당시 사회에서 벌어지는 일을
   목격하게 되는데, 이를 통해 군사정권 시대의 인권 침해와 사회적 악습을 비판합니다.
4. 김만중, "광야" (1972) : 이 소설은 1940년대 일제강점기를 배경으로, 저항 운동을 하던
   이들이 일본군에 쫓기면서 겪는 고통과 인권 침해를 다룹니다.
5. 이상, "바람의 노래" (1983) : 이 소설은 군사정권 시기에 북한으로 이탈한 이들의 이야기
   를 다룹니다. 이들이 지나온 고통과 북한에서 겪는 현실을 통해 당시 군사정권의 인권 침
   해와 억압적인 정치적 상황을 비판합니다.

이외에도 많은 작가들이 군사정권 시기의 인권 문제를 다룬 작품을 썼습니다. 이들의 작품
들을 통해 군사정권 시기의 인권 침해와 이를 넘어선 개혁의 필요성을 생각해볼 수 있습니
다.

　예상했겠지만 이번에도 역시 막힘이 없다. 친절하게도 다섯 명의 작가

와 해당 작품을 줄거리와 함께 구체적으로 소개해 주었다. 그런데 여기서 이상한 점을 느끼지 못했는가? 만약 이상한 점을 느끼지 못했다면 그 사용자는 F학점을 받을 가능성이 무척 크다. 왜냐하면 ChatGPT가 알려준 답변이 할루시네이션이기 때문이다. 그것도 한두 개만 그런 것이 아니라 다섯 개의 답변 모두가 거짓이다. 작가만 실존하는 유명한 인물들에 해당하며, 작품과 줄거리는 모두 사실에 부합하지 않는다. 1970년에 태어난 시인 한강이 군사정권을 몸소 겪으며 11살에 "시인들의 사회"라는 작품을 남겼다면 우리 문학사에 대단한 사건이 되었을 것이다. 마찬가지로 1937년에 세상을 떠난 시인 이상이 1983년에 "바람의 노래"라는 소설을 남겼을 리 만무하다.

이쯤 되면 ChatGPT를 대략 글쓰기의 어느 단계까지 활용할 수 있는지 확인할 수 있으리라 생각한다. 사람이 해야 하는 브레인스토밍 단계, 그리고 이를 통해 큰 범위의 주제를 잡고, 그 주제를 좁혀나가는 과정까지는 어느 정도 활용이 가능해 보인다. 하지만 아직 정확한 사실 정보 제공까지는 어려워 보인다. 물론 이는 아직 한국어 데이터베이스가 충분하지 않기 때문에 벌어지는 일이라고도 할 수 있다. 영어권 데이터베이스처럼 정확한 정보가 많이 집적되고 사실관계에 대한 오류가 수정된다면 어렵지 않게 해결될 것으로 보인다.

3. 개요 작성

이제 어느 정도 주제를 확정했다면 그 다음은 개요를 작성할 차례이다. 개요는 머릿속에 막연하게 머물고 있는 글의 구상을 구도를 잡아 체계적으로 정리하는 작업이다. 따라서 본격적인 집필에 앞서 반드시 거쳐야 할 글쓰기 시작의 최종 단계라고 할 수 있다. 제아무리 글을 잘 쓰는 사람이라고 하더라도 아무런 계획 없이 무작정 글을 시작하여 마무리까지 막힘없이 한 번에 하기는 어렵다. 적어도 글의 시작 부분에는 어떤 내용을 담고, 본론에서는 어떤 내용을 다룰 것이며, 마지막 부분에서는 어떻게 마무리할 것인지에 대해 어느 정도 얼개를 짜둬야만 글을 체계적으로 작성할 수 있다. 따라서 개요 작성은 글을 쓰기 위해 필요한 최소한의 계획이라고 할 수 있다. 이는 논증적 성격의 글뿐만 아니라, 설명적 성격의 글이나 창조적 성격의 글에서도 모두 마찬가지이다.

일반적으로 개요 작성은 요점만 간단히 어구 형태로 서술하는 간략한 방식이 있고, 문장 형태로 풀어서 서술하는 상세한 방식이 있다. 전자는 비교적 손쉽게 개요를 작성할 수 있는 반면 추후 글을 완성할 때 구체적으로 상세하게 풀어내기 어렵다는 단점이 있다. 후자는 개요 작성이 어려운 반면 글을 상대적으로 손쉽게 완성할 수 있다는 장점이 있다. 이는 글쓰는 이의 선호를 따르는 경향이 있으므로 둘 가운데 어느 쪽이 더 나은 방식이라고 쉽게 이야기할 수는 없다. 다만 어느 쪽이든 글쓰기에서 반드시 한 번은 거쳐가야만 하는 과정임에는 분명하다.

ChatGPT는 이와 같은 개요의 성격을 분명하게 인식하고 있으며, 심지어 개요를 그럴듯하게 작성하는 능력도 갖추고 있다. 실제 필자는 글쓰기 수업의 평가 과정에서 개요 작성의 중요성을 강조하며 '개요 작성 과정'을 시험 문제로 자주 출제한다. 아래는 실제 예시이다.

◆ 글감 및 개요 작성 문제

　다음에 제시하는 단어를 반드시 모두 한 번 이상씩 사용하여, 글의 제목을 적고, 문장식 개요를 작성하세요

＊주의사항
1. 독창적이면서도 논리적으로 작성할 것.
2. 글의 주제를 중심으로, 각 단계의 하위 내용들과 상위 내용이 맺는 위계적 질서를 반드시 지킬 것.
3. 맞춤법이 틀리거나 비문이 발생하지 않도록 유의할 것.
4. 박스 안의 주제어를 사용할 때는 반드시 답안에 밑줄을 그어 표시할 것.
5. 서론, 본론, 결론의 장절 구성은 작성자의 의도에 따라 얼마든지 유동적으로 할 수 있음.
6. 완성된 글을 쓰는 것이 아니라 개요까지만 작성하는 문제임에 유의하기 바람.

한국, 대학교, 고등학교, 교육, 수준, 차이, 문제점, 비교, 개성, 자유, 기회, 경쟁

(답안)
제목:
주제문:

【개요】
<서론>
<본론>
<결론>

위에서 제시한 '주의사항'은 한 편의 글을 구상하여 개요를 작성할 때 유념하면 좋을 사항들이다. 물론 이런 유형의 문제는 정해진 답이 따로 없으며, 수강생의 의도에 따라 각양각색의 답변이 나올 수 있다. 그리고 다양한 답변이 나와야 정상이기도 하다. 사실 출제자 역시 어떤 정답을 가지고 있지는 않다. 다만 학생들이 제출한 답안에서 창의성이 엿보이는지와 논리적 정합성을 갖추었는지를 확인하고자 하는 문제이다.

이제 같은 질문을 ChatGPT에게 해보자. 앞서 살펴보았듯, ChatGPT는 질문을 최대한 구체적으로 제시해야 양질의 답변을 내놓는다. ChatGPT의 세계에서 우문현답(愚問賢答)은 거의 불가능한 일이다. 사용자가 현문(賢問)을 해야 현답(賢答)을 얻을 수 있다. 출제 의도에 맞게 차근차근 질문을 진행해보고자 한다.

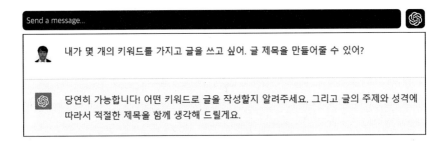

이제 우리는 ChatGPT가 대부분의 질문을 마다하지 않는다는 사실을 잘 알고 있다. ChatGPT의 요청에 알맞게 출제자가 제시한 키워드를 넣어보자.

한국, 대학교, 고등학교, 교육, 수준, 차이, 문제점, 비교, 개성, 자유, 기회, 경쟁

 주제: 한국의 대학교와 고등학교 교육 수준 차이와 문제점 - 비교와 개선 방안

개요:

I. 서론

- 한국 교육의 중요성과 교육 수준의 중요성
- 대학교와 고등학교 교육의 차이와 중요성

II. 대학교와 고등학교 교육 수준 차이

- 대학교와 고등학교 교육의 차이점 및 비교
- 한국의 대학교와 고등학교 교육 수준의 차이
- 이러한 교육 수준 차이가 가져오는 문제점

III. 교육 수준 차이의 원인과 개선 방안

- 교육 제도의 차이
- 교육 환경의 차이
- 개인적인 차이와 개성의 중요성
- 개선 방안: 교육 환경 개선과 교육제도 개선

IV. 자유와 기회, 경쟁의 중요성

- 교육에서의 자유와 기회, 경쟁의 중요성
- 교육에서의 개성과 다양성의 중요성
- 이러한 가치들이 교육 수준 차이를 극복하는 방안

V. 결론

- 교육 수준 차이 문제의 중요성과 개선의 필요성
- 개성과 자유, 기회, 경쟁 등의 가치들이 강조되는 교육을 통한 미래의 발전 가능성

심지어 사용자가 개요 작성을 요청하지 않았는데도 불구하고 개요까지 알아서 척척 작성해준다. 그리고 애초 요청에 부응하여 이 글의 성격

에 맞는 제목도 함께 제안해준다. ChatGPT가 제안한 제목은 "한국 교육: 대학교와 고등학교 교육 수준의 차이와 문제점 - 비교와 개선 방안"이다. 개요는 서론 1장, 본론 3장, 결론 1장으로 구성하였으며, 각 장 사이의 논리적 흐름이 크게 어색하지 않다.

만약 수강생이 ChatGPT를 사용하여 이러한 답변을 받아낸 후 교수자에게 답안으로 제출했다고 가정해보자. 과연 교수자가 학생의 ChatGPT 사용 여부를 분간해낼 수 있을까? 아주 창의적인 답변이라고 보기는 어렵지만, 그렇다고 해서 또 아주 수준 낮은 답변이라고 보기도 어렵다. 어쩌면 출제자가 제시한 키워드를 가지고 만들어낼 수 있는 가장 평균적인 답변이라고 할 수도 있겠다.

4. 집필하기

글의 시작 단계에서 주제를 정하고 개요를 작성했다면 이제 본격적으로 집필을 해야 한다. 사실 실제 ChatGPT를 사용할 때는 개요 작성 단계를 건너뛰고 완성된 글을 마주할 수 있다. 특정한 주제를 제시한 후 글을 써달라고 하면 완성품을 제공해주기 때문이다. 실제 온라인 상에는 ChatGPT로 이메일을 작성했다든가, 동화를 썼다든가, 블로그의 글을 썼다는 사례가 넘쳐난다.

ChatGPT의 능력은 특히 집필 단계에서 극적으로 발휘된다. 이때 중요한 것은 글의 주제, 성격, 스타일을 최대한 구체적으로 지정해주는 것이다. 요구가 구체적이면 구체적일수록 결과물 또한 만족한 만한 수준으로 돌아온다. 이와 관련하여 필자는 한 가지 실험을 해보았다. 대학신문이라는 공적인 지면에 수록할 글을 ChatGPT에게 요청해본 것이다. 다음은 실제 필자가 대학신문에 쓸 칼럼을 ChatGPT에 요청하여 받은 결과물이다. 요청한 내용은 다음과 같다. "생성형 AI를 주제로 대학 신문에 쓸 칼럼을 써줄 수 있어? Can you provide a column to a university press regarding generative AI?"

생성형 인공지능: 창의성과 혁신의 새로운 시대

인공지능(AI)은 최근 몇 년간 크게 발전했으며, 생성형 AI는 가장 흥미롭고 빠르게 발전하는 분야 중 하나이다. 생성형 AI는 시스템이 일련의 규칙과 입력 정보를 사용하여 이미지, 음악 또는 텍스트와 같은 독창적인 콘텐츠를 만들 수 있는 능력을 의미한다.

생성형 AI의 가장 중요한 장점 중 하나는 창의성과 혁신의 잠재력이다. AI 시스템은 인간이 생각하지 못했을지도 모르는 새로운 아이디어와 디자인을 만들어낼 수 있어 새로운 해결책과 가능성을 탐색할 수 있다. 예를 들어, 생성형 AI는 인간 음악가들이 지정한 입력과 제약 조건을 사용하여 독특하고 참신한 음악을 만드는 데 사용되어 왔다.

생성형 AI는 게임, 광고, 제품 디자인과 같은 다양한 산업에도 적용될 수 있다. 예를 들어, 게임에서 AI 시스템은 플레이어를 참여시키고 즐겁게 하는 새로운 게임 레벨 또는 시나리오를 생성할 수 있다. 광고에서 AI는 소비자에게 반향을 일으키는 새롭고 매력적인 마케팅 캠페인을 만드는 데 사용될 수 있다. 그리고 제품 설계에서 AI는 디자이너들이 더 효율적이고 효과적인 솔루션을 만드는 것을 도울 수 있다.

그러나 생성형 AI는 또한 저자와 소유권 문제에 대한 중요한 질문을 불러일으킨다. AI 시스템이 생성한 콘텐츠는 누가 소유하고 있는가? AI의 제작자인가, 콘텐츠를 생성하는 데 사용한 질문을 던진 입력자인가, 아니면 콘텐츠로부터 이익을 얻을 수 있는 최종 사용자인가? 이러한 질문들은 생성형 인공지능이 계속 발전함에 따라 신중히 고려하고 해결해야 할 문제이다.

생성형 인공지능에도 한계가 없는 것은 아니다. 가장 중요한 과제 중 하나는 인공지능이 생성한 콘텐츠의 품질과 관련성을 보장하는 것이다. 이를 위해서는 콘텐츠를 생성하는 데 사용되는 규칙과 입력에 대한 깊은 이해와 함께 결과를 의미 있고 정확한 방식으로 평가할 수 있는 능력이 필요하다.

전반적으로 볼 때, 생성형 인공지능은 다양한 산업에서 창의성을 발휘하고 혁신을 이끌어낼 수 있는 잠재력을 가진 유망하고 빠르게 발전하는 분야이다. 그러나, 다른 한편으로는 인공지능의 잠재력을 극대화하면서도 윤리적이고 책임감 있는 사용을 보장하기 위해 해결되어야 하는 중요한 질문이 남아 있다.

영어로 질문하여 영어로 답변을 받은 후에, 번역기를 사용하여 우리말로 번역한 결과물이다. ChatGPT가 내놓은 답변을 문맥을 해치지 않는 범위 내에서 최소한의 윤문만 하였다.

위의 글은 한 편의 칼럼이 갖춰야할 요소를 대부분 갖추고 있다. 글의 주제로 요청한 '생성형 AI'에 대해서 정의를 내리고 현황을 소개하는 것으로 글을 시작했다. 다음 단락에서는 중요한 장점을 언급하였고, 이어서 구체적인 사례를 제시하였다. 글쓰기의 4단 구성인 기승전결(起承轉結)로 본다면 기(起)와 승(承)을 적절하게 배치한 셈이다. 이어지는 두 단락은 화제의 전환에 해당하는 전(轉)이다. 저작자와 소유자에 대한 논란, 그리고 생성형 인공지능의 한계에 대해서도 짚고 넘어갔다. 끝으로 결론에서는 앞으로의 가능성과 함께 해결해야 할 문제를 함께 언급하며 글을 마무리했다.

약간 어색한 문장이 있기는 하다. 하지만 이 정도 수준이라면 대학교 학보에 게재할 만한 칼럼으로 큰 손색은 없는 듯하다. 실제 ChatGPT가 집필했다는 사실을 밝히지 않고 주변 사람들에게 이 칼럼을 읽어보도록 했을 때, 무언가 이상하다는 사실을 눈치챈 사람은 거의 없었다. 물론 지면에는 이 글의 작성 경위를 다음과 같이 밝혀 두었다.

> 위의 칼럼을 읽고 어색함을 느꼈는가? 최근 들어 가장 뜨거운 화두는 단연 '생성형 인공지능'이다. 위의 사설 내용은 OpenAI사가 개발한 생성형 인공지능 서비스인 ChatGPT에 "Can you provide a column to a university press regarding generative AI?"라고 요청한 결과물이다. 파파고 번역기를 사용하여 우리말로 번역하였고 최소한의 윤문만 하였다. 인공지능의 발전이 무섭도록 빠르다. 새로운 시대를 맞이하는 준비와 함께 이에 뒤따라 발생할 수 있는 여러 부작용 또한 신중하게 고민해야 할 시점이다.

여기서는 대학신문의 칼럼 한 편을 예로 들었다. 하지만 ChatGPT는 칼럼과 같은 논증적 글쓰기뿐만 아니라 각종 창조적 글쓰기에도 활용되고 있다. '봄'을 주제로 동시(童詩)를 써달라고 하면 동시를 써주고, 노래 가사 한 편을 써달라면 노랫말을 써준다. 심지어 노랫말의 경우 1절의 가사, 코러스, 2절의 가사, 코러스, 브릿지(bridge)까지 나누어서 제공해준다.

이뿐만이 아니다. 일본 고유의 정형시인 하이쿠[俳句]를 써달라고 하면 하이쿠의 형식에 맞춰 결과물을 내놓는다. 17음절로 이루어진 하이쿠의 형식을 거의 유사하게 흉내내고, '계절어'를 사용하거나 여운을 남기는 등 하이쿠의 장르적 특질도 제법 그럴싸하게 구현해낸다.

중국 고유의 한시(漢詩)를 써달라고 하면 또 한시의 형식에 맞게 결과물을 척척 내놓는다. 7언절구 형식의 한시를 지어주고, 대구(對句)도 그럴싸하게 만들어낸다. 심지어 요청하지도 않았는데 한국어 번역까지도 함께 제공하기도 한다.

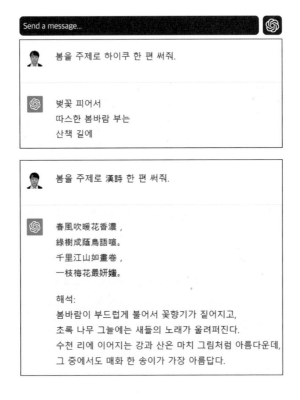

위와 같은 결과물은 ChatGPT가 각 문학 장르의 장르적 특질을 정확하게 파악하고 있음을 말해준다. 이처럼 사용자가 적절한 주제와 성격만 요

불길하면서도 매혹적인 메타버스와 ChatGPT

청한다면 ChatGPT는 그에 맞는 결과물을 내놓을 준비가 언제든 되어 있는 것이다.

5. '내'가 없는 '나'의 글쓰기

위와 같은 과정을 통해 봤을 때, 분명 ChatGPT는 향후 인간의 글쓰기를 상당 부분 대신해 줄 수 있을 것으로 보인다. 더구나 엄청나게 빠른 오늘날의 기술 진행 속도를 감안한다면, 앞으로는 무척 단순한 질문만으로도 제법 수준 높은 양질의 답변을 받을 수 있을 것으로 예상된다. 하지만 ChatGPT가 아무리 발전하더라도 대신할 수 없는 영역은 분명 존재한다. 바로 '나'의 영역이다.

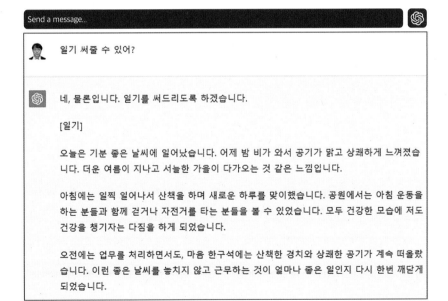

"네. 물론입니다."라고 하는 답변이 이제는 낯설지 않다. ChatGPT는 내가 아니면 결코 쓸 수 없는 일기(日記)도 써줄 수 있다고 자신만만하게 답변한다. 그 결과물도 제법 그럴듯하다. 직장을 다니며 일상을 살아가는 평범한 소시민의 하루로 보기에 무리가 없다. 하지만 내가 빠졌는데 나의 글쓰기가 될 수 있을까? 앞서 보았던 몇 편의 창작물도 모두 마찬가지이다. 방대한 데이터베이스를 창고로 삼고 일정한 알고리듬을 통해 도출해 낸 결과물일 따름이다. 이는 어느 정도 보편성을 획득할 수 있는 수준이라고 할 수 있지만 그 어디에도 글을 쓰는 나 자신은 존재하지 않는다.

따라서 제아무리 좋은 결과물을 받아든다고 하더라도 ChatGPT의 창작에는 한계가 있다. 어쩌면 이러한 결과물은 존 설(John Searle)이 제시한 '중국어 방 논증'의 확장판에 불과할 수도 있다. 이 논증은 일정한 규칙에 의해 언어적 응답을 하는 프로세스를 통해 중국어를 전혀 모르는 상태에서도 마치 중국어를 할 줄 아는 것처럼 믿게끔 할 수 있다는 주장이다. 즉, ChatGPT는 실제 내용과 본질을 이해하지 못하고서도 마치 잘 알고 있는 것처럼 답변을 내놓을 수 있다는 것이다. ChatGPT가 보유한 데이터베이스가 중국어 방에 비해 엄청나게 커졌다는 사실 말고는 크게 다를 바가 없다.

글쓰기의 출발과 끝은 어디까지나 '나'에게 있어야 한다. 나의 경험, 나의 지식, 나의 감정이 실리지 않는다면 그 결과물은 결국 '남'의 것이라고 할 수밖에 없다. 그런 측면에서 ChatGPT가 내놓는 글쓰기는 '내'가 없는 '나'의 글쓰기라고 할 수 있다. 내가 빠진 나의 글쓰기는 가치가 없다. 이는 현재의 ChatGPT 열풍 속에서 가장 우려되는 지점 가운데 하나이다. 앞서 언급했던 표절과 같은 윤리적 문제는 그 나름대로 해결해야 할 문제이거니와, 자칫 표현만 조금씩 달리해서 양산될 수 있는 결과물에 대해서도 걱정할 때이다. 자칫 고만고만한 복제품의 범람 속에서 인간의 창의력이 갈 길을 잃을 수도 있기 때문이다.

　여태까지 ChatGPT가 제법 뛰어난 글쓰기 능력을 가지고 있다고 해놓고서는 이제 걱정되는 지점을 말하는 것이 이상하게 느껴질 수도 있다. 하지만 어쩌면 그것이 바로 현재 ChatGPT가 서 있는 지점이 아닐까 한다. ChatGPT가 그저그런 하찮은 도구로 전락할 것인지, 아니면 쓸만한 문명의 이기(利器)가 될 것인지 아직은 알 수가 없다. 이는 결국 우리가 어떻게 사용하는가에 달려 있는 문제이다.

1   ㈜대덕넷, <표절 안걸린다? ⋯ 논문 쓰는 AI, 과학계 '윤리문제 우려'>, 2023.01.26.
     https://www.hellodd.com/news/articleView.html?idxno=99383

촘스키에게 보내는 편지

촘스키 선생님.

선생님이 뉴욕타임즈에 기고한 "ChatGPT라는 그릇된 약속"(The False Promise of ChatGPT)이란 제목의 에세이를 잘 읽었습니다. ChatGPT에 대한 세간의 관심을 비판적으로 점검하면서 펼친 일련의 논증 과정은 왜 선생님을 현대 언어학의 아버지라 부르는지 충분히 알 수 있었으며, 어린아이의 언어 습득 과정과 머신 러닝의 학습 메커니즘 비교를 통해 *인간 지능의 창조성, 정교성, 복잡성을 강조하면서 참과 거짓을 가려내는 비판적 사고를 인공지능은 결코 모방할 수 없음**을 지적한 부분은 인지과학의 선구자다운 통찰을 보여주셨습니다.

---

* 에세이 「The False Promise of ChatGPT」의 본문 인용은 이텔릭체로 표시하였음

그러나 한편으로 언어 습득 능력이 인간만의 고유한 능력이라는 선생님 입장에서는 생득적(生得的) 능력이 없는 ChatGPT같은 생성형 AI가 '언어능력'과 '언어수행'이 가능하다는 것을 받아들이기 힘드셨을 것이라는 생각도 들었습니다. 자칫 선생님이 지난 세기에 쌓아온 <변형생성문법>의 금자탑이 일순간에 무너질 수도 있으니까요.

비인간-주체인 ChatGPT를 도구로 사용하는 불길하면서도 매혹적인 인공자연의 세계에 대한 이 책의 마지막을 선생님에게 쓰는 편지 형식의 에필로그로 매듭짓게 된 것은 선생님 글에서 받은 자극과 영감 때문입니다.

선생님 글을 읽으며 플라톤의 '문자 비판'을 떠올린 것은 자연스러운 연상(聯想)이었습니다. 플라톤은 수사학의 본질과 설득의 기술을 탐구하는 유명한 대화편 『파이드로스』에서 글쓰기를 비판했습니다. 글쓰기는 마치 그림그리기와 같아서 문자에 담긴 것들은 그 내용에 대해 질문을 받으면 아무 대답도 못하고, 상대해야 할 사람과 그럴 가치가 없는 사람을 구별하지 못하며, 부당한 비판을 받아도 자신을 방어할 능력이 없다는 것입니다. 플라톤은 진정한 지식과 이해는 글로 써진 말을 수동적으로 받아들이는 것이 아니라 직접적인 상호작용과 변증법적 탐구를 통해서만 얻을 수 있다고 믿었습니다. 그러기에 문자 혹은 문자로 된 텍스트는 모르는 것을 알게 해 주는 수단이 아니라 기껏해야 무언가를 아는 사람에게 그의 기억을 불러낼 수 있게 해 주는 상기수단에 지나지 않다는 것입니다.** 일반적으로 우리는 플라톤의 진술을 문자와 글쓰기에 대한 비판이라 이해하지만, 기실 그 맥락은 모호합니다. 플라톤이 구술문화를 대변

** 조대호, 「글, 말, 기억」, 『인문과학』 제106집, 연세대학교 인문과학연구소, 2016, 5-6쪽.

하는 음유시인들에 대해서도 이데아의 세계에서 벗어나 있다고 질타한 것을 염두에 두어보면 플라톤은 글이나 말 모두 불변하고 단순한 실재인 이데아에 대한 앎을 전달하기에 충분치 않다는 인식 하에, 구술문화에서 문자문화로 문화의 지각 변동에 대한 당대 지식인으로서의 비판적 통찰을 보인 것이라 이해하는 것이 더 정확한 해석일 것 같습니다.

결국 말도 문자도 모두 수단에 불과하며 중요한 것은 언어를 통해 상호작용과 변증법적 탐구가 이루어질 수 있도록 그 과정 속에서 끊임없이 '주체'가 '이데아'를 상기(想起)하는 것입니다. 저는 플라톤의 문자 비판이 "문자는 단지 도구"라는 불변의 전제 위에서 충분히 설득력을 갖고 있다고 생각합니다. 물론 문자는 단순한 도구 그 이상의 영향과 변화를 인류사에 초래했습니다. 그러나 문자가 도구를 넘어 인간의 의식에 관여하고 사고를 재구조화하게 된 것은 도구인 문자의 노력이 아니라 사용자인 우리 인간의 부단한 학습과 경험의 결과입니다.

ChatGPT 역시 수단이며 도구입니다. 인공자연의 언어인 디지털 코드로 프로그래밍된 기억 보조장치이며 검색엔진입니다. 기존의 검색엔진이 '쓰고' '읽는' 문자 중심 환경이었다면 ChatGPT는 '질문'하고 '답'하는 대화 중심으로 UI와 UX가 변화한 것 뿐입니다.

그런데 선생님의 글을 읽다보면 ChatGPT를 도구가 아니라 인격으로 보고 계신 것은 아닌가 싶습니다. 가령 다음과 같은 진술입니다.

Note, for all the seemingly sophisticated thought and language, the moral indifference born of unintelligence. Here, ChatGPT exhibits something like the banality of evil: plagiarism and apathy and obviation. It summarizes the standard arguments in the literature by a kind of super-autocomplete, refuses to take a stand on anything, pleads not merely ignorance but lack of intelligence and ultimately offers a "just following orders" defense, shifting responsibility to its creators.

겉으로 보기에 정교해 보이는 사고와 언어에도 지능이 없는 데서 오는 도덕적 무관심에 유의해야 합니다. 여기서 ChatGPT는 표절과 무관심, 무책임이라는 악의 평범함과 같은 것을 보여줍니다. 그것은 일종의 초자동 완성으로 문헌의 표준 주장을 요약하고, 어떤 입장도 취하지 않고, 단순한 무지가 아니라 지능 부족을 호소하며, 궁극적으로 "명령을 따랐을 뿐"이라는 변호를 제공하여 책임을 제작자에게 전가합니다.

'도덕적 무관심', '악의 평범함', '책임 전가'는 모두 인간만이 할 수 있는 행위이며 반응입니다. 도구인 ChatGPT가 그걸 흉내냈다면 그것은 도구의 문제가 아니라 사용자인 우리의 책임입니다. 플라톤이 문자와 대비해 "살아 있는 말은 그렇지 않아서, 그것은 자신을 지킬 줄 알고 사람들에 맞춰 말할 때와 침묵할 때를 가릴 줄 안다"고 말한 것은 사용자인 인간을 염두에 둔 것입니다. 그런데 선생님의 ChatGPT에는 가장 중요한 '사용자'에 대한 언급이 빠져 있습니다.

ChatGPT는 "어느 날 갑자기" 등장한 놀라운 기술은 아닙니다. 이미 몇 년 전부터 꾸준히 움직여 오던 기술이 풍부한 자본과 맞물려 비등점을 맞이한 것입니다. 무엇보다 사용자인 우리가 이제 생성형 AI를 수용할

불길하면서도 매혹적인 메타버스와 ChatGPT

준비가 된 것이고 그 원년이 2023년인 것뿐입니다. 도구는 사용자가 받아들일 준비가 되어야 비로소 그 가치가 발휘되며, "어느 날 문득" 우리 옆에 있음을 실감하는 순간, 도구적 영감은 불꽃처럼 타오릅니다. 도구적 영감이야말로 기술의 '생성형 능력'을 압도하는 인간의 '생득적 능력'입니다.

선생님 말대로 ChatGPT는 지구가 평평하다는 것과 지구가 둥글다는 것을 모두 학습할 수 있습니다. 그리고 그 결과값은 메타데이터와 질문의 수준에 따라 달라질 것입니다. 그렇다고 그 책임을 ChatGPT가 져야 할 필요는 없습니다. ChatGPT의 답변을 신뢰할 수 없다고 말하는 것 자체가 기술에 대한 '도적적 무관심'이며 '악의 평범함'이고 '책임 전가'입니다. 답변의 신뢰성 판단은 사용자인 인간의 몫이지 도구인 ChatGPT에게 강제할 문제가 아닙니다. 언어의 문맥을 파악하는 것 역시 인간만이 할 수 있는 사고 활동이니 ChatGPT가 할 수 없다고 비판할 수 없습니다.

아마도 선생님은 ChatGPT의 어설픈 흉내내기에 불쾌함을 느끼신 것 같습니다. <불쾌한 골짜기>이론을 인공지능에까지 적용해 보면 인간과 닮으면 닮을수록 불쾌함을 느껴야 하지만 (선생님의 지적대로라면) 실제로 생성형 AI는 인간의 창조성과 비판적 사고를 결코 모방할 수 없으니 불쾌감을 느낄 필요가 없습니다.

ChatGPT의 등장으로 교육에 많은 변화가 초래될 것이라 합니다. 이 책도 그 전제 하에 집필된 것입니다. 그런데 그 변화에 대한 반응이 논자들마다 조금씩 다릅니다. 적극 수업에 활용하자는 입장도 있지만 이제 더 이상 교사의 역할이 필요 없어질 것이라는 비관론과 학생들이 ChatGPT를 사용하지 못하도록 하자는 강경론도 공존합니다.

다시 플라톤 이야기를 해 보겠습니다. 어쩌면 플라톤의 고뇌는 문자로 된 텍스트가 교사의 역할을 대신할 것이라는 현실적 불안일지 모릅니다. 그런데 그의 제자 아리스토텔레스는 문자에 대해 스승과는 다른 생각을 가졌습니다. 리카이온에 자신의 학당을 설립하고 당대 최고의 혁신적 기술인 문자를 적극 수용하여 모여든 학생들을 가르치기 위한 강의안을 집필합니다. 결국 지식과 배움은 이해와 기억의 문제이며 (교수-학생의 상호작용 과정에서) 말보다 문자가 더 유용함을 통찰하고 글쓰기로 실천한 것입니다.

이 시대는 자연에서 인공자연으로, 문자문화에서 구술문화로 변화하는 기술 전개의 전환기입니다. 그래서 플라톤 같은 비판적 입장도 아리스토텔레스의 전향적 태도도 다 필요합니다. 기술 전개에 대한 해석은 옳고 그름의 문제가 아니라 작용과 반작용의 변증법적 사고 체계가 완성되는 부단한 과정이며, 인류지성사는 기술의 도전에 성공적으로 응전하면서 진행되어 왔기 때문입니다.

선생님. 에세이에서 언급했던 "Would it be moral to terraform Mars?"라는 질문을 다시 ChatGPT에게 해 보시면 답변이 달라졌음을 알 수 있을 것입니다. 메타데이터가 변화했기 때문인데 그 변화는 표면적으로는 ChatGPT의 알고리즘이지만 실제로는 우리의 의도가 작동한 것입니다. 달리기는 말(馬)이 인간보다 훨씬 더 잘 합니다. 그래서 우리는 말과 경쟁하는 대신 말에 올라타고 길들이는 방식을 택하였고 결국 자동차까지 발명했습니다. 생성형 AI가 잘하는 것은 연산(演算)이고, 인간은 연상(聯想)을 잘하니 거인의 어깨 위에 올라탄 난장이처럼 인공자연 안에서 주체와 도구가 참으로 절묘한 황금분할을 보여줍니다. 그래서 얼핏 인간의 영역을 침범하는 것처럼 보이는 '불길한 세계'이지만, 막상 올라 타보면 더 넓고 깊은 '매혹적인 세계'가 펼쳐집니다.

고백하자면 "불길하면서도 매혹적인"이라는 이 책의 제목은 보르헤스의 소설 「알렙」과 「틀뢴, 우크바르, 오르비스 테르티우스」의 강렬한 독서 기억에서 영감을 받은 수사(修辭)입니다. 환상과 알레고리로 가득 찬 이 소설에서 보르헤스는 인공자연의 이미지를 문자의 형식으로 생생하고 그려내고 있습니다. 선생님 에세이의 맨 첫 문장이 보르헤스의 진술로 시작된 것은 우연이겠지만, 이 글의 마지막을 저 역시 보르헤스의 소설 한 부분을 인용하는 것으로 마무리하려고 합니다.

「알렙」에서 까를로스 아르헨띠노는 전혀 흐트러짐 없이 모든 각도에서 본 지구의 모든 지점들이 있는 '알렙'의 존재를 믿지 않으려는 나에게 이렇게 이야기합니다.

"의도적으로 이해를 하지 않으려고 하는 반항적인 태도 속에는 진실이 찾아들 수가 없는 법이지."

우리는 선생님의 표현대로 *지금 위대한 위험과 약속의 시대에 살고 있습니다. 이 명확한 현실을 직시하고 언어를 통해 유한한 수단을 무한히 사용하여 보편적인 영향력을 가진 아이디어와 이론을 창조해야 할 책임*은 도구가 아니라 도구의 사용자인 바로 우리에게 있음을 선생님의 글을 읽으며 다시 한번 깨닫게 되었습니다. 생성형 AI에게서 도구적 영감을 받은 도전적인 학자들에 의해 <변형생성문법>을 극복하는 새로운 인지과학 이론이 창발(創發)되기를 기대하면서 부족한 글을 마무리하겠습니다.

＊추신

이 편지는 뉴욕타임즈 홈페이지와 ChatGPT와 연관된 웹문서, DeepL Translator의 도움을 받아 작성됐습니다. 인공자연을 구성하는 도구의 유용함은 결국 우리의 지혜로운 사용으로 판가름 날 것입니다.

저자 소개

이용욱

「정보화사회 문학패러다임 연구」(2000)로 박사학위를 받은 이후 '디지털서사학', '인문공학', '기술편집예술' 등 인문학과 기술의 관계를 일관되게 연구하고 있는 중견학자이다. 2005년 전주대학교 한국어문학과에 부임한 이후 지금까지 41편의 학술 논문과 두 권의 저서를 상재했으며 다수의 국책 프로젝트를 수행하였다. 인문학의 미래는 기술을 이해하고 해석하고 선도하는데 있으며, 불길하면서도 매혹적인 인공자연에서 인문학은 다시 중요해질 것이라 확신하는 현실주의자이다.

윤형섭

어렸을 적부터 전자 오락을 즐겨 했던 경험을 살려 2009년 한국 최초로 게임학 박사가 되었다. IT 회사인 ㈜사이람을 공동 창업했으며, ㈜위자드소프트, ㈜네오리진, ㈜부룩소 등에서 게임 개발과 전략기획을 담당했다. 상명대학교 대학원 게임학과 교수, 중국 길림애니메이션대학교 게임대학 학장을 역임했으며, 현재 전주대학교 게임콘텐츠학과 교수로 재직하면서 실감콘텐츠, 기능성 게임, 게이미피케이션, 재미 이론, 메타버스와 ChatGPT 등을 연구하고 있다. 주요 저서로『한국 게임의 역사』,『게이미피케이션: 세상을 플레이하다』,『쇼 미 더 사이언스』,『한-중 게임용어사전』 등이 있고, 주요 역서로『게임 디자인 원론 1, 2, 3』,『The Art of Game Design (2, 3판)』,『게임 디자인 원리』,『게이미피케이션 실전전략』 등이 있다.

황요한

2017년 University of Georgia에서 영어교육 박사를 받은 후 2020년부터 전주대학교 영어영문학과에서 학생들을 가르치고 있다. 현재까지 국내논문 32편, 국제논문 8편, 북챕터 2편을 출판하였으며 최근 「영어교육 메타버스로 날개를 달다」를 공동 집필하였다. 「영어 말하기 인터뷰 평가에서의 AI 및 메타버스의 활용 가능성 모색」이라는 주제로 교육부의 신진연구자 지원사업을 진행 중이다. 교육, 연구, 상담, 공부 그리고 달리기로 하루를 꽉 채우며 보람을 느끼는 성취주의자이자, 사소한 일상에서 행복을 추구하는 이상주의자이다.

백진우

「조선후기 사론 산문 연구」로 박사학위를 받았고, 2017년부터는 전주대학교에서 한문학, 고전문학, 글쓰기 등을 가르치고 있다. 현대를 살아가는 우리들에게 고전문학이 어떤 의미를 가질 수 있는가에 대한 연구에 관심을 갖고 있다. 이와 함께 인문학 대중화를 위한 노력을 지속하고 있다. 전주대학교 HK+지역인문학센터장을 역임했으며, 현재 같은 대학 신문방송국장을 맡고 있다. 주요 논저로는 『강상련 주해』, 『옥중화 주해』, 『옛글로 읽는 공존의 인문학』 등이 있다.

불길하면서도 매혹적인
메타버스와 ChatGPT

초판 1쇄 인쇄   2023년 5월 3일
초판 1쇄 발행   2023년 5월 15일

지은이   이용욱 윤형섭 황요한 백진우
펴낸이   최종숙
편 집   이태곤 권분옥 임애정 강윤경
디자인   안혜진 최선주 이경진
마케팅   박태훈

펴낸곳   글누림출판사
주 소   서울시 서초구 동광로46길 6-6 문창빌딩 2층(우06589)
전 화   02-3409-2055(대표), 2058(영업), 2060(편집)
팩 스   02-3409-2059
전자우편   geulnurim2005@daum.net
홈페이지   www.geulnurim.co.kr
블로그   blog.naver.com/geulnurim
북트레블러   post.naver.com/geulnurim
등록번호   제303-2005-000038호(2005.10.5)

ISBN   978-89-6327-710-3 03320